Chantal Grand

Auteur

L'ENVERS DU DÉCOR

LE SIÈCLE DE LOUIS XIV

HISTOIRE

INTRODUCTION

Louis XIII - Anne d'Autriche

Après vingt-deux ans d'un mariage stérile, c'est un miracle qui pousse le roi et la reine, l'un vers l'autre, il n'y a toujours pas un héritier pour le trône.

C'est incompréhensible, quand on est le fils du vert-galant, Henri IV. Il faut un dauphin, la France s'inquiète. Avant de se fâcher avec la reine, Louis XIII a pourtant rempli plusieurs fois son devoir royal, mais par quatre fois, Anne d'Autriche a avorté. Elle a beau se traîner dans toutes les églises de Paris pour implorer le seigneur de ramener le roi dans sa couche. Rien n'y fait, et elle a déjà 36 ans.

Cela fait treize ans que le roi la délaisse, préférant courir le cerf dans ses forêts plutôt que de sonner l'hallali dans le lit de la reine. Il faudrait donc un miracle pour voir Anne d'Autriche enfanter. Bref, Louis XIV n'aurait jamais régné si un miracle n'était pas survenu le 5 décembre 1637.

Pour en arriver là, il a fallu un étrange concours de circonstances, sûrement d'origine divine. Le matin, après avoir séjourné plusieurs jours dans son petit château de Versailles, Louis XIII se met en route pour son palais de Saint-Maur. Le temps est horrible. Les nuages sont noirs et les éléments se déchaînent. Le cortège royal traverse Paris, le roi décide de faire une halte au monastère de la Visitation, rue Saint-Antoine, pour saluer Louise Angélique Motier de la Fayette.

Cette demoiselle est le petit rayon de soleil de Louis, celle qu'il aime d'un amour tendre et chaste. Ils se sont rencontré deux ans auparavant lors de sa présentation à la cour.

Elle était douce, timide et ravissante. Louise Angélique aime Louis XIII d'un amour désintéressé. Elle a même refusé au cardinal de Richelieu de l'espionner. Cette attirance mutuelle effraie la douce jeune fille, qui décide d'entrer en religion. En mai 1637, Mademoiselle de la Fayette entre comme novice au couvent de la Visitation.

Régulièrement, Louis XIII lui rend visite, espérant toujours la convaincre de revenir à la cour. Mais, l'entourage du roi le presse de partir, car l'orage gronde, il tombe des hallebardes, les éclairs fusent.

Monsieur Guitaut, capitaine des gardes, convainc son maître que la meilleure des choses à faire est de se replier sur le Louvre. La reine accueille agréablement son royal époux, lui offrant de partager sa table et plus si affinités. Le destin de la France en dépend. Apparemment, ça marche, puisque deux mois plus tard, le 30 janvier 1638, la reine est enfin grosse du futur Louis XIV !. Et quand la délivrance s'annonce, fin août, les prières publiques se multiplient dans la capitale pour soutenir la nouvelle mère de 37 ans, l'âge à l'époque d'être grand-mère.

Le dimanche 5 septembre 1638, Anne d'Autriche met au monde Louis XIV, au château de Saint-Germain-en-Laye.

On lui donne les noms de Louis, comme son père, et Dieudonné pour remercier Dieu. Le peuple est ravi de voir ses vœux exaucés.

Fou de joie, le nouveau papa fait chanter un Te deum à Saint-Germain à 13 heures le jour même de la naissance, et un deuxième dès le lendemain matin à notre-Dame de Paris en présence du clergé de la capitale, du corps de la ville et de tous les magistrats. Le soir même, il fait tirer le canon à Paris, les échevins font allumer de multiples feux de joie, les cloches des églises sonnent à toute volée. Le vin coule à flots. Le lundi est jour chômé avec processions, prières publiques, exposition du Saint-Sacrement, feu d'artifice. Le mardi, bis repetita, et le mercredi ter repetita. Jamais aucun peuple, dans aucune occasion, n'a montré plus d'allégresse, note Hugo Grotius, un juriste hollandais de passage à Paris.

Le futur Louis XIV, est un enfant surdoué, puisqu'à l'âge de deux jours, il donne ses premières audiences. Plusieurs délégations viennent le complimenter. Le Roi est très fier. À l'ambassadeur de Venise à qui il présente son fils, il déclare :

« Voici un effet miraculeux de la grâce du Seigneur Dieu, car c'est bien ainsi qu'il faut appeler un si bel enfant, après mes vingt-deux années de mariage et les quatre malheureux avortements de mon épouse.»

Il écrit également un billet plein d'enthousiasme à sa tendre Louise Angélique de la Fayette. Le souverain fêtera la naissance en remettant son épouse enceinte trois mois plus tard.

Le roi que l'on appellera plus tard le roi soleil, doit sa conception à un orage...

LE SIÈCLE DE LOUIS XIV de Monsieur de Voltaire

Voltaire a vingt et un an à la mort de Louis XIV. Le 9 septembre 1715, huit jours après la disparition du roi, il a été le témoin des manifestations d'hostilité qui ont accompagné le convoi funèbre sur la route de Versailles à Saint-Denis.

Contemporain de la dernière partie de ce règne long et glorieux, il décide en 1732 d'en écrire l'histoire. Choix surprenant de la part d'un écrivain qui s'est employé à condamner, de façon plus ou moins détournée, l'absolutisme monarchique, l'intolérance religieuse, l'inégalité de la société.

D'ailleurs, l'image que l'on garde dans une grande partie de l'opinion est celle du monarque absolu, de l'adversaire des parlements, du signataire de la révocation de l'édit de Nantes, du roi guerrier insensible à la misère de ses peuples, cette image qu'à fustigée Montesquieu dès 1721 dans ses « Lettres persanes ».

En fait, la contradiction n'est qu'apparente. Ce qui séduit Voltaire, c'est la figure du Grand Roi protecteur des lettres et des arts et, à ce titre, bienfaiteur non seulement de ses sujets, mais du genre humain tout entier. Outre qu'exalter Louis XIV est, une fois encore, une manière détournée de critiquer son successeur. L'ouvrage paraît enfin, en 1752, à Berlin et sous un pseudonyme, la première phrase est explicite :

« Ce n'est pas seulement la vie de Louis XIV, qu'on prétend écrire, on se propose un plus grand objet.

On veut essayer de peindre à la postérité, non les actions d'un seul homme, mais l'esprit des hommes dans le siècle le plus éclairé qui fut jamais ».

Certes, le roi est au centre du livre, mais s'ordonnent les hommes connus ou anonymes, les relations sociales, et surtout l'éclat des lettres, et des observateurs attentifs que sont Saint-Simon et la Princesse Palatine. Enfin, sont époque, dans sa globalité. Et en tout cas, cela n'est pas une généralité.

En mémorialiste, le duc de Saint-Simon, ne lésine pas sur les détails, parfois croustillants, parfois glauques, lorsqu'il s'agit de relater les petites et grandes intrigues à la cour du Roi Soleil.

Il nous y décrit les habitudes de cet illustre roi, de ses ballades en voitures sur routes poussiéreuses et défoncées qu'il impose, fenêtres ouvertes, par tout temps à toute sa tribu, et, qui seront la cause de beaucoup de fausses-couches parmi les dames de sa cour, à ses conquêtes, ou ses folies de construction, comme son domaine de Marly. Mais tout l'entourage y passe aussi, de Monsieur, frère du roi, à Monseigneur, premier Dauphin... Aux bâtards, charmants termes désignant les enfants de Louis XIV, avec Madame de la Vallière, demoiselle d'honneur de Madame, première épouse de Monsieur Frère du roi, (oui, il faut suivre), et avec Madame de Montespan.

Les bâtards indignent d'ailleurs le duc de Saint-Simon, qui n'admet pas, comme beaucoup à la cour, que ces enfants soient légitimés et aient les mêmes droits et reconnaissances que les princes du sang. Mais, tout de même, ils n'ont pas le droit au trône,(il ne faut pas pousser), même si Louis XIV, voyant la liste de ses héritiers diminués dangereusement, avait pensé en 1714 à accorder le droit de succession, à défaut de tous les princes de sang royal, à ses deux fils bâtards légitimés qu'il avait eus de Madame de Montespan.

Ces mémoires, c'est l'historique des petits et grands événements, des chamailleries entre princes, Ministres, bâtards, jusqu'au spectacle de la fin de règne, et la mort en quelques années de la quasi-totalité de tous les successeurs légitimes du roi, mais aussi ses proches.

Louis XIV perd Monsieur, son frère, en 1701 d'une crise d'apoplexie, qui a fait suite à une violente dispute avec le roi. En 1705, l'aîné du duc de Bourgogne décède en bas âge. En 1711, c'est le seul fils que Louis XIV a eu de la Reine Marie-Thérèse, le Grand Dauphin, qui décède de la petite vérole à l'âge de 49 ans.

En 1712, une épidémie de rougeole emporte le duc de Bourgogne qui est l'aîné des petits-fils du Roi, devenu le nouveau Dauphin à la mort du Grand Dauphin, son épouse la duchesse de Bourgogne devenue la Dauphine et leur fils de 5 ans. En 1714, c'est le plus jeune des petits-fils de Louis XIV, qui succombe après une chute de cheval. Reste un garçonnet de 2 ans, dernier arrière-petit-fils légitime en vie, qui deviendra Louis XV, et évincera du trône les bâtards de Louis XIV.

Louis XIV fut extrêmement éprouvé, par ses deuils successifs et rapprochés.

La princesse Palatine belle-sœur de Louis XIV, qui dressa un portrait réaliste, sans concession ni tabou de la Cour, et qui était mariée en deuxième noce avec Monsieur, frère du roi.[8]

Elle écrivit 60 000 lettres, à sa tante, à sa famille, mais aussi à toutes les têtes couronnées et pour en avoir lu quelque une, j'ai découvert à travers ses écrits, qui sont parfois directs, voir extrêmement francs, une femme drôle, sensible, intelligente, droite et qui avait de la moralité. Elle a toujours montré envers le Roi du respect, et aussi envers son mari. Elle mourait d'ennui à Versailles, sauf les jours du théâtre.

Nous nous appuierons donc sur ces deux mémorialistes pour illustrer nos propos.

LOUIS XIV LE ROI – SOLEIL de 1638-1715

Le grand siècle de Louis XIV reste marqué par l'image d'un roi absolu et d'un état puissant. Investi très jeune dans ses fonctions, éduqué par le Cardinal Mazarin, le Roi-Soleil pose les fondements de l'absolutisme.

En 1682, il s'installe, entouré de sa Cour, au Château de Versailles, meilleur symbole de son pouvoir et de son influence en Europe. Surnommé, Louis-Dieudonné, Louis XIV naît en 1638, à Saint-Germain-en-laye. Devenu à 5 ans, à la mort de son père Louis XIII, Roi. Le jeune souverain reçoit d'Anne d'Autriche, sa mère, et du cardinal Mazarin, une éducation complète.

Mazarin est officiellement chargé de son initiation politique. Sa mère assure la régence. C'est le temps de la fronde (1648-1653), la rébellion de la haute noblesse et du peuple de Paris. L'enfant se sent humilié par l'arrogance des grands et menacés dans sa capitale. Il s'en souviendra.

Louis XIV épouse à Saint-jean-de-Luz, en 1660, sa cousine germaine, Marie-Thérèse d'Autriche, infante d'Espagne. Leur union cimente la réconciliation de la France et de son voisin espagnol.

Le Roi et la Reine ont six enfants. Un seul survivra, Louis de France.

En 1683, le Roi épouse secrètement Madame de Maintenon qui succède à ses premières favorites, Mademoiselle de la Vallières et de Montespan avec qui il eut plusieurs descendants légitimés.

HYGIÈNE DE LOUIS XIV

L'apparence prime sur la propreté.

« … La toilette de Louis XIV, décrite par le Duc de Saint-Simon, met en évidence l'absence d'eau. Le seul rituel de lavage qu'observe le Roi-Soleil consiste à se rincer les mains avec de l'esprit-de-vin. C'est que la toilette au XVIIe siècle obéit à de tout autres repères que les nôtres. Elle cherche précisément à éviter l'eau, considérée comme nocive, mais elle fait, en revanche, une très large place aux produits odorants ».

Ce qui s'appelle, le camouflage très organisé.

Les médecins pensaient que le bain lui-même est malfaisant pour le corps, que les miasmes de la nature pénètrent d'autant plus facilement à l'intérieur du corps, que les pores sont dilatés sous l'effet de la chaleur, laissant un libre passage aux maladies. La toilette se résume donc à des gestes d'ablutions du visage et des mains.

À la place, on va se parer, de parfums, poudres et autres pommades, venus d'Italie et qui sont à la mode. Plutôt que d'éliminer la saleté, on en camoufle l'odeur en usant d'artifices. La propreté est celle du linge, non celle du corps, à Versailles, on change de toilette 5 fois par jour. Se développe alors la « toilette sèche », en se frottant avec des linges.

Ce qui fait que poux et autres bestioles bien sympathiques devaient cohabiter, sur le même individu et que cela ne dérangeait personne.

LA MEDECINE À L'ÉPOQUE DE LOUIS XIV

Dans le malade imaginaire Molière aime se moquer sans retenue des comportements parfois ridicules et risibles des hommes du XVIIe siècle. Du bourgeois prétentieux et envieux au noble désargenté, du dévot que des manières excessives rendent comique, au séducteur insatiable et résolu, nul n'est épargné par les répliques acerbes, d'un valet malicieux.

Les médecins du temps de Louis XIV, subissent régulièrement des attaques ironiques de Molière. Le personnage du praticien vieillissant, jaloux d'un savoir dépassé et inefficace, apparaît à l'occasion d'une scène. Le spectateur s'amuse de ses incompétences, de son orgueil méprisant, de ses habitudes grotesques comme :

« Argan : les médecins ne savent donc rien, à votre compte ?

Béralde : si fait, mon frère. Ils savent la plupart de fort belles humanités, savent parler en beau latin, savent nommer en grec toutes les maladies, les définir et les diviser ; mais, pour ce qui est de les guérir, c'est ce qu'ils ne savent point du tout ».

La caricature ne doit certes pas tromper. Mais, elle se construit sur une réalité existante et révèle l'image que les contemporains de l'écrivain se font de ceux à qui ils confient leur santé.

Dans son ultime chef d'œuvre, le Malade Imaginaire, Molière décrit avec humour sans concession le moment où Argon, dont le rêve est de devenir médecin, se présente à l'examen qui ouvre les portes de la profession.

Les maîtres de l'Université l'interrogent, à tour de rôle, en latin :

« Comment soigner l'hydropisie ?» Le candidat répond :

« Clysterium donare, postea saignare, ensuita purgare».

Ce qui veut dire :

Utiliser le clystère, puis saigner et enfin purger.

L'examinateur donne son avis : « Bene, bene »

Bien, Bien.

Viens l'étude d'un cas pratique : un malade souffre de violents maux de tête, de fièvres, de douleurs abdominales. Que faire ? Argon à la solution :

« Clystérium donare, postea saignare, ensuita purgare».« Bene, bene.» lui répond-t-on.

Un maître plus malicieux, tente de prendre le futur praticien en défaut :

« Et si, malgré cela, le mal ne se dissipe pas ?

Argon triomphe :

« Clystérium donare, postea saignare, ensuita purgare. Ensuita, resaignare et repurgare ».

Le jury applaudit aux brillantes réponses du candidat, le félicite et lui décerne le titre de Docteur en médecine. Ses compétences démontrées à tous, il obtient le droit d'exercer son activité librement.

Les spectateurs s'amusent du comique de la situation. Les acteurs jouent évidemment le rôle qui est le leur, mais, chacun reconnaît derrière leurs mimiques grossières et risibles les attitudes du praticien que l'on consulte parfois à regret.

C'est un fait, la médecine du Roi-Soleil tue davantage qu'elle ne guérit. Aujourd'hui, la chose est inconcevable. Il y a quatre siècles, les populations admettent que les soins prodigués par les spécialistes de la santé puissent emporter un malade affaibli.

Au XVIIe siècle, la saignée est l'une des rares thérapies que l'on connaisse. Les maîtres de l'université, enfermés dans les convictions héritées des savants du Moyen-âge, demeurent persuadés que le sang transporte à l'occasion les - mauvaises humeurs -, responsables de la maladie. Pour combattre le mal, il n'est pas d'autre moyen possible que celui d'évacuer les microbes nocifs par d'abondants saignements que le chirurgien provoque d'un coup de lancette.

On saigne à peu près pour n'importe quel motif. Du nourrisson au vieillard, chacun subit la douloureuse épreuve sans protester, qui oserait d'ailleurs contester le savoir d'un prestigieux docteur, issu des rangs de la faculté !.

La saignée vient à bout de bien des maux croit-on. Elle facilite la percée dentaire du nouveau-né, adoucit la grossesse des femmes enceintes et rend l'accouchement moins douloureux. La duchesse de Bourbon, fille de Louis XIV, attrape la vérole, l'une des plus terribles maladies d'autrefois. On la saigne à 4 reprises.

Le marquis des Sourches raconte le plus sérieusement du monde qu'un courtisan de Versailles accourt au passage du roi. Il est tant ému qu' en s'inclinant pour la révérence, il heurte violemment du coude son voisin. Un flot de sang volumineux s'échappe du nez blessé. Le médecin que l'on appelle aussitôt prescrit pour soigner le traumatisme... Devinez quoi ? Une saignée !!!

Quand on ne saigne pas, on purge. Quoique différent, le remède est tout aussi désagréable à endurer.

Il s'agit d'introduire à l'aide d'une énorme seringue une grande quantité d'eau aromatisée dans le corps du patient par l'orifice anal. Le liquide injecté doit, pense-t-on, nettoyer les entrailles et permettre l'évacuation rapide des « mauvaises humeurs » responsable d'une douleur à l'estomac, d'un désordre intestinal, d'une digestion difficile. Le roi lui-même ne peut échapper aux purges quotidiennes, et jusqu'à dix-huit en une seule journée !, que lui administre son médecin personnel. Quand cela ne suffit pas, les praticiens disposent de tout un arsenal de potions aussi compliquées à préparer qu'elles sont inefficaces.

En 1665, Anne d'Autriche, la mère du Roi-Soleil, se découvre atteinte d'un cancer du sein.

Les spécialistes se succèdent à son chevet et prescrivent divers élixirs aux savantes compositions. On dépose même sur la poitrine malade des emplâtres de poudres de pierres. Un traitement aussi rudimentaire n'est bien évidemment pas en mesure d'enrayer la progression du mal.

Au bout d'une année, la tumeur a tellement grossi que les chairs en viennent à pourrir, la gangrène s'installe.

Contemplant sa main enflée, la souveraine a une phrase qui en dit long sur ses souffrances :

« Ne mourrai-je pas bientôt ». Le 20 janvier 1666, c'est chose faite.

Ce n'est donc pas pour rien que Molière se moque si cruellement des médecins de son époque. Leurs pratiques empiriques et dépassées sont souvent bien davantage responsables de la mort d'un malheureux patient, que de la maladie elle-même.

On ignore la cause des maladies, infectieuses que l'on soigne avec des saignées, purgations, régimes alimentaires, ventouses (système de succion sensé attiré le mauvais sang), bains, etc. On cautérise les plaies avec un instrument rougi au feu.

Le roi Louis XIV, n'échappera pas aux maladies de son temps, variole, scarlatine, rougeole, et survivra grâce à sa constitution robuste. Il sera néanmoins en mauvaise santé toute sa vie, dysenterie, goutte, fièvres, vapeurs, problèmes dentaires, etc. Il sera vaincu par la gangrène à 77 ans, peut être consécutive à un diabète et une septicémie, que l'on ne savait pas soigner à cette époque.

La médecine des anciens reposait sur 4 humeurs : le sang, venant du cœur, la pituite ou phlegme, rattachés au cerveau, la bile jaune, venant du foie, l'atrabile, venant de la rate.

Ce qui est fort peu.

En fine mouche, la Princesse Palatine, nous informe dans une lettre du 22 juillet 1714 ceci :

Extrait :

«... Ce m'est toujours un nouveau sujet d'étonnement que tant de gens aiment le café ; il a pourtant un goût horriblement désagréable. Je lui trouve une odeur d'haleine corrompue : le défunt archevêque de Paris sentait comme ça. Vous avez bien raison de ne pas vous mettre entre les mains d'un chirurgien malhabile. Le mien fait admirablement les saignées, il s'appelle Carrer, mais aussi, je lui permets de rester constamment en exercice : il saigne tout Paris...

Et, comme disait mon bon Molière : « Les choses ont bien changé ». Fort heureusement pour nous...

LA FACE CACHÉE DU ROI SOLEIL

C'est probablement la fistule anale dont il commence à souffrir le 5 février 1686, selon le journal du marquis de Dangeau :

« le roi se trouva assez incommodé d'une tumeur à la cuisse et garda le lit tout le jour ».

En cette époque, à force de chevauchée, les anus se fissurent. Le souverain n'y échappe pas.

Ses médecins et chirurgiens multiplient les traitements sans aucun effet. Même le nettoyage de la plaie au moyen d'une lancette tranchante s'avère inutile. L'entourage du souverain tente de garder le secret sur son mal, mais la rumeur se répand dans toute l'Europe. Certains envisagent déjà la mort du roi de France.

Ses médecins ne savent plus quoi faire. Un moment, ils envisagent d'envoyer leur illustre patient tremper ses fesses dans les eaux de Barèges, réputées réparatrices dans le domaine. Mais, avant d'entreprendre le lointain déplacement, il est décidé de tester lesdites eaux avec quatre personnes souffrant de la même maladie sous la surveillance d'un chirurgien de l'hôpital de la Charité. Quand elles reviennent quelques semaines plus tard, leur fistule est toujours présente.

Des charlatans espérant faire fortune, assiègent Versailles avec des onguents soi-disant miraculeux. On ne les renvoie pas. Louvois accueille ces docteurs, dans son hôtel particulier à Paris pour qu'ils fassent la démonstration de leur efficacité sur des fistules, trouvées dans la rue. Mais sans succès.

Bref, il ne reste plus que la grande opération, comme on disait à l'époque, à tenter, c'est- à-dire l'ouverture totale de la fistule pour sectionner les chairs corrompues, afin que la cicatrisation puisse se dérouler. Inutile de dire qu'à cette époque dépourvue d'anesthésie et d'antibiotique, l'intervention chirurgicale constitue le dernier recours. Le roi convaincu par Louvois, donne son accord.

Mieux vaut tenter le tout pour le tout que mourir à petit feu. On choisit pour cela le premier chirurgien du roi, Charles-François Tassy, dit Félix, un homme extrêmement compétent, quoiqu'il n'ait jamais opéré de fistule jusque-là. Qu'importe, il se rattrape en se faisant la main sur 75 fistuleux de Paris, réquisitionnés dans les hôpitaux et les prisons. Cela lui permet de concevoir un bistouri spécialement adapté à cette chirurgie, qui restera dans les annales. Sa forme est courbe et il est prolongé par un stylet long, pointu et flexible. À la mi-novembre, notre chirurgien est prêt.

L'intervention se déroulera à Versailles où le roi revient le 15 novembre, après un séjour à Fontainebleau.

Le 16, il visite ses jardins de Versailles à cheval, ne montrant aucune appréhension. Il parle plaisamment avec les uns et les autres. Le dimanche 17, la journée s'écoule normalement sans accro à l'étiquette. Le lendemain matin, le souverain est réveillé vers 5 heures par ses apothicaires venus préparé le champ d'opération à grands coups de lavements.

Une fois ce préambule effectué, les intervenants et les invités arrivent les uns après les autres, à savoir, le père Lachaise, confesseur du roi, le chirurgien bien entendu, les médecins d'Aquin, Fagon, Bessière de Laraye. Enfin Louvois et Madame de Maintenon complète l'assemblée.

Le roi demande calmement à son chirurgien de lui expliquer le fonctionnement de chaque instrument disposé sur la table, car la chambre du roi sert de salle d'opération. Louis XIV s'allonge nu sur son lit, un traversin sous le ventre, dans une position tournée vers la fenêtre.

Un écarteur d'anus en argent lui est alors introduit dans l'orifice. Deux apothicaires lui agrippent les jambes pour les maintenir écartées. Le chirurgien commence par faire une petite incision dans la fistule, pour y introduire le long stylet flexible fixé à l'extrémité du bistouri. Celui-ci, traverse la paroi de l'intestin où le chirurgien attrape délicatement son extrémité avec son index introduit dans l'auguste rectum. Voilà donc notre Félix, avec dans une main le manche du bistouri, et dans l'autre son extrémité flexible. Courageux, Louis XIV ne pousse pas un cri.

Le chirurgien n'a plus qu'à tirer à lui, d'un mouvement sec, son instrument pour ouvrir la fistule sur tout son long. Le roi serre les dents. Le chirurgien coupe avec une paire de ciseaux toutes les callosités encombrant la fistule. Huit coups suffisent.

Le roi n'émet toujours pas le moindre grognement.

L'opération est maintenant presque achevée.

Le chirurgien Félix introduit dans l'anus béant, « une grosse tente de charpie recouverte d'un liniment composé d'huile et de jaune d'œuf », puis enduit la plaie de plumasseaux. Il finit par des compresses et des bandages.

L'intervention a duré trois heures.

L'incroyable courage de Louis XIV qui reprend alors le cours de sa journée avec seulement une heure de retard. Il accueille au pied de son lit les courtisans habituels. Le roi fait prévenir son fils à la chasse et son frère qui est à Paris de la réussite de l'intervention.

Chacun guette une expression de douleur sur la face royale, en vain. Le souverain ordonne que la journée se déroule à l'ordinaire.

Après le déjeuner, il tient conseil comme à l'habitude.

Le lendemain, il reçoit les ambassadeurs étrangers, sans même montrer le moindre signe de fièvre. Au cours des jours suivants, le souverain n'éprouve toujours aucune douleur.

Quinze jours plus tard, cependant, Félix constate que la cicatrisation ne se fait pas correctement. Le 6 décembre, il doit à nouveau manier les ciseaux, puis le 7, il lui faut inciser plus profondément pour que la cicatrisation se déroule dans le bon ordre, depuis le fond de la plaie vers l'extérieur. Cette fois, le roi déguste et doit renvoyer le Conseil à plusieurs reprises. La cicatrisation est enfin en bonne voie.

Le samedi 11 janvier 1687, 54 jours après la grande opération, le roi peut enfin se promener à pied dans l'Orangerie.

En guise de récompense pour son intervention, Félix reçoit une fortune : 50 000 écus (environ 6 millions d'euros d'aujourd'hui), et la terre des Moulineaux de même valeur. Tous les autres médecins sont également récompensés.

De nombreux courtisans demandent à subir la grande opération, plusieurs de ceux qui la cachaient avec soin avant ce temps n'ont plus eu honte de la rendre publique.

« J'en ai vu plus de trente qui voulaient qu'on leur fît l'opération, et dont la folie était si grande, qu'ils paraissaient fâchés lorsqu'on les assurait qu'il n'y avait point nécessité de la faire » (écrit Pierre Dionis, le chirurgien de la reine Marie-Thérèse).

À jamais, l'opération de la fistule de Louis XIV restera dans les annales de la médecine.

Le portrait de Fagon médecin de louis XIV Lettre de la Princesse Palatine, Port-Royal le 15 juillet 1696. Extrait :

« Le docteur Fagon est une figure dont vous aurez peine à vous faire une idée. Il a les jambes grêles, comme celles d'un oiseau, toutes les dents de la mâchoire supérieure pourries et noires, les lèvres épaisses, ce qui lui rend la bouche saillante, les yeux couverts, la figure allongée, le teint bistre et l'air, aussi méchant qu'il l'est en effet. Mais, il a beaucoup d'esprit et il est très politique. Je ne crois pas, je le répète, et vous en conviendrez après cette description qu'il vous eut été possible de vous faire une idée exacte de ce personnage ». Guy Fagon (1638-1718), était professeur de botanique au jardin des plantes, il devint médecin du Roi en 1693... D'après la description, il paraît, en plus, mauvais état que ceux qu'il soigne...

LA REINE MARIE-THÉRÈSE D'AUTRICHE

épouse de Louis XIV

Fille de Philippe IV d'Espagne et d' Élisabeth de France, Marie-Thérèse naît en 1638, à l'Escurial, palais proche de Madrid. En 1660, suite au traité des Pyrénées, elle épouse Louis XIV à Saint-Jean-de-Luz, mariage qui scelle la réconciliation entre la France et l'Espagne. Elle est décrite comme timide et effacée.

Timide, patiente, douce et très pieuse, elle reste à l' écart du monde de la Cour, ayant des difficultés à parler Français. Elle s'entoure surtout de suivantes espagnoles. En 1666, la mort d'Anne d'Autriche la prive d'un appui précieux. Très admirative de son époux, elle souffre de ses infidélités.

Marie-Thérèse d'Autriche attache de l'importance à son rôle de mère et apporte son soutien à Bossuet, chargé de l'instruction du Dauphin, comme en témoigne leur correspondance :

« Ne souffrez rien, Monsieur, dans la conduite de mon fils, qui puisse blesser la sainteté de la religion qu'il professe, et la majesté du trône auquel il est destiné ».

Bien que nommée Régente par louis XIV en 1672, lors de la guerre de Hollande, sa nature l'écarte de toute ambition politique. Elle accompagne le Roi lors de tous ses déplacements officiels.

En 1667, elle participe notamment au voyage dans les Pays-Bas espagnols. Mais en 1683, son périple en Bourgogne et en Alsace l'épuise. À son retour à Versailles, elle tombe malade et meurt brutalement d'un abcès. Le Roi a alors cette phrase cruelle qui montre bien le peu d'intérêt qu'il éprouvait à l'égard de son épouse :

« Voilà le premier chagrin qu'elle m'ait donné ».

Et pourtant, Marie-Thérèse, reine de France et épouse du Roi-Soleil, en voyant la belle Montespan au bras de Louis XIV, dira en soupirant « Cette pute me fera mourir... », avec un fort accent espagnol.

LE SECRET DE MARIE-THÉRÈSE

Le 16 novembre 1664, plusieurs dignitaires de la cour attendent, autour du lit, dans la chambre du Louvre où la reine Marie-Thérèse est en train d'accoucher. L'épouse de Louis XIV est bien malade depuis quelque temps, d'où cet aréopage de personnalités. D'après certains témoins de l'époque tels que Madame de Motteville suivante d'Anne d'Autriche, la princesse de Conti, fille légitimée du roi, ou Saint-Simon lui-même, la reine quelques jours avant, son accouchement était dans un état de nervosité terrible, frôlant la dépression. Quand la délivrance vient enfin, stupeur !

Le bébé qui sort du ventre royal n'est pas du rose attendu, mais une petite fille... Noire.

L'abbé de Gordes, aumônier de la reine, s'évanouit pendant que Monsieur, le frère du roi, fait une moue de dégoût, il trouva d'ailleurs que l'enfant avait un air de ressemblance avec le petit maure qui ne quittait pas sa majesté. La Princesse Palatine, belle-sœur du roi, témoignera plus tard que l'enfant était laide, et était morte.

Bourbon-Condé, un des plus importants princes de sang, se met à rire nerveusement et toute l'assistance à sa suite, comme le rapportera dans ses mémoires Mademoiselle de Montpensier, la cousine germaine du Roi-Soleil.

C'est donc vers Nabo, l'un des nains préférés de la reine, que convergent aussitôt les soupçons. Il faut dire que c'était une pratique à l'époque d'avoir des nains à la cour. Notamment à celle d'Espagne où a grandi l'infante Marie-Thérèse.

On ne sait pas qui a donné l'esclave. Il s'agit peut-être d'un cadeau d'ambassadeurs du Dahomey, Bénin actuel.

Quoi ! Nabo ne se serait pas contenté de chastes pirouettes et d'innocentes facéties ?

Comment la reine de France, qu'on dit si pieuse, a-t-elle pu s'enticher de son petit page noir ? On dira aussi que Marie-Thérèse était également très bête, d'une grande bonté, mais parfaitement ignorante, croyant tout ce qu'on lui racontait.

Il n'y a rien d'étonnant, car il y avait entre les maîtresses et leurs esclaves une vraie proximité. Elles se laissaient parfois toucher des parties de leur corps.

Ces jeux ont pu devenir charnels et dégénérés, d'autant que Louis XIV, étaient occupé ailleurs avec ses maîtresses, et délaissait sa femme.

Pour enrayer le scandale qui se propage à la cour, on tente d'étouffer l'affaire, en vain.

On annonça la mort du bébé, mais la petite fille noire fut envoyée loin de Paris, en province peut-être à Cahors, sous la responsabilité d'un valet de confiance.

Adolescente, elle réapparaît chez les chanoinesses de l'abbaye de Notre-Dame-de-Meaux, puis entre dans un couvent de Bénédictines, aujourd'hui disparu, à Moret-sur-Loing, près de Fontainebleau. C'est dans cet édifice borgne que grandit la légende de la Mauresse de Moret, suscitant la curiosité de Saint-Simon ou de Voltaire, qui ira la voir, comme beaucoup d'autres, cette religieuse, extrêmement basanée. Voltaire quittera le couvent avec la quasi-certitude qu'elle est la fille du roi. Marie-Thérèse et Louis XIV était cousin germain, s'il y avait ressemblance, il n'y à rien d'étonnant.

Ce dont elle-même s'était persuadée, après les confidences malencontreuses d'un curé, n'hésitant pas à appeler le Grand Dauphin, mon frère. Ce qui est sûr, c'est que les princes et princesses de France ne manqueront pas de lui rendre visite dans les moments cruciaux de leurs vies, mariage ou évènement. Elle sera entourée des meilleurs soins, par contre, il n'existe pas d'écrits sur la visite du roi.

Quand elle devient religieuse en 1695, à l'âge de 31 ans en prenant le nom de sœur Louise-Marie-Thérèse, c'est en présence de plusieurs hauts personnages. Dont sa mère Marie-Thérèse, qui venait régulièrement de Versailles, mais ne se laissait jamais aller à des effusions maternelles.

Elle a eu jusqu'à la fin une vie sans relief, un destin sacrifié. Elle est morte à l'âge de 56 ans.

Ce qu'il faut savoir, on appelait Mauresse au XVIIe siècle, toute personne à la peau noire, originaire d'Afrique. À cette époque, les personnes de couleur sont fort peu nombreuses en France, reléguées au statut d'esclave, elles sont soit employées dans les ménageries, soit servent d'ornement au sein des familles les plus nobles, notamment à la cour. La couleur de leur peau différente des autres leur avait fait une réputation maléfique.

Et Nabo dans tout ça, que devient-il ? Il paraît que celui-ci mourut subitement quelques jours après l'annonce de la grossesse royale.

En 1779, le portrait de la Mauresse était encore accroché dans le bureau de l'Abbesse du couvent de Moret-sur-Loing.

Il se trouve aujourd'hui à la bibliothèque Sainte-Geneviève. Le dossier l'accompagnant est classé dans les archives de cette même bibliothèque, mais, il est vide, seule la couverture subsiste revêtue d'une inscription.

MONSIEUR, frère de Louis XIV

Philippe de France, frère de Louis XIV dit, Monsieur, est laissé à l'écart de toute gestion politique du royaume. Connu pour préférer ses favoris à ses épouses, plus Parisien que Versaillais, il connaît une victoire militaire en 1677, contre Guillaume d'Orange. Marié en deuxième noce à la Princesse Palatine, il donne naissance aux deux futurs régents qui gouverneront pendant la minorité de Louis XV, au siècle suivant.

Philippe de France est appelé, petit Monsieur, titre alors réservé sous l'Ancien Régime au frère cadet du Roi, pour le distinguer du frère de Louis XIII, Gaston d'Orléans, le Grand Monsieur. À la mort de ce dernier en 1660, il reprend le titre initial de Monsieur, et devient, à 20 ans, chef de la maison d'Orléans.

Quinze ans plus tard, en 1671, après la mort de sa première femme, Louis XIV contraint son frère à épouser Élisabeth-Charlotte de Bavière, dite la Palatine. De cette union naissent trois enfants, dont Philippe d'Orléans, futur régent, et Mademoiselle de Chartres.

Attiré par les costumes féminins et les parures excentriques, entouré de ses favoris et adepte du vice italien, Philippe de France ne se voit confier aucune charge politique par le Roi, qui n'approuve pas son comportement. Il sort pourtant victorieux de la bataille de Cassel le 11 avril 1677, pendant la guerre de Hollande. Guillaume d'Orange est battu.

Monsieur vit entre le Château de Saint-Cloud et le Palais Royal, délaissant la Cour et sa femme, où il introduit Molière et sa troupe. Son château est considéré comme l'autre Versailles. Les jardins dessinés par Le Nôtre et les appartements décorés par le peintre Mignard rivalisent avec le palais de Louis XIV.

Monsieur, eut comme mignons, entre autres, le chevalier de Lorraine et le Marquis d' Effiat,

Mémoires de Saint-Simon :

« le goût de Monsieur n'était pas celui des femmes, mais le goût de Henri III, il ne s'en cachait même pas...» Philippe sera élevé de la manière la plus efféminée, afin qu'il ne puisse jamais devenir un chef de parti et prétendre au trône. Est-ce cette éducation de fille qui a été la cause de l'homosexualité, de Monsieur frère du Roi ? Sûrement pas.

Si Monsieur est très coquet, porte de nombreux bijoux et collectionne les antiquités, ce n'est pas pour autant une folle. Remarquable combattant, il se couvre de gloire sur les champs de bataille et sa bravoure est reconnue par ses soldats qui disaient de lui « qu'il craignait plus le hâle du soleil que de recevoir un boulet ! », faisant allusion à l'aversion des aristocrates pour un bronzage qui trahissait le travailleur des champs.

Tordant le cou au cliché qui veut que les homosexuels soient des poltrons, le prince efféminé charge à la tête de ses troupes, l'épée au poing, sous la mitraille. Les nombreuses victoires que remporte Philippe irritent le roi, jaloux de la gloire militaire de son frère.

Après le triomphe de Monsieur sur le prince d'Orange à la bataille de Cassel, Louis XIV refuse désormais de lui confier le commandement de l'armée. Le 30 janvier 1670, le château de Versailles est en émoi. Le bruit court que Madame Henriette d'Angleterre, première épouse de Monsieur qu'il a épousé en 1661, a obtenu l'exil du chevalier de Lorraine, l'amant de son mari.

Jusque-là, le roi avait toléré les amours de son frère, mais le chevalier de Lorraine avait dépassé les bornes en manifestant publiquement sa jalousie vis-à-vis d'Henriette. Louis XIV avait donné satisfaction à l'épouse délaissée en exilant le trop séduisant chevalier. Quelques mois plus tard, Henriette meurt subitement et la rumeur publique accuse le marquis d'Effiat, nouvel amant de Monsieur, de l'avoir empoisonnée avec une potion envoyée par le chevalier de Lorraine. En fait, il est probable que Madame soit morte d'une maladie abdominale héréditaire chez les Stuart.

Monsieur se jette alors au pied du roi, le supplie de rappeler le chevalier de lorraine. La scène du retour en grâce du chevalier est rapportée par Mme de Sévigné, dans une lettre du 16 février 1672 :

« Eh bien, dit le roi, il reviendra, je vous le redonne et je veux que vous m'ayez toute votre vie cette obligation, et que vous l'aimiez pour l'amour de moi... Je fais plus, je le nomme maréchal de camp dans mon armée ». Là-dessus, Monsieur se jeta aux pieds du roi, lui embrassa les genoux, et lui baisa une main avec une joie sans égale. Le roi le releva et lui dit :

« Mon frère, ce n'est pas ainsi que des frères doivent s'embrasser. Et il l'embrassa fraternellement ».

Quelques mois plus tard, Philippe d'Orléans épouse en secondes noces Élisabeth-Charlotte, princesse Palatine, dont les lettres et les mémoires sont une source précieuse de renseignements sur l'homosexualité de son mari. Raison d'état oblige, celui-ci remplit ses devoirs conjugaux, comme il s'en était montré capable avec Henriette d'Angleterre sa première épouse.

Mais pour honorer la volumineuse Allemande, il consolide sa virilité défaillante avec un chapelet de reliques. Sa femme surprise par cet accessoire, ancêtre du cocring, lui reproche ce procédé peu catholique :

« Je vous demande pardon, Monsieur, mais vous ne me persuaderez point, que c'est honorer la Vierge, que de promener sur son image les parties destinées à ôter la virginité ».

Est-ce grâce à cette technique originale que Monsieur fait trois enfants à la princesse, dont le troisième est un garçon, Philippe, qui deviendra le régent du royaume à la mort de Louis XIV, et désigné par le roi.

Ses obligations dynastiques accomplies, Monsieur n'a qu'une hâte, quitter le lit conjugal. Il ne rencontre plus sa femme que dans les réceptions officielles et vit avec ses favoris, dont il épouse les querelles et les prétentions.

La plus extravagante est celle du marquis d'Effiat, qui veut la charge de gouverneur du jeune Philippe. L'amant du père deviendrait le gouverneur du fils !. Monsieur ose appuyer cette demande auprès du roi, mais c'est sans compter sur la princesse rebelle :

« Ce ne serait pas un honneur pour mon fils, si l'on pouvait penser qu'il est la maîtresse d' Effiat, car il est certain qu'il n'y a pas de plus grand sodomite dans toute la France, il a toujours sa chambre pleine de pages et de jeunes garçons. Il donnerait, ma foi, de beaux exemples à mon fils ! ».

Elle en appela au roi lui-même.

Louis XIV déteste les homosexuels, cependant, il ménage les favoris de son frère qui lui servent d'espions. Il fait semblant de conserver sa faveur à d' Effiat, mais il ordonne à Monsieur de renoncer à lui confier la charge de gouverneur de son neveu. Ce n'est qu'une feinte du souverain pour obtenir des rapports précis sur les intrigues de son frère, tout en obligeant les favoris à influencer Monsieur dans le sens de sa politique.

Bientôt, Monsieur délaisse complètement sa femme qui semble s'accommoder de cette situation. Mais elle n'accepte pas de bon cœur que l'argenterie de sa dot serve à payer les nouveaux mignons de son mari :

« Monsieur a fait fondre et vendre toute l'argenterie qui est venue du Palatinat et a distribué l'argent à ses mignons. Chaque jour, on lui en amène de nouveaux et, pour leur faire des cadeaux, il vend ou met en gage tous ses bijoux. Monsieur dit hautement, et il ne l'a pas caché à sa fille ni à moi, que, comme il commence à se faire vieux, il n'a pas de temps à perdre, qu'il veut tout employer et ne rien épargner pour s'amuser jusqu'à la fin ».

Monsieur meurt subitement en 1701.

Le premier soin de la princesse est de brûler les lettres de ses mignons, pour qu'elles ne tombent pas en de mauvaises mains.

« Si l'on pouvait savoir dans l'autre monde ce qui se passe dans celui-ci, feu Monsieur serait fort content de moi, car j'ai cherché dans ses bahuts toutes les lettres que ses mignons lui ont écrites et je les ai brûlées sans les lire, afin qu'elles ne tombent pas en d'autres mains ».

Élisabeth-Charlotte montre plus d'indulgence pour l'homosexualité de son mari que l'opinion publique. Elle était donc tolérante, même si elle n'approuvait pas du tout.

Elle dira avec Humour à sa tante ; lettre de Port-Royal du 2 août 1696 :

« Si l'on veut recouvrer sa virginité après, n'avoir pas pendant dix-neuf ans couché avec son mari, pour sûr, je suis redevenue vierge...»

Une chanson qui court les rues de Paris, conservée à la bibliothèque nationale, témoigne de la cruauté subie, contre les homosexuels et qui ne date pas d'aujourd'hui :

« Philippe est mort la bouteille à la main. Le proverbe est fort incertain, qui dit que l'homme meurt comme il vit d'ordinaire. Il montre bien le contraire, car s'il fut mort comme il a vécu, il serait mort le vit au cul ».

Mais n'oublions pas que le fils de Monsieur, Philippe sera la « tige » des Bourbon-Orléans, l'ancêtre des principaux souverains d'Europe jusqu'au 19e siècle, et de presque tous les princes catholiques vivant ou régnant encore, comme Albert de Belgique. Étonnante lignée pour un prince qui n'aimait pas les femmes !

L'homosexualité à la cour voilà ce qu'elle en dit : lettre du 23 juin 1699, de Saint-Cloud à la Raugrave Louise :

« ...Les comtes de Nassau ont l'air de braves enfants. J'espère qu'ils n'apprendront rien de mal ici. Je suis grand gré à nos bons et honnêtes Allemands de ne pas tomber dans l'horrible vice qui est tellement en vogue ici, qu'on ne s'en cache plus, car on plaisante les jeunes gens de ce que tel ou tel est amoureux d'eux, comme en Allemagne, on plaisante une fille à marier. Il y a pis : les femmes sont amoureuses les unes des autres, ce qui me dégoûte encore plus que tout le reste...»

ÉLISABETH- CHARLOTTE DE BAVIÈRE Princesse Palatine

surnommée aussi Liselotte

La Princesse Palatine, Élisabeth-Charlotte de Bavière, grande épistolaire reconnue, peut-être surnommée Madame Europe. Ainsi grâce aux quelque 60 000 lettres écrites par Élisabeth-Charlotte à travers l'Europe, car, elle correspondait avec l'Angleterre, la Suède, le Danemark, les cours de Lorraine, de Savoie et Modène, l'Espagne, la Sicile. On peut retracer sa vie, faite de joies, de peines, et surtout prendre connaissance des mœurs de la Cour... Elle ne mâchera pas ses mots, mais sera juste honnête dans ses écrits.

Aïeule de la plupart des princes catholiques et de Marie-Louise, 2e épouse de Napoléon 1er, arrière grand-mère de Marie-Antoinette et des empereurs Joseph II et Léopold II, arrière petite fille d'un roi de Bohême ainsi que d'un roi d'Angleterre et d'Écosse, née en mai 1652, décédée le 8 décembre 1722, elle fut la 2e épouse de Philippe, Duc d'Orléans, frère de Louis XIV, que l'on appelait Monsieur. (description faite ci-dessus).

Maigrelette à la naissance, elle devient potelée à 6 ans, joue avec les épées et les fusils de son frère, se promène dans le Palatinat à cueillir le raisin, parle patois et écoute les contes populaires. Tiraillée entre des parents désunis, sa tante Sophie de Hanovre la prend sous son aile pendant 5 ans, lui apprend les langues, la danse, la musique, l'écriture, elle gardera un souvenir ému des fêtes de Noël, de Carnaval et de Pentecôte.

Lorsque ses parents lui parlent de mariage, elle a 18 ans, plusieurs prétendants tels Guillaume d'Orange Nassau, le prince du Danemark, le roi de Suède, le prince électoral de Brandebourg, l'héritier du duché polonais de Courlande, mais elle souhaite un vrai mariage d'amour.

Grâce à Anne de Gonzague, Élisabeth-Charlotte se convertit à la religion romaine, puis est mariée par procuration en novembre 1671 au Duc d'Orléans, contrat ou Philippe reçoit tous les biens de son épouse !...

Elle arrive en France complètement abandonnée par sa famille, ne cessant de pleurer pendant les 9 jours de voyage. Les filles sont nées pour obéir. Au moment même où Liselotte, surnom qu'on lui donnait, est conduite à Saint-Germain, résidence de la cour de France, en pleurant comme un veau. Elle dira elle-même qu'elle gueulait ou bramait pendant tout le voyage.

Son trousseau se résume à « une robe de taffetas bleu, une écharpe de zibeline, 6 chemises de nuit et autant de jour ».

Madame est surprise à la vue de Philippe de taille modeste, juché sur des talons hauts et paré de bagues, bracelets et pierreries :

« Sans avoir l'air ignoble, Monsieur était petit et rondouillet, avec des cheveux et des sourcils très noirs, de grands yeux de couleur foncée, le visage long et mince, un grand nez et une bouche trop petite garnie de vilaines dents. En revanche les habits sont magnifiques ».

Quand à Monsieur, il ne peut dire que : « Comment pourrais-je coucher avec elle ? ».

Elle n'est pas une beauté, mais pas laide non plus. Blonde, fraîche, massive, les joues colorées, les yeux bleus, le teint clair. Elle n'a pas la grâce, la séduction et le charme de la Cour. Elle forme, avec Philippe, un couple dont les rôles sont inversés. Lui efféminé, petit, précieux, coquet. Elle masculine, robuste, simple, naturelle.

Bref !, ce n'était pas le coup de foudre...

La lune de miel de 10 jours à Villers-Cotterêts est à la hauteur de la somptuosité de Philippe. Le roi est rapidement conquis par Madame qui parle couramment Français. Il en a d'ailleurs pitié, connaissant son frère et ses attirances.

Le couple s'entend bien au début. Élisabeth-Charlotte découvre Saint-Cloud « le plus bel endroit du monde », le Palais Royal et Paris, qu'elle détestera toute sa vie, en raison du bruit et des odeurs, les ovations du peuple qui l'aimera toujours, et les mignons dont elle se méfie. Elle ne se mêle pas des affaires de Philippe, mais le plus dérangeant est qu'il utilise les biens d' Élisabeth-Charlotte pour offrir des cadeaux aux mignons !

Ce, qui avouons le, ne se fait pas.

N'ayant pas encore eu de garçon, Philippe fait son devoir. Alexandre-Louis naît en juin 1673, mais ne vivra que 3 ans, puis Philippe duc de Chartres futur régent en août 1674, Mademoiselle de Chartres en septembre 1676.

À partir de cette date, ils font chambre à part. Élisabeth-Charlotte écrira plus tard :

« J'ai été bien aise, car je n'ai jamais aimé le métier de faire des enfants. Lorsque son Altesse me fit cette proposition, je lui répondis oui, de bon cœur, Monsieur, j'en serai très contente pourvu que vous ne me haïssiez pas et que vous continuiez à avoir un peu de bonté pour moi...».

D'autant que Philippe lui a transmis, « une belle maladie » ! Elle remplace vite sa présence dans son lit, par 6 épagneuls !. Elle aimait énormément les animaux.

Liselotte dira dans une lettre du 27 octobre 1696 de Fontainebleau :

« Le roi est de nouveau en son particulier, avec sa dame, si pleine de gravité. Monseigneur avec la princesse de Conti et les bonnes amies de celle-ci, Monsieur avec ses mignons et moi toute seule, car il n'y a ni homme ni femme dont la société ne me soit indispensable ».

Les dix années suivantes, l'âge d'or de la musique, les lettres, le théâtre, sont les meilleurs moments pour Élisabeth-Charlotte. Elle découvre Versailles, profite des promenades dans les jardins, est très appréciée du roi par sa franchise, sa droiture, sa spontanéité, surtout son absence d'hypocrisie. Ayant des goûts communs, il l'invite à la chasse, au théâtre, à l'opéra, aux soirées appartement. Louis XIV, conquis par son humour et son bon sens, lui offre son amitié.

À partir de 1680, « le vent tourne », Élisabeth-Charlotte perd son père et Anne de Gonzague. Elle fait face à un complot organisé par les mignons pour l'évincer détruisant la bonne entente entre les deux époux, une fièvre double-tierce de Philippe, puis le roi détruit le Palatinat, Philippe supprime des postes de la maison de son épouse, impose Effiat comme précepteur de leur fils. Madame se rebiffe, le roi lui fait des remontrances et ajoute :

« Si vous ne fûtes pas ma belle-sœur, je vous aurais congédiée de la cour ».

Il se détourne d'elle.

Le roi commence la deuxième partie de sa vie, plus sérieux, plus pieux, le franc-parler d'Élisabeth-Charlotte l'offusque presque.

Elle perd toute crédibilité et ne s'est pas rendu compte de la faveur montante de Mme de Maintenon. Le pire est atteint lorsque le roi marie le Duc de Chartres, son fils adoré, afin de le canaliser, car il est trop doué à la guerre, à Mademoiselle de Blois, fille bâtarde de Louis XIV et de Mme de Montespan.

Élisabeth-Charlotte sort des salons de Versailles, au milieu des courtisans « comme une lionne à qui l'on arrache ses petits ».

Elle se sent de plus en plus seule et perdue. Philippe ne s'occupant plus d'elle, elle souhaite entrer au couvent. Elle s'en plaint au roi qui répond :

« Tant que je vivrai, je n'y consentirai point. Vous êtes Madame, et obligée de tenir ce poste, vous êtes la femme de mon frère, ainsi, je ne souffrirai pas que vous lui fassiez un tel éclat. Je ne veux point vous tromper, en tout le démêlé que vous pourrez avoir avec mon frère. Si c'est de lui à vous, je serai pour lui, mais aussi si c'est des autres gens à vous, je serai pour lui ».

Seule sa tante Sophie de Hanovre est là pour elle. La seule consolation d'Élisabeth-Charlotte est son courrier, elle écrit librement, raconte ses malheurs, dépeint les frasques de la Cour, sans oublier qui que ce soit. Ses lettres sont ouvertes et montrées au roi, par ses espions.

Élisabeth-Charlotte et Philippe, délaissés par le roi, se rapprochent. Elle prend des proportions physiques inquiétantes, il est usé, fatigué par ses abus.

En voulant défendre son fils, Monsieur s'emporte et s'énerve tant, face au roi qu'il fait une crise d'apoplexie. Le 9 juin 1701, Élisabeth-Charlotte est seule, menacé de passer le reste de sa vie au couvent. Suivant les conseils de son entourage, elle fait la paix avec Mme de Maintenon le 11 juin, tout le monde s'embrasse, mais l'ambiance reste tendue.

N'ayant plus ni le Palais-Royal, ni le domaine de Saint-Cloud, il lui reste le vieux château de Montargie et le bon vouloir du roi !. Elle s'installe définitivement à Versailles, au-dessus des cuisines, et se dit très bien loger.

Elle devient philosophe et n'aspire « qu'à passer tranquillement sa vie ». Sereine, n'ayant plus la pression et les sarcasmes des mignons, en bonne amitié avec le roi et Mme de Maintenon, le reste de sa vie alterne entre joies et peines. Le bonheur d'avoir un nouveau petit-fils du côté de sa fille neutralise le chagrin causé par la mort de sa chienne préférée.

La naissance du nouveau Duc de Chartres, ne lui fait aucun effet, la fille de sa tante Sophie de Hanovre meurt d'une tumeur à la gorge.

Élisabeth-Charlotte tombe gravement en se tordant le pied et le genou, et privée de « Marly », de chasses et de promenades, elle écrit : « On change de nature en vieillissant ».

Elle traverse le très rude hiver 1709 avec ses nombreux décès, et constate en juillet 1710, que son trésorier lui avait soustrait 100 000 écus.

Elle passe de plus en plus de temps dans son cabinet, à jouer à la guitare, à agrandir sa collection de beaux livres (3000 volumes), elle aimait énormément lire, et de médailles antiques (964).

Elle navigue entre Virgile, Honoré d'Urfé, Saint-Évremond et la Bible qu'elle relie toutes les années. Intéressée par la médecine et les sciences, elle passe des moments à étudier les insectes et autres à travers les 3 microscopes qu'elle possède.

Ses lettres de 20 pages ne servent pas à l'histoire, elles sont un témoignage de son temps, « ces petits riens », de la vie courante que l'on se raconte, un peu comme de nos jours. À notre époque, nous dirions, elle est très bavarde.

Élisabeth-Charlotte est d'une tristesse infinie à la mort de sa tante Sophie en 1714, et n'a plus le goût à la vie. À la mort du roi, elle fait un malaise tant sa peine est réelle et profonde.

Parmi ses occupations, elle pose la première pierre de l'église de l'Abbaye-aux-bois, rue de Sèvres, elle soutient son fils lors de la conspiration de Cellamare. Enfin, en 1719, Mme de Maintenon s'éteint à Saint-Cyr !

Elle s'exclame :

« La vieille Maintenon est crevée. C'eut été un grand bonheur si cela avait pu arriver, il y a quelque trente ans ».

Vous comprendrez pourquoi !

Autre contentement, la mort du marquis d'Effiat, un des mignons de son mari, mort richissime, et sans enfant.

Elle se réconcilie avec les médecins et accepte certaines prescriptions, mais elle s'use, se fatigue très vite. Ne pouvant plus se promener, mais ayant toute sa tête, elle est perplexe lors de cette nouvelle richesse parisienne produite par le système Law.

Elle a encore le temps d'assister au sacre de Louis XV avant de mourir.

Courageuse jusqu'au bout, elle s'éteint le 8 décembre 1722, à la même heure qu'une éclipse du soleil.

Mathieu Marais dira : « On perd une bonne princesse, et c'est chose rare ».

Une princesse de l'ancien temps, conservant et appliquant les principes de bienséance, toujours prête à rendre service aux gens de sa maison, ayant eu du mal à comprendre l'évolution des mœurs au cours de la Régence. Une femme formidable, et attachante.

La mauvaise éducation des enfants de Louis XIV

La Princesse Palatine nous laisse se précieux témoignage sur l'éducation des enfants du Roi :

Fontainebleau le 22 octobre 1698, extrait :

« ... Mon Dieu ! Qu'à mon avis, on élève donc mal la duchesse de Bourgogne ! Cette enfant me fait pitié. En plein dîner, elle se met à chanter, elle danse sur sa chaise, fait semblant de saluer le monde, fait les grimaces les plus affreuses, déchire de ses mains les poulets et les perdrix dans les plats, fourre les doigts dans les sauces ; bref, il est impossible d'être plus mal élevé et ceux qui se tiennent derrière elle s'écrient :

« Ah ! Qu'elle a de grâce, qu'elle est jolie ! » Elle traite son beau-père d'une façon irrespectueuse et le tutoie. Lui s'imagine alors qu'il est en faveur et en est tout joyeux. Elle traite, dit-on, le roi avec plus de familiarité encore... » Et encore ceci :

lettre de Fontainebleau du 1er novembre 1698 : extrait :

« ...Avant hier le roi a permis aux trois princes et à la duchesse de Bourgogne, d'aller pour la première fois à la comédie... On donnait le Bourgeois gentilhomme. Le duc de Bourgogne en perdit totalement sa gravité : il riait à en avoir les larmes aux yeux ; le duc d'Anjou était si heureux qu'il restait là, la bouche bée, comme en extase, regardant fixement la scène ;

le duc de Berry riait si fort qu'il faillit tomber de sa chaise... ; la duchesse de Bourgogne qui sait mieux dissimuler se tint fort bien au début, elle riait peu et se contentait de sourire ; mais de temps en temps elle s'oubliait et se levait de dessus sa chaise pour mieux voir ; elle aussi était bien plaisante en son genre...»

Fille du Duc de Chartres

Le mariage de la petite-Fille de la Princesse Palatine.

On avait sorti les diam's.

Lettre de la Princesse Palatine, de Versailles du 8 décembre 1697.

« Votre bonne lettre m'est arrivée hier bien à propos, pour réjouir le cœur et me consoler de tout l'ennui que m'a causé ce mariage. La foule était tellement grande qu'il fallait attendre un quart d'heure à chaque porte avant de pouvoir entrer, et j'avais une robe et une jupe de dessous, si horriblement lourdes que je ne pouvais presque pas me tenir debout. Mon costume était d'or frisé avec des chenilles noires, formant des fleurs, et ma parure de perles et diamants.

Monsieur avait un habit de velours noir brodé d'or et tous ses gros diamants.

Mon fils, un habit brodé d'or, et de diverses couleurs, et tout couvert de pierreries.

Ma fille portait une robe de velours vert brodé d'or, la robe et la jupe de dessous étaient entièrement garnies de rubis et de diamants ainsi que le corsage. La broderie était si bien faite que chaque rose semblait être piquée sur étoffe. Sa coiffure consistait en plusieurs enseignes.(les enseignes étaient des bijoux très à la mode en ce temps), et brillants et poinçons (sortes d'aiguilles de tête).

Le roi avait un habit de drap d'or légèrement brodé sur la taille en couleur cheveux...

Le fiancé était en manteau noir brodé d'or, pourpoint blanc brodé d'or et à boutons de diamants.

Le manteau était doublé de satin rose avec des broderies d'or, d'argent et couleur cheveux. La fiancée avait une robe et une jupe de dessous en drap d'argent avec rubans de même et bordure de rubis et de diamants.

Les diamants qu'elle portait dans sa coiffure et partout étaient ceux de la couronne.

Monsieur le Duc d'Anjou avait un habit de brocart d'or brodé d'argent. Monsieur le Duc de Berry mon favori (celui que je préfère), un habit de velours noir semé de petites fleurs brodées en or. La robe de Madame de Chartres était comme celui du Duc d'Anjou, sa parure était en diamants.

Madame la Duchesse avait une robe couleur de feu brodée d'argent et une parure de diamants. Madame la Princesse de Conti, avait comme ma fille une robe et une jupe de velours vert brodée d'or, parure de perles d'or, diamants et rubis. Madame la Princesse avait une robe de velours, une jupe garnie de galons d'or, une parure de diamants.

La robe de Madame de Condé était en velours couleur de feu, sa jupe était brodée d'argent, et sa parure en diamants. Voilà toutes les toilettes dont je me souviens ».

À la cour, il y avait 5 000 courtisans, qui vivaient aux crochets du roi, logés et nourris, ce qui faisait beaucoup de monde.

Le roi fait cette confidence à Liselotte.

« Le roi avoue lui-même qu'il y a des fautes dans l'architecture de Versailles. Cela vient de ce que, dans le principe, il ne voulait pas y bâtir un si vaste palais, mais seulement faire agrandir un petit château qui s'y trouvait. Par la suite, l'endroit a plu au roi : mais il ne pouvait y résider, vu l'insuffisance du logement. Alors, au lieu de faire abattre entièrement le petit château, et d'en construire un grand sur un dessin nouveau, il a pour sauver l'ancien château, fait élever des constructions tout autour, le recouvrant pour ainsi dire, d'un manteau, et cela a tout gâté...» Port-Royal le 5 novembre 1699.

Ce qui n'est pas notre avis en 2015, il figure parmi, un des plus beaux patrimoines français.

LE DUC DE CHARTRES fils de Monsieur et de Élisabeth Charlotte

Fils de Monsieur, frère de louis XIV, et de la Princesse Palatine, Philippe d'Orléans est d'abord titré Duc de Chartres. Il reçoit une éducation soignée, principalement tournée vers la chose militaire et diplomatique, comme il sied à un petit-fils de France. Il s'intéresse particulièrement à l'histoire, la géographie, la philosophie et les sciences. Contrairement à son oncle et à son père, il monte mal à cheval, se montre mauvais danseur et n'aime pas la chasse. En revanche, il a la prodigieuse mémoire de son oncle.

Très tôt, il connaît sur le bout des doigts les mémoires et les généalogies des grandes familles de la cour. Il en a aussi la grande capacité de travail et l'intelligence.

Son mariage

Néanmoins, avec la naissance des trois fils du Grand Dauphin, fils aîné de Louis XIV, le duc de Bourgogne en 1682, le duc d'Anjou en 1683, le duc de Berry en 1686, le duc de Chartres se retrouve sixième dans la ligne de succession au trône, ce qui ne lui laisse que bien peu d'espérances de régner et ne le place pas dans la meilleure situation pour faire un mariage avantageux.

De plus, la France est en guerre avec la presque totalité de l'Europe, ce qui rend impossible un mariage étranger.

Aussi, dès 1688, Louis XIV fait allusion à Mademoiselle de Blois, bâtarde légitimée. Ce mariage parachèverait la politique d'abaissement des branches cadettes de la maison de Bourbon voulue par le Roi-Soleil. Mais, Monsieur et sa femme, la princesse Palatine, jugent une telle union tout simplement inimaginable.

Le duc de Chartres est plus hésitant, d'autant que l'idée est soutenue par son précepteur, l'abbé Dubois. Au début de 1692, Louis XIV convoque son neveu et lui déclare qu'il ne peut mieux, lui témoigner son affection qu'en lui donnant sa propre fille en mariage, ce à quoi le jeune homme ne sait répondre qu'en balbutiant un remerciement embarrassé. La Palatine, apprenant l'issue de l'entrevue, jette de hauts cris, mais n'ose pas affronter le roi, d'autant qu'elle sait ne pouvoir compter sur le soutien de son mari, qui ne se révoltera que peu de temps avant sa mort, lançant à son frère que :

« Sans tirer aucun profit de ce mariage, Chartres n'en gardera que la honte et le déshonneur ».

Elle borne l'expression de son mécontentement à tourner le dos au Roi après lui avoir fait une profonde révérence.

Mais ensuite, elle donne à son fils une énorme gifle devant toute la cour.

Le mariage aura lieu le 9 janvier 1692.

Le mariage arrangé, non désiré, ne fut guère heureux.

Philippe, devenu duc d'Orléans en 1701, à la mort de son père appelait sa femme « Madame Lucifer ». Ils eurent huit enfants dont un seul fils.

Marie-Louise (1695-1719) Mademoiselle Duchesse de Berry.

Louise-Élisabeth (1709-1742) Mademoiselle de Montpensier, qui sera reine d'Espagne.

Louis (1705-1752) Duc d'Orléans en 1713, il eut également plusieurs enfants naturels, dont certains légitimés.

L'année précédente, Chartres avait commencé la carrière des armes aux Pays-Bas, aux côtés de Louis XIV. Très vite, il s'avère un bon officier, aimé de ses soldats, enchaînant les campagnes.

En 1693, il se distingue par une brillante conduite à Mons, à Steinkerque et à Neerwinden. Il se montre également très critique vis-à-vis de la stratégie de l'armée de Flandre. Ses quelques initiatives, de portée certes modeste, s'avèrent en revanche des succès.

À la cour, les comparaisons fusent avec le Grand Condé, ce qui lui attire la jalousie des autres princes du sang.

Désireux de calmer le jeu, Louis XIV rappelle tous les princes en 1697. Le duc de Chartres vit cette décision comme un camouflet personnel. On ne lui accorde aucun grand gouvernement, à la différence des bâtards, et on le prive de grands commandements. Il sait que son oncle désapprouve sa conduite.

Depuis l'adolescence, il fréquente les milieux libertins et mène une vie dissolue, au grand désespoir de sa mère, ce qui conduit le dévot duc de Saint-Simon, son ami d'enfance, à s'en écarter, et à en faire plus tard un portrait au vitriol dans ses « Mémoires ».

Il reçoit, à la mort de son père, le titre de duc d'Orléans. Rappelé à l'armée lors des campagnes difficiles de la guerre de Succession d'Espagne, il prouve sa bravoure à Turin en 1706.

Après avoir été écarté des successions possibles, en France comme en Espagne, il intrigue. Son ambition mal déguisée et son goût pour la chimie le font soupçonner d'avoir contribué aux morts du dauphin et de sa famille. Louis XIV lui témoigne froideur et défiance et lui impose, par son testament secret, la présence des légitimés dans le Conseil de régence.

À la mort de Louis XIV, le duc d'Orléans, fait casser le testament par le Parlement en septembre 1715, qui le reconnaît comme seul régent, ce qui lui permet de réorganiser le Conseil à son gré, de ménager le Parlement. De séduire les Français par une politique nouvelle. La paix est rétablie. Il soutient les jansénistes, abandonne la cause des Stuarts, tente de rétablir les finances et l'économie avec les audaces de Law.

En entamant sa régence, il adresse, le 4 octobre 1715, une « lettre à Messieurs les intendants commissaires départis dans les provinces », dans laquelle, il déclare que sa préoccupation majeure est le poids excessif des différentes taxes et annonce son intention d'établir un système d'imposition plus juste et plus égalitaire.

Mais, il s'impose aux parlements et aux légitimés, en septembre 1718, prend les armes contre l'Espagne dans une alliance avec Londres et Vienne janvier 1719. Le régent n'a rien changé à sa vie frivole. Le Palais-Royale est le théâtre de ses abandons à la paresse et à la débauche.

Dans une lettre du 31 août 1719, de Saint-Cloud, la Princesse Palatine explique :

« Il ne s'est rien passé de neuf, si ce n'est une foule de choses concernant les finances, mais je ne peux-vous le conter, je n'y comprends rien. Je ne sais que ceci : mon fils a trouvé avec un Anglais, Monsieur Law que les Français appellent Las, le moyen de payer en un an toutes les dettes du roi qui se montent à deux cents millions. »

En réalité, d'après ce qu'il est possible de savoir, la dette s'élevait à 1933 millions de francs. Ce qui est énorme pour l'époque. Vous voyez qu'en matière de dette, cela ne date pas d'hier.

Mademoiselle de BLOIS fille de Louis XIV et épouse du Duc de Chartres

Françoise Marie de Bourbon, né le 4 mai 1677, morte le 1er février 1749, fille légitimée de France dit la seconde Mademoiselle de Blois, par son mariage duchesse de Chartres et duchesse d'Orléans, était une fille naturelle de Louis XIV qu'il a eu, secrètement de la marquise de Montespan. Elle fut légitimée en 1681, comme fille du seul roi. Sa mère étant une femme mariée, son nom ne fut pas mentionné. Elle ne fut pas aimée par sa mère qui, célèbre pour sa beauté, lui en voulait d'être laide.

La marquise de Montespan connaissait d'ailleurs la disgrâce. Après une première séparation obtenue par l'aumônier de la cour en 1675, puis une réconciliation dont Françoise-Marie et son frère, le comte de Toulouse, furent les fruits, la disgrâce fut consommée après l'affaire des poisons. La légitimation des deux enfants peut être présentée comme le cadeau de rupture du roi.

D'ailleurs, la marquise de Maintenon qui avait élevé les précédents enfants naturels de la favorite refusa d'élever ces deux enfants issus non seulement du double adultère, mais aussi du parjure. Ayant remplacé la marquise de Montespan dans le lit du roi, elle s'ingénia à réconcilier le souverain avec la reine. Elle remplaça bientôt la reine quand, après la mort de celle-ci, le roi l'épousa secrètement.

Néanmoins, tout à sa volonté d'abaisser les grands du royaume, Louis XIV donna pour époux à Françoise-Marie, en février 1692 son neveu Philippe d'Orléans, duc de Chartres, futur régent (celui qui se prit la gifle).

Il lui attribua une dot énorme de deux millions de livres, qui ne suffit pas à vaincre les prétentions des Orléans, et particulièrement de la Princesse Palatine, scandalisée par cette mésalliance. Le mariage ne fut pas heureux. Parlant de son futur époux, la jeune fille de 14 ans disait avec cynisme :

« Je ne me soucie pas qu'il m'aime, je me soucie qu'il m'épouse ! ».

Nous allons voir, comment la Princesse Palatine, dépeint sa belle-fille, qu'elle ne voulait pas.

Lettre de La Princesse Palatine du 10 octobre 1693 à sa parente, extrait :

« Pour ce qui est de Monsieur, j'ai beau faire de mon mieux afin de le persuader, que je ne songe pas à le troubler dans ses divertissements et son amour pour les hommes, il croit toujours que je veux l'empêcher de donner tout son bien à ses galants, et lorsqu'il a l'intention de faire à quelqu'un d'eux, un gros présent de cent mille francs ou vingt mille écus, il me cherche lui-même mille querelles auprès du roi, et il me témoigne une grande haine, afin de me faire mépriser et de m'ôter les moyens de lui résister. Quand il n'a rien de pareil en tête, il me laisse tranquille, mais les occasions reviennent plus de trois ou quatre fois par an.

Ma belle-fille est une désagréable et méchante créature. Elle ne s'inquiète pas de mon fils et méprise Monsieur, comme si elle était quelque chose de bon. Elle ne me fait rien, mais elle a, à mon égard une affreuse indifférence. Elle ne veut rien dire devant moi, de ce qu'elle fait, et reste quelquefois quinze jours sans venir me voir. Je la laisse courir et ne fais pas semblant de m'en apercevoir. Mais son arrogance et sa mauvaise humeur sont insupportables, et sa figure est parfaitement déplaisante. Elle ressemble, met verloff, met verloff, à un cul comme deux gouttes d'eau. Elle est toute bistournée, avec cela une affreuse prononciation, comme si elle avait toujours la bouche pleine de bouillie, et une tête qui branle sans cesse. Voilà le beau cadeau que la vieille ordure nous a fait.

Vous pouvez, vous figurez, si l'on doit mener avec elle une vie agréable. Mais la naissance tient lieu de tout et supplée aux qualités qui manquent. Elle tourmente son mari tant et plus, et le pauvre garçon se repent amèrement d'avoir fait cette folie, et de n'avoir pas voulu me croire...»

-Verloff en hollandais, veut dire : « Sauf votre permission » Madame et sa Tante parlait couramment le Hollandais. Elles étaient polyglottes

Dans une autre lettre du 7 mars 1696, la Princesse Palatine, dira, que sa belle-fille se soûlait 3 et 4 fois par semaine. Extrait :

« La femme de mon fils est une dégoûtante créature, elle s'enivre comme un sonneur trois ou quatre fois par semaine. Elle n'a d'ailleurs aucune inclination pour moi. Si, je suis quelque part avec elle, on ne peut lui arracher un mot. C'est la Maintenon qui l'a rendue si méfiante à mon égard...»

Elle oublie qu'elle ne la voulait pas, et que la belle-fille ne l'a sans doute pas oublié, entre femmes, on a la rancune tenace... Dans une autre lettre, nous apprenons, que les filles de Louis XIV se disputaient, comme les gens du commun allons voir :

Lettre du 4 décembre 1695

« Avant-hier soir, il y a eu à Marly une dispute horrible, qui m'a fait rire de bon cœur. La grande princesse de Conti avait fait des reproches à Madame de Chartres et à Madame la Duchesse de ce qu'elles s'enivrent. Elle les a appelées des sacs à vin. Là-dessus, les autres l'ont appelée, elle, sac à ordures. Voilà des disputes princières. On dit que Monsieur le Dauphin les a réconciliées...».

Elles fumaient la pipe.... et lisaient des livres salasses...

Saint-Simon indique dans ses mémoires, ...« En se retirant chez lui, il monta chez ces princesses et les trouva qui fumaient avec des pipes qu'elles avaient envoyé chercher au corps de garde suisse.

Descendance de Louis XIV

Louis XIV eut six enfants avec son épouse légitime, Marie-Thérèse d'Autriche (1638-1683).

Louis de France, fils de France, le Grand Dauphin né le 1/11/1661 décès le 14/04/1711

Anne-ÉLisabeth de France, fille de France née le 18/11/1662 décès le 30/12/1662.

Marie-Anne de France, fille de France, née le 16/11/1664 décès le 26/12/1664.

Marie-Thérèse de France, fille de France, la « petite Madame » née le 2/01/1667 décès le 01/03/1672.

Philippe-Charles de France, fils de France, duc d'Anjou né le 5/08/1668 décès le 10/07/1671.

Louis-François de France, fils de France, duc d'Anjour né le 14 juin 1672 décès le 4/11/1672.

Seul le premier atteignit l'âge adulte. Il eut lui-même trois enfants :

1°- Louis né le 6/08/1682 décès le 19/02/1712, duc de Bourgogne.

2°-Philippe né le 19/12/1683 décès le 9 juillet 1746, duc d'Anjou, puis roi d'Espagne sous le nom de Philippe V.

3°- Charles né le 31 juillet 1686, décès le 5 mai 1714, duc de Berry.

Louis XV (1710-1774), qui devait succéder à Louis XIV, n'était que le troisième fils du duc de Bourgogne, le deuxième, Louis de France, titré duc de Bretagne, étant mort quelques jours après son père. Il était donc l'arrière-petit-fils de Louis XIV.

Les enfants naturels de Louis XIV :

Louis XIV de France a eu seize ou dix-sept enfants naturels (dits autrefois bâtards) connus, dont huit légitimés, et six atteignirent l'âge adulte. Il eut pour politique de les marier dans les branches latérales de la maison de Bourbon : Bourbon-Condé, Bourbon-Conti, Orléans, non sans susciter de vives résistances des intéressés. L'objectif poursuivi était non seulement d'assurer aux bâtards une position satisfaisante à la Cour, mais surtout d'abaisser les branches cadettes, ce qui fut la politique constante d'un monarque qui n'avait jamais oublié les leçons de la fronde.

Cette politique devait toutefois faire la fortune de la maison d'Orléans. En effet, aucun des neufs enfants du duc du Maine n'ayant eu de postérité, c'est le duc de Chartres, futur Philippe-Égalité, qui recueillit, par son mariage avec Adélaïde de Penthièvre, fille du duc de Penthièvre, fils unique du comte de Toulouse, l'héritage colossal des légitimés.

De N..... (fille d'un jardinier de Versailles) Mémoires de Saint-Simon.

I° N.... (née vers 1660).

De Louise-Françoise de la Baume Le Blanc, duchesse de la Vallière : 5 enfants dont seuls les 2 derniers atteindront l'âge adulte et seront légitimés :

1°- Charles né le 19/11/1663, mort fin 1665.

2°- Philippe né le 17/01/1665, mort fin juillet 1666.

3°- Louis né le 27/12/1665, mort jeune.

4°- une fille ?

5°- Marie-Anne de Bourbon, dite la première Mademoiselle de Blois née le 2/10/1666 - décès le 3/05/1739, légitimée le 13 avril 1667, mariée le 16 janvier 1680 à Louis Armand Ier de Bourbon-Conti.

6°- Louis de Bourbon, comte de Vermandois né le 3/10/1667 décès le 18/11/1683. Légitimé en février 1669.

De Françoise Athénaïs de Rochechouart de Mortemart, marquise de Montespan : 8 enfants dont 6 légitimés et 4 atteignirent l'âge adulte :

1°- N..., de sexe maxculin né et mort en 1669.

2°- Louis-Françoise (mars 1669-23 février 1672).

3°- Louis Auguste de Bourbon, duc du Maine (31 mars 1670 - 14 mai 1736) légitimé le 20 décembre 1673, marié le 19 mars 1692, avec Anne-Louise Bénédicte de Bourbon-Condé. De cette union sont issus sept enfants, tous sans postérité.

4°- Louis César de Bourbon, comte de Vexin (20 juin 1672-10 janvier 1683) légitimé le 20/12/1673.

5°- Louise-Françoise de Bourbon, Mademoiselle de Nantes (Ier juin 1673-16 juin 1743), légitimée le 20 décembre 1673, mariée le 24 juillet 1685 à Louis de Bourbon-Condé, duc de Bourbon 6e prince de Condé.

De cette union sont nés neuf enfants.

6°- Louise-Marie Anne de Bourbon, Mademoiselle de Tours (18 novembre 1674-15 septembre 1681) légitimée en janvier 1676.

7°-Françoise-Marie de Bourbon, dite la seconde Mademoiselle de Blois (4 mai 1677- 1er février 1749), légitimée en novembre 1681, mariée le 18 février 1692, à Philippe, duc d'Orléans, futur Régent de France.

8°- Louis-Alexandre, comte de Toulouse (6 juin 1678-1er décembvre 1737).

De Claude de Vin des Œillets, femme de chambre de Madame de Montespan :

1°- Louise de Maisonblanche (1676-1718, fille non reconnue par Louis XIV. Élevée par sa mère à Paris, on la maria (1696) à Bernard de Prez de la Queue, un capitaine de cavalerie. De cette union sont nés onze enfants. Deux de ses filles seront élevées à Saint-Cyr.

De Marie Angélique de Scorailles, duchesse de Fontanges :

1°- N.............. (mort jeune en 1681).

Madame de MAINTENON épouse secrète de Louis XIV

Dernière grande figure féminine du règne de Louis XIV, Madame de Maintenon, l'épouse secrète du Roi, a d'abord assumé le rôle de gouvernante des enfants bâtards du souverain. Recommandée par la marquise de Montespan, alors maîtresse de Louis XIV, elle assure l'éducation de leurs enfants, loin de la cour. Mais Madame de Maintenon devance la marquise dans le cœur du Roi et s'installe au château de Versailles ou règnent désormais ordre et rigueur.

Françoise d'Aubigné, marquise de Maintenon, apparaît à la Cour de Versailles dans les années 1670. Née en 1635 à la prison de Niort où ses parents sont enfermés, soupçonnés de traiter avec l'ennemi anglais, orpheline en 1647, elle épouse en premières noces l'auteur Paul Scarron, connu pour sa maîtrise du genre burlesque. Quelques années plus tard, il meurt, ne lui léguant que des dettes et le nom de « veuve Scarron ». Sur les conseils de la marquise de Montespan, maîtresse officielle de Louis XIV qu'elle a rencontrée quelques années auparavant, elle devient en 1669 la gouvernante de leurs enfants. Excellente occasion de rencontrer le Roi en personne lorsque ce dernier visite sa progéniture. Mais l'histoire dit qu'il l'aurait trouvée « insupportable ».

Pourtant, la donne change. En 1675, toujours sur les conseils de la marquise de Montespan, Louis XIV lui octroie le titre de « Madame de Maintenon ». En 1680, elle reçoit la charge de « dame d'atour » de la Dauphine. Habile et fin stratège, elle profite par la suite de la disgrâce de la marquise de Montespan et de la mort de la reine Marie-Thérèse d'Autriche, pour épouser secrètement le Roi en 1683.

Madame de Maintenon jouit d'une grande influence sur Louis XIV, qui se rend quotidiennement chez elle, dans un nouvel appartement donnant sur la cour royale du Château. Il y travaille, reçoit ses ministres et s'offre des moments de calme, en tête-à-tête avec son épouse. Difficile cependant d'évaluer le rôle qu'elle a joué dans les décisions politiques du souverain. Est-elle à l'origine de la révocation de l'Édit de Nantes en 1685 ? Sans aucun doute, Madame de Maintenon fait régner l'ordre à la Cour de Versailles qui l'apprécie peu en retour. Elle reste pour la foule des courtisans la femme de l'ombre.

Quelques jours avant la mort de Louis XIV, elle se retire à Saint-Cyr, maison d'éducation de jeunes filles qu'elle a fondée, et site de la future école militaire. Elle est enterrée en 1719 et son corps est déterré en 1793 par les révolutionnaires. Ses restes, retrouvés pendant la Seconde Guerre mondiale dans les décombres de l'école bombardée, sont déposés dans la Chapelle royale du château de Versailles avant d'être replacés en 1969 sur le site de Saint -Cyr.

Nous allons voir comment la Princesse Palatine la traitait, car disait-elle c'était sa pire ennemie... En effet, Madame de Maintenon avait intrigué en faveur et pour le mariage du fils de la Princesse Palatine et Mademoiselle de Blois fille bâtarde de Louis XIV, et ça, elle ne pouvait le digérer …

Elle l'appelle dans ses lettres, la vieille, la vieille femme, l'ordure, la vieille ordure, la vieille beauté, la ripopée, et la pancrate etc... C'est le portrait qu'elle nous fait de Madame de Maintenon. La Princesse Palatine se vautrait dans les délices et les voluptés de l'injure, tellement elle lui sortait par les yeux...

À la cour, les courtisans ignoraient son vrai statut, y compris la Princesse Palatine, mais des bruits couraient...

lettre du 5 mars 1692 extrait :

« Grâce est rendue à Dieu ! Le mariage de Monsieur du Maine est une affaire faite et enfin ce poids m'est ôté du cœur. Je crois qu'on a dû rapporter à la vieille ordure du roi, ce que disait le peuple de Paris, et que cela lui aura fait peur.

Les gens du peuple disaient très haut, que ce serait une honte si le roi donnait sa bâtarde à un prince légitime de sa famille. Que cependant, comme mon fils donnerait le rang à sa femme, ils laisseraient faire ce mariage, quoique à contrecœur, mais que, si la vieille femme s'avisait de donner ma fille à Monsieur du Maine, ils étrangleraient celui-ci, avant que le mariage ne fût consommé et que la vieille femme, qu'ils appellent encore sa gouvernante, ne serait pas en sûreté...»

Le Duc du Maine bâtard de Louis XIV et de Madame de Montespan, était boiteux, il épousera Anne-Louise Bénédicte (1676-1753), famille de Condé et de Conti, au très grand soulagement de la Princesse Palatine, qui tremblait de voir un mariage se faire entre sa fille et le Duc du Maine et tout cela orchestré par Madame de Maintenon encore.

lettre du 10 octobre 1693 extrait :

« Comme la duchesse de Hanovre désire que je lui donne une lettre pour vous, et qu'elle part après-demain, je vais vous écrire dès à présent. Mon Dieu, ma chère tante, combien je voudrais de grands cœurs pouvoir aller auprès de vous avec cette duchesse ! Dusse ai-je, faire ce voyage, en qualité de Banet, avec sa femme de chambre, cela me serait égal.

Oh ! Que de choses, j'aurais à vous raconter qu'il est impossible d'écrire ! La duchesse pourra vous dire quel faux et méchant diable, que la vieille ordure, et comme quoi ce n'est pas ma faute si elle m'a voué une si terrible haine, attendu que je m'applique autant que possible à être bien avec elle.

Elle rend le roi cruel, quoique par lui-même, il ne soit pas... Elle le rend si dur et si tyrannique qu'il n'a plus pitié de rien. Vous ne saurez croire ni vous figurer combien cette vieille est méchante, et cela sous des apparences de dévotion et d'humilité. Quant au roi lui-même il ne me hait pas. Mais dès que sa vieille prend ses quintes, il me fait subir toute sorte de mauvais traitements et de dures paroles...»

lettre du 7 mars 1696, extrait :

« Vous ne pouvez, vous figurer quel méchant démon, c'est que cette vieille, et comme elle cherche à exciter les gens les uns contre les autres... ».

lettre du 23 mai 1696, extrait :

« ... La vieille ordure sait très bien comment, elle doit gouverner son homme pour rester maître de lui. Elle l'a fréquenté tant d'années qu'elle a appris à le connaître parfaitement, et comme elle a vu qu'on ne peut le tenir que par la peur, elle lui a fait peur de son mieux... ».

Bref, vous avez compris, il ne devait pas faire bon de se croiser dans la galerie des Glaces !...

Le Duc de Saint-Simon rapporte dans ses mémoires, d'autres éléments.

Présentons le Duc de Saint-Simon, Louis de Rouvroy, duc de (Paris 1675-1755), fils de Claude de Rouvroy fait en 1635, duc et pair par la grâce de Louis XIII. Filleul de Louis XIV et de Marie-Thérèse, le jeune duc reçoit une excellente éducation. Il entre à 16 ans aux mousquetaires et participe à des opérations militaires comme le siège de Namur en 1692. Il sert jusqu'en 1702. Toutefois, dès 1693, il fréquente la cour de Versailles qu'il quitte à la mort du Régent, Philippe d'Orléans. Ses Mémoires, rédigées entre 1739 et 1749 à partir des écrits du marquis de Dangeau, relatent rétrospectivement et de façon critique les événements de la cour allant de 1691 à 1723, sans tabou, ni concession, tapant allégrement sur Versailles.

Certains passages sont dits en français de l'époque :

« Le Roi, qui devait aller tirer, contremanda la chasse, dîna à l'ordinaire au petit couvert sans rien montrer sur son visage, déclara la mort du roi d'Espagne, qu'il draperait, ajouta qu'il n'y aurait de tout l'hiver ni appartement, ni comédies, ni aucun divertissement à la cour. Et quand il fut rentré dans son cabinet, il manda aux ministres de se trouver à trois heures chez Madame de Maintenon. Monseigneur était revenu de courir le loup ; il se trouva aussi à trois heures chez Madame de Maintenon. Le Conseil y dura jusqu'à sept heures : ensuite de quoi le roi y travailla jusqu'à dix avec Torcy et Barbezieux ensemble. Madame de Maintenon avait toujours été présente au Conseil, et le fut encore au travail qui le suivit. Le lendemain mercredi, il y eut Conseil d'État le matin chez le Roi, à l'ordinaire, et au retour de la chasse, il en tint un autre comme la veille chez Madame de Maintenon, depuis six heures du soir jusqu'à près de dix.

Quelque accoutumé qu'on fut à la cour à la faveur de Madame de Maintenon, on ne l'était pas à la voir entrer publiquement dans les affaires, et la surprise fut extrême de voir assembler deux conseils en forme chez elle, et pour la plus grande et la plus importante délibération qui, de tout ce long règne et de beaucoup d'autres, eût été mise sur le tapis. Le Roi, Monseigneur, le Chancelier, le duc de Beauvillier et Torcy, et il n'y avait lors point d'autres ministres d'État que ces trois derniers, furent les seuls qui délibérèrent sur cette grande affaire, et Madame de Maintenon avec eux, qui se taisait par modestie, et que le Roi força de dire son avis après que tous eurent opiné, excepté lui » signé Saint-Simon Louis de Rouvroy, duc de Mémoires 1691-1701, additions au journal de Dangeau.

Autrement dit, le roi mélangeait vie privée et affaires.

Madame de Maintenon connaissait des secrets d'état, et donnait son avis, parce qu'on le lui demandait.

Or, cette très chère Princesse Palatine, dira plus tard, que Madame Maintenon, ne s'y connaissait en affaire, pas plus que son chien titi.

DURETÉ DU ROI par le duc de SAINT- SIMON

« C'était un homme uniquement personnel, et qui ne comptait tous les autres, quels qu'ils fussent, que par rapport à soi.

Sa dureté, là-dessus, était extrême. Dans les temps les plus vifs de sa vie pour ses maîtresses, leurs incommodités les plus opposées aux voyages et au grand habit, car les dames les plus privilégiées ne paraissaient jamais autrement dans les carrosses, ni en aucun lieu de cour, avant que Marly eût adouci cette étiquette, rien, dis-je, ne les en pouvait dispenser. Grosses, malades, moins de six semaines après leurs couches, dans d'autres temps fâcheux, il fallait être en grand habit, parées et serrées dans leur corps, aller en Flandres et plus encore, danser, veiller, être des fêtes, manger, être gaies et de bonne compagnie, changer de lieu, ne paraître craindre ni être incommodées du chaud, du froid, de l'air, de la poussière, et tout cela précisément aux jours et aux heures marquées, sans déranger rien d'une minute. Ses filles, il les a traitées toutes pareillement. On a vu en son temps qu'il n'eut pas plus de ménagement pour Mme la duchesse de Berry, ni même pour Mme la duchesse de Bourgogne, Fagon, Mme de Maintenon, etc, pussent dire et faire, quoiqu'il aimât Mme la duchesse de Bourgogne aussi tendrement qu'il en était capable.

Il voyageait toujours son carrosse plein de femmes. Ses maîtresses, après ses bâtardes, ses belles-filles et des dames quand il y avait place.

Ce n'était que pour les rendez-vous de chasse, les voyages de Fontainebleau, de Chantilly, de Compiègne, et les vrais voyages, que cela était ainsi. Pour aller, tirer se promener, ou pour aller coucher à Marly ou à Meudon, il allait seul dans une calèche.

Il se défiait des conversations que ses grands-officiers auraient pu tenir devant lui dans son carrosse, et on prétendait que le vieux Chârost, (le duc de Chârost était capitaine des gardes), qui prenait volontiers ces temps-là, pour dire bien des choses, lui avait fait prendre ce parti, il y avait plus de quarante ans.

Il convenait aussi aux ministres, qui sans cela auraient eu de quoi être inquiets tous les jours. Pour les femmes, ou maîtresses d'abord, ou filles ensuite, et le peu de dames qui pouvaient y trouver place, outre que cela ne se pouvait empêcher, les occasions en étaient restreintes à une grande rareté, et le babil (la conversation) fort peu à craindre.

Dans ce carrosse, lors des voyages, il y avait toujours beaucoup de toutes sortes de choses à manger, viandes, pâtisseries, fruits. On n'avait pas sitôt fait un quart de lieue que le Roi demandait, si on ne voulait pas manger. Lui, jamais, ne goûtait à rien entre ses repas, non pas même à aucun fruit.

Mais il s'amusait à voir manger, et manger à crever. Il fallait avoir faim, être gaies, et manger avec appétit et de bonne grâce. Autrement, il ne le trouvait pas bon, et le montrait même aigrement.

On faisait la mignonne, on voulait faire la délicate, être du bel air, et cela n'empêchait pas que les mêmes dames ou princesses, qui soupaient avec d'autres à sa table le même jour, ne fussent obligées, sous les mêmes peines, d'y faire aussi bonne contenance, que si elles n'avaient mangé de la journée.

Avec cela, d'aucuns besoins, il n'en fallait point parler, outre que pour des femmes, ils auraient été très embarrassants avec les détachements de la maison du Roi et les gardes du corps devant et derrière le carrosse, et les officiers et les écuyers aux portières, qui faisaient une poussière qui dévorait tout ce qui était dans le carrosse. Se trouver mal était un démérite à n'y plus revenir » Saint-Simon, Louis de Rouvroy duc de, Mémoires (1691-1701), additions au journal de Dangeau.

Le dîner du roi en 1707, vu par la princesse Palatine (1652-1722),

lettre du 3 février 1707, à la Raugrave Louise-Amélie-Élisabeth...

« Toute l'année, je dîne seule, aussi me hâter-je autant que possible. Il n'y a rien de plus ennuyeux que de manger seule en ayant autour de soi vingt gaillards qui vous regardent mâcher et comptent les bouchées. C'est pourquoi mon dîner, je l'expédie en moins d'une demi-heure. Le soir, je soupe avec le Roi. Nous sommes cinq ou six à table, chacun avale son affaire sans dire une parole comme dans un couvent. Tout au plus dit-on, tout bas quelques mots à son voisin... ».

Mariage de Louis XIV avec Madame de Maintenon en 1683, vu par la princesse Palatine.

Saint-Cloud, le 14 avril 1688, lettre à la duchesse de Hanovre...

« Je n'ai pas pu savoir, si le roi a oui ou non épousé la Maintenon. Il y en a beaucoup qui assurent qu'elle est sa femme, et que l'archevêque de Paris, les a unis en présence du confesseur du roi et du frère de la Maintenon. Mais d'autres disent que ce n'est pas vrai, et il est impossible de savoir ce qu'il en est.

En tout cas, ce qu'il y a de certain, c'est que le roi n'a jamais eu pour aucune maîtresse la passion qu'il a pour celle-ci. C'est quelque chose de curieux à voir quand ils sont ensemble. Si elle est quelque part, il ne peut pas y tenir un quart d'heure sans aller lui parler à l'oreille et l'entretenir en secret, bien qu'il ait été toute la journée auprès d'elle. Cette femme est un méchant diable que chacun recherche et craint fort, mais elle est peu aimée ...»

LE ROI-SOLEIL,

qui demandait à la Princesse Palatine, pourquoi elle aimait Fontainebleau

----

Lettre de la Princesse Palatine, Saint-Cloud, ce dimanche 2 juillet 1719 :

« ... Le roi me disait quelquefois : d'où vient donc Madame, que vous aimiez tant Fontainebleau ? Je lui répondais :

J'y suis mieux logée que vous, Monsieur, et je m'y divertis fort.

Le roi voyait avec plaisir, qu'on aima Fontainebleau, car il aimait lui-même beaucoup cette résidence.. Je suis persuadée que si le roi, qui n'a atteint que l'âge de soixante-dix-sept ans, n'avait pas été purgé par Fagon si souvent et d'une manière si inhumaine, il aurait été de beaucoup au-delà de quatre-vingts. Mais il le purgeait toujours jusqu'au sang. Les médecins appelaient, cela jusqu'à la selle rouge ...

La Princesse Palatine s'est bien gardée de dire ce qui va suivre au Roi-Soleil :

Fontainebleau le 9 octobre 1694 à la duchesse de Hanovre. (lettre historique). Chers Lecteurs âme sensible, et ceux qui n'aiment pas rire s'abstenir, de lire ce qui suit.

« Vous êtes bien heureux d'aller chier quand vous voulez ; chier donc tout votre chien de soûl.

Nous n'en sommes pas de même ici, où je suis obligée de garder mon étron pour le soir ; il n'y a point de frottoir aux maisons du côté de la forêt.

J'ai le malheur d'en habiter une, et par conséquent le chagrin d'aller, chier dehors, ce qui me fâche, parce que j'aime chier à mon aise, et je ne chie pas à mon aise quand mon cul ne porte sur rien.

Item, tout le monde nous voit chier, il y passe des hommes, des femmes, des filles, des garçons, des abbés et des Suisses.

Vous voyez par là, que nul plaisir sans peine, et que, si on ne chiait point, je serais à Fontainebleau comme le poisson dans l'eau.

Il est très chagrinant, que mes plaisirs soient traversés par des étrons. Je voudrais que celui qui a le premier inventé de chier ne pût chier, lui et toute sa race, qu'à coups de bâton ! Comment, mordi !, qu'il faille qu'on ne puisse vivre sans chier ?

Soyez à table avec la meilleur compagnie du monde, qu'il vous prenne envie de chier, il faut aller chier. Soyez avec une jolie fille ou femme qui vous plait ; qu'il vous prenne envie de chier, il faut aller chier ou crever.

Ah ! Maudit chier !

Je ne sache point de plus vilaines choses que de chier.

Voyez passer une jolie personne, bien mignonne, bien propre, vous vous récriez : ah ! Que cela serait joli si cela ne chiait pas ! »

Je le pardonne à des crocheteurs, à des soldats aux gardes, à des porteurs de chaise et à des gens de ce calibre-là.

Mais les empereurs chient, les rois chient, les reines chient, le pape chie, les cardinaux chient, les princes chient, les archevêques et les évêques chient, les généraux d'ordre chient, les curés et les vicaires chient.

Avouez donc que le monde est rempli de vilaines gens ! Car enfin, on chie en l'air, on chie sur terre, on chie dans la mer. Tout l'univers est rempli de chieurs, et les rues de Fontainebleau de merde, principalement de la merde de Suisse, car ils font des étrons gros comme vous, Madame.

Si vous croyez baiser une belle petite bouche avec des dents bien blanches, vous baisez un moulin à merde. Tous les mets les plus délicieux, les biscuits, les pâtés, les tourtes, les farcis, les jambons, les perdrix, les faisans, etc. Le tout n'est que pour faire de la merde mâchée, etc. » Signée, Princesse Palatine.

Devant tant de poésie et d'élégance on ne peut que s'incliner. La lettre scatologique de la Princesse Palatine, belle-sœur de Louis XIV, est une lettre historique. Cela ne s'invente pas. On doit souligner, la liberté de langage, entre ses parentes et elle, la liberté d'expression, sans tabou. Elle, savait les envoyer.. Soulignons que ce courrier, n'était pas à l'origine destiné au public.

LE PRINCE DE CONTI

Saint-Simon, le présente ainsi :

« C'était un très bel esprit, lumineux, juste, exact, vaste, étendu, d'une lecture infinie, qui n'oubliait rien, qui possédait les histoires générales et particulières, galant avec toutes les femmes, amoureux de plusieurs, bien traité de beaucoup. » Mais voici tout de suite le contrepoids :

« Cet homme si aimable, si charmant, si délicieux, n'aimait rien. Il avait et voulait des amis comme on veut et qu'on a des meubles ».

François-Louis de Bourbon-Conti, comte de la Marche, comte de Clermont, prince de la Roche-sur-Yon, puis 3e prince de Conti (1685), dit le Grand Conti, est né à Paris le 30 avril 1664, et mort à Paris le 9 février ou le 22 février selon le journal du marquis de Dangeau, en 1709.

Fils d'Armand de Bourbon-Conti (1629-1666), premier prince de Conti, et de la princesse née Anne-Marie Martinozzi, il est le frère cadet de Louis Armand Ier de Bourbon-Conti (1661-1685), 2e prince de Conti. Il est baptisé le jour de sa naissance en l'église Saint-Sulpice, avec pour parrain son oncle le Grand Condé, et pour marraine sa tante, la duchesse de longueville. Considéré comme un enfant intelligent, il reçut une excellente éducation et se distingua à la fois par son indépendance d'esprit et par l'agrément de ses manières. Ces qualités, alliées à une haute naissance, furent jugées dangereuses par louis XIV qui s'en méfiait et le tenait à distance. Son père meurt en 1666 et sa mère en 1672, le confiant avec son frère aîné à leurs oncles, le duc de Longueville et le prince de Condé.

En 1683, il participa, avec son frère, aux sièges de Courtrai et Dixmude, et se distingua l'année suivante au siège de Luxembourg où il monta à l'assaut d'un bastion à la tête de ses grenadiers.

En 1685, il assista, avec son frère, les partisans de l'Empereur de Hongrie, ils contribuèrent à la défaite des Turcs à Gand.

De là, il écrivit quelques lettres impertinentes à sa belle-sœur, la princesse de Conti, fille du roi et de la duchesse de la Vallière, dont on prétendait qu'il avait été le premier amant au lieu de son frère, qui lui répondait sur le même ton.

Ces lettres, dans lesquelles il se moquait de Louis XIV en l'appelant « le roi du théâtre », furent interceptées et ce persiflage lui valut, à son retour en France, d'être temporairement exilé à Chantilly, où il fut blessé par un cerf lors d'une chasse, le 9 octobre 1685. Il devait conserver une cicatrice entre l' œil et la tempe.

C'est au cours de cet exil qu'il devint prince de Conti à la mort de son frère aîné Louis Armand Ier de Bourbon-Conti le 9 novembre 1685. Le 2 juin 1686, sur les instances de son oncle, le Grand Condé, Louis XIV lui conféra la qualité de chevalier de l'ordre du Saint-Esprit avec les autres princes du sang.

Le 25 septembre 1688, la guerre de la Ligue d'Augsbourg ayant éclaté, Conti, n'ayant pas reçu de commandement du roi, partit comme simple volontaire pour participer au siège de Philippsburg.

En mai 1689, il suivit son ami intime le maréchal de Luxembourg au Pays-Bas et prit part à la victoire de Fleurus en 1690. En 1692, il participa au siège de Mons et à celui de Namur, il fut nommé lieutenant-général le 3 mai. À Steinkerque le 3 août, il eut deux chevaux tués sous lui. Il fut blessé d'un coup de sabre avant d'abattre son agresseur à la bataille de Neerwinden en 1693.

Revenu à la cour, auréolé de prestige militaire et ne dédaignant pas les hommages tant féminins que masculins, Conti s'insinua dans les bonnes grâces du Grand Dauphin, ce qui acheva de lui aliéner le roi. Avec le dauphin, il fit la campagne de Flandre en 1694, revenant à la Cour à la fin septembre.

À la mort de son cousin, le duc de Longueville, en 1694, et conformément au testament de ce dernier, Conti prétendit à la principauté de Neuchâtel et entra en rivalité avec la sœur du duc, la duchesse de Nemours. Quoique les tribunaux se soient prononcés en sa faveur, il ne put obtenir des Suisses l'assistance militaire sollicitée, et par ordre du roi, dut s'incliner en 1699.

En 1697, Louis XIV lui offrit le trône de Pologne, vacant à la suite du décès de Jean Sobieski l'année précédente, et assura son élection le 25 juin 1697, grâce aux pots-de-vin distribués par l'abbé de Polignac. Conti partit d'assez mauvaise grâce pour son royaume, empruntant une escadre commandée par Jean Bart corsaire du Roi. Il est vrai qu'il laissait à Versailles la duchesse de Bourbon, pour qui il avait une tendre affection.

Pour vaincre ses préventions, Louis XIV lui remit 2 400 000 livres et 100 000 livres pour ses frais d'équipage.

Escorté jusqu'à Dantzig par une escadre commandée par Jean Bart, il trouva son rival, l'électeur de Saxe Auguste II le Fort, déjà installé sur le trône polonais et donna à son escadre l'ordre de le ramener en France, où il arriva le 12 décembre et où le roi lui fit malgré tout bonne figure.

Conti vécut alors dans une quasi-oisiveté, se consacrant à agrandir et à embellir ses propriétés, notamment son château de l'Isle-Adam. Mais les déboires rencontrés par les armées françaises durant les premiers temps de la Guerre de Succession d'Espagne convainquirent Louis XIV de nommer Conti, dont les qualités militaires étaient hautement estimées, à la tête des troupes en Italie.

Le prince tomba gravement malade avant d'avoir pu rejoindre le front et mourut à Paris en février 1709 à l'âge de 44 ans. Selon ses dernières volontés, il fut inhumé auprès de sa mère dans l'Église Saint-André-des-Arts où un monument de marbre blanc sculpté par Nicolas Coustou, élevé le long du pilier droit du chœur, en dessous du jambage de l'arc, supportant son épitaphe gravée en lettres d'or sur une plaque de marbre noir.

La Princesse Palatine, bonne vivante savait aussi dépeindre le personnage et nous rapporte cette anecdote :

lettre de Paris le 3 novembre 1697 :

« Le prince de Conti divertira bien les Polonais, quand ils le verront ivre, car il est bien drôle lorsqu'il a bu. Il s'imagine alors que ce n'est pas lui qui est gris, mais un autre. L'an dernier, il y avait appartement, je le trouvai qui avait une forte pointe. Il vint vers moi et me dit :

« Je viens de m'entretenir avec le nonce, il pue le vin et est complètement ivre, et je crains fort qu'il ne puisse retenir toutes les belles choses, que je lui ai dites, car il est trop ivre, dit-il, et avec cela, il chantait, riait et faisait des compliments tout d'une haleine.»

Il me fit rire de bon cœur.

« Mais, mon cousin, dis-je, ne serait-ce pas vous qui auriez bu par hasard. Car vous voilà bien gaillard ».

Il répondit en riant :

« Ah vous voilà dans la même erreur, de Monseigneur et de Monsieur de Chartres et Mme la princesse de Conti. Car ils croient tous que je suis ivre et ne veulent pas comprendre que c'est le nonce qui l'est », et si mon fils et moi, nous ne l'avions pas retenu, il eut demandé au nonce où donc il s'était enivré...». (En français et expressions de l'époque).

Le nonce était sûrement en moins grande forme que lui..., et la comparaison, faisait toute la différence.

Il n'était malheureusement pas le seul.

Dans une autre lettre du 18 janvier 1697 de la Princesse Palatine :

« Monsieur le Dauphin ne se mêle de rien au monde. Il passe sa vie chez la princesse de Conti, dont il se moque, mais, dont il est gouverné tout autant que son père l'est par la Maintenon.

Il est amoureux d'une comédienne qu'il fait venir à Meudon. Il passe ses nuits avec elle, le jour, il fait exécuter des travaux dans le jardin et regarde travailler les ouvriers... Il ne dîne pas, il ne fait que déjeuner, puis à quatre-heures, il mange avec tous les gentilshommes qu'il a auprès de lui.

Il reste deux heures à table et s'enivre. C'est ainsi qu'il passe sa vie. Mme la duchesse mange, boit, joue au Lansquenet et dit du mal de tout le monde...»

Dans une autre lettre de Saint-Cloud du 30 novembre 1719, la Princesse Palatine peint cette scène :

Le Prince de Conti, louis-Armand II avait épousé la fille de Louis III duc de Bourbon en 1713.

« ... Le prince de Conti finira bien par devenir fou... Tantôt, il hait sa femme au point qu'il veut la tuer, tantôt, il l'aime si fort qu'il ne la quitte pas plus que son ombre. Par bonheur pour elle, il n'est pas comme ceux de sa race, il n'est pas courageux du tout. Une fois, il se campa devant le lit de sa femme, un pistolet chargé à la main, en lui disant :

« Vous ne m' échapperez pas, je vais vous tuer ».

Elle qui connaît son côté faible et qui a toujours des pistolets dans son lit, en prend un et lui dit :

« Prenez bien garde de me tirer juste, car si vous ne me tuez, vous êtes mort ; tirez le premier !».

Le prince, qui n'est pas courageux du tout, comme il l'a bien fait voir dans la dernière campagne, eut peur et s'en alla... »

Comprenez-vous, que tout le monde n'est pas d'accord pour être trompé, comme indiqué ci-dessus.

Dans une autre lettre à la Raugrave Amélie-Élisabeth lettre 28 janvier 1705 : extrait :

« ... Ici, les cavaliers boiraient tout aussi bien avec les femmes de chambre qu'avec les demoiselles nobles, pourvues qu'elles fussent coquettes. Elles aiment à boire aussi, mais, à vrai dire, ce ne sont pas les servantes qui s'enivrent ici, mais bien les gens de haute lignée... »

Dans une autre lettre, le Tsar y passe aussi. Saint-Cloud ce samedi 27 août 1718, extrait :

«... Le Tsar n'est plus aussi barbare qu'il était avant qu'il n'eût voyagé et vu d'autres cours... Les convulsions dont le tsar est pris par suite du poison sont horribles quelquefois, dit-on. Je ne l'ai vu avoir que de petites.

Ce qui abrégera davantage ses jours, c'est qu'il boit trop, car le vin attaque les nerfs plus encore que le poison...»

83

L'APPARENCE DU ROI-SOLEIL

Dans une lettre de la Princesse Palatine, cette dernière décrit l'apparence du roi-soleil.

Lettre de Versailles du 31 avril 1701 :

« ... Ce qui fait que le roi est tellement changé, c'est qu'il a perdu toutes ses dents. Sa majesté ne jouit plus d'une bonne santé, je le crains, car il se drogue continuellement. Il y a huit jours, on lui a tiré par mesure de précaution cinq palettes de sang. Il y a trois jours, elle a pris une forte médecine. De trois en trois, semaines le roi prend médecine... Il monte à cheval tous les jours, mais il ne chasse plus le cerf...

Se faire soigner à cette époque, relevait de la haute voltige, et d'un courage exceptionnel, voir d'un tempérament de Kamikaze, on l'a vu avec la grande opération. Se faire retirer le sang, le patient allait encore plus mal.

Et plus étonnant encore, pour un monarque qui se voulait un maître absolu, à la tête d'un royaume.

Lettre de la Princesse Palatine, de Marly du 7 mars 1711, extrait :

« ... Notre roi, en effet, est très pieux, mais il est fort ignorant des choses qui ont trait à la religion : jamais de sa vie, il n'a lu la Bible. Il croit tout ce que lui disent les prêtres et les faux dévots. Il n'a donc pas lieu de s'étonner que les choses aient pris une si mauvaise tournure. On lui dit : « Il faut que ce soit ainsi ».

Il n'a jamais entendu autre chose et croirait se damner en écoutant ce que d'autres personnes pourraient lui dire... ».

LE ROI -SOLEIL, avait la lecture en horreur !

Lettre de la Princesse Palatine, Saint-Cloud le 3 août 1719, extrait :

« ... Feu le roi ne savait rien du tout des Saintes-écritures, il me tenait pour savante moi, qui en sais quelques petites choses ; cela m'a toujours paru fort plaisant. S'il avait voulu lire, il aurait pu les connaître, mais il avait la lecture en horreur ... »

Sur sa fin Louis XIV ne se faisait guère d'illusion, après lui le déluge. Le Régent désigné par lui, dépravé, mais honnête, s'est laissé entourer d'hommes corrompus, affairistes, spéculateurs. Cette époque de transition marque fortement la mise en place d'une élite d'affaire cupide et cynique qui n'aura de cesse d'abattre la monarchie pour instaurer un pouvoir ploutocratique sans contrepartie.

LE Grand DAUPHIN Fils légitime de Louis XIV et le Reine Marie-Thérèse de Habsbourg (1661-1711)

Dans une lettre du 28 octobre 1679, le roi informe qu'il faut marier le Dauphin, et la réponse vaut le détour :

«... Je vais maintenant vous conter une masse de nouvelles. La Duchesse de Villars est veuve. C'est un grand bonheur pour elle, car son mari était un affreux magot, bossu derrière et devant. On pourrait bien souhaiter le même bonheur à Mme de Ventadour ; son monstre s'est mis à faire le diable avec elle, à tel point qu'elle a dû se séparer de lui. Elle va dans un couvent d'où elle ne pourra sortir sans sa mère et sa sœur. On lui paiera, pour son entretien, une pension annuelle de 12 000 francs, qui sera portée à 16 000 francs après la mort de son oncle. Sa fille sera élevée chez sa grand-mère, la vieille duchesse de Ventadour. Mme de Fiennes, qui pensait vivre cent ans, a été, il y a trois semaines, emportée en huit jours par une fièvre tierce, et très peu regrettée de toute la Cour.

Il y a six jours, Monsieur le Grand (Louis de Lorraine, comte d'Armagnac, grand-écuyer de France), s'est pris de querelle avec le duc de Grammont. Ce dernier ayant mis son poing sous le nez de l'autre. Monsieur le Grand lui appliqua un soufflet si violent, qu'il lui enleva sa perruque. Par bonheur, ils n'avaient d'armes ni l'un ni l'autre, car on avait fait une course à cheval, et, pour suivre leurs chevaux, ils avaient déposé leurs épées. Leurs amis se sont interposés et ont empêché l'affaire d'aller plus loin.

Mais comme le Dauphin se trouvait dans le champ où elle avait eu lieu, le roi les a envoyés à la Bastille, où ils ne sont restés que vingt-quatre heures. Le chevalier de Lorraine (ses frères étaient Charles de Lorraine, comte de Marsan, et Philippe de Lorraine, dit le chevalier de Lorraine) a failli être victime de cette querelle. Il était venu se placer entre son frère et le duc de Grammont. L'écuyer de ce dernier le prit par-derrière pour Monsieur le Grand et voulut le percer de son épée. Mais, le chevalier s'étant retourné, il s'aperçut de sa méprise et s'enfuit à toutes jambes. Le chevalier le poursuivit et lui fit une balafre à la figure, c'est le seul sang qui a coulé dans cette bataille.

J'ai commencé par les gentilshommes et les petites nouvelles, voici maintenant les grandes.

On dit que, le conseil ayant fortement pressé le roi de marier bientôt le Dauphin.

Sa majesté a envoyé sur-le-champ en Bavière Monsieur Colbert (Colbert de Croissy 1625-1696, frère du grand Colbert), ancien ambassadeur à Nimègue, proposer le mariage de la princesse électrice et de Monsieur le Dauphin, et, avant tout, celui du jeune prince-électeur avec notre Mademoiselle. On ajoute que si le prince-électeur refuse Mademoiselle, Monsieur Colbert ne doit plus parler de mariage de la princesse avec Monsieur le Dauphin, mais se rendre tout de suite à la cour d'Autriche, pour y demander la main de la princesse impériale. Je ne saurai garantir cette dernière partie de la nouvelle.

Mais, la première est certaine, et personne ne doute qu'au printemps prochain, nous n'ayons ici la princesse de Bavière, car le roi en parle souvent, et récemment encore, il disait :

« Si elle a de l'esprit, je ne tarderai pas à la vexer sur sa laideur ».

Ce qui correspond à une petite mesquinerie.

D'ailleurs, comme il ne s'informe plus de ce mariage, on le tient pour assuré.

Comme il demandait à M. le Dauphin s'il pouvait se résoudre à prendre une femme laide, celui-ci, lui a répondu qu'il ne s'en inquiétait pas le moins du monde, et que si sa femme avait de l'esprit et des vertus, il en serait content, quelque laide qu'elle pût être. C'est ce qui a décidé le roi pour la Bavière.

Voilà la réponse qu'on fit au roi :

Lettre de la Princesse Palatine du 15 décembre 1679, extrait :

«... Je croyais donc l'affaire en très bonne voie, et, me trouvant à côté du roi dans sa calèche, j'amenai tout doucement la conversation sur le mariage de son fils.

« Il me dit qu'on était tenace en Bavière, et que le Duc Max ne voulait pas de notre grande gueule »,

à quoi, je lui répondis :

« je le sais bien, on me l'a déjà écrit d'Allemagne. Il m'a demandé qui ? C'est, lui dis-je ma tante d'Osnabrück ».

Pour suivre mon propos, j'ajoutai :

« On fait parfois, en fait de mariage, des propositions qui ne réussissent pas, comme celle de Bavière.

À quoi le roi répliqua très vivement.

« Si ce mariage ne paraît pas encore fait, je ne le tiens cependant pas pour rompu ; mon fils a maintenant une si grande envie de se marier, qu'il ne veut pas attendre plus longtemps, et si je consens à céder sur certains points, je suis sûr qu'ils me jetteront la princesse à la tête ».

Sur ce, je lui dis :

« Ce sera un grand honneur, pour le Bavarois si votre majesté cède sur quelque chose. J'espérais que cela le piquerait, mais il me répondit : « C'est une affaire faite, et cela réjouira bien mon fils, car il est dans l'inquiétude, il craint que ce mariage n'aboutisse pas. Je vais lui dire d'écrire à la princesse ».

Voyant cela, je me suis tue, et n'ai pas parlé de l'autre affaire... »

La Princesse Palatine, appelait aussi le roi le grand homme. Mais, on voit ici, que tout grand homme qu'il était, certains ne se laissaient pas impressionner par la magnificence de Louis XIV.

Louis Monseigneur, Grand Dauphin (1661-1711), épousera Marie-Anne de Bavière, La Dauphine-Bavière (1660-1690). le 7 mars 1680. Ils eurent trois enfants.

Veuf en 1690, il épousera secrètement sa maîtresse Marie-Émilie de Joly de Choin.

PAULE-MARGUERITE FRANÇOISE DE GONDI

Paule-Marguerite Françoise de Gondi, dite aussi Paule-Françoise de Gondi, née le 12 mars 1655 à Marchecoul, est fille de Pierre de Gondi, duc de Retz, seigneur de Marchecoul, comte de Joigny, marquis de Belle-île, marquis de la Garnache, Baron de Mortagne et de la Hardouinaye, paire de France, et Général des Galères de France et de Catherine Gondi duchesse de Retz, est morte le 21 janvier 1716 à Paris. C'est une noble dame française d'origine italienne du 17e siècle.

Elle fut duchesse de Retz, dame de Marchecoul, marquise de la Garnache, comtesse de Joigny, baronne de Mortagne, et par son mariage, duchesse de Lesdiguières et comtesse de Sault.

Elle fut également la nièce du cardinal de Retz, qui causa à sa famille scandales et déshonneur vis-à-vis de la Cour de Louis XIV.

On pourrait intituler ce chapitre une petite folie.

Lettre de la Princesse Palatine, Versailles le 8 mars 1699, extrait :

« ... On a parlé hier, à table, de la duchesse de Lesdiguières, qui est d'un caractère bien étrange ; de tout le jour, elle ne fait rien que boire du café et du thé, elle ne lit pas, elle n'écrit, ni ne joue ; quand elle boit du café, ses femmes de chambre sont obligées de s'habiller en turques, elle-même s'habille de même ; quand elle boit du thé, c'est le costume indien qu'on revêt. Les femmes de chambre pleurent souvent à chaudes larmes d'avoir à changer de costume deux ou trois fois par jour... »

Mme de SÉVIGNÉ DESTINATAIRE DES MÉMOIRES DU CARDINAL DE RETZ

Pour quelles raisons Retz, déjà sexagénaire et réputé pour sa paresse, s'est-il lancé en 1675 dans la rédaction de trois mille pages ? Il nous dit que c'est d'abord pour répondre à l'attente d'une dame de ses amies à qui, il dédie son livre, s'adressant à elle d'un bout à l'autre de celui-ci. Ses Mémoires apparaissent comme le prolongement de récente conversation de salon.

L'identité de cette correspondante a posé un redoutable problème d'érudition aux commentateurs. C'est parmi les contemporains de Retz, dont les façons de voir et de sentir s'apparentent à celles du cardinal et qui connaissent parfaitement les évènements de la Fronde qu'il faut chercher la destinataire. On s'accorde aujourd'hui à penser que Mme de Sévigné, née en 1626, liée au mémorialiste par un lointain cousinage et une amitié vieille de trente ans, est la femme qui répond le mieux à ces conditions. Les érudits du XIXe siècle avaient identifié la confidente de Retz avec Mme de Caumartin, épouse du plus intime ami du cardinal et détentrice d'une copie manuscrite des Mémoires, ou Mme de la Fayette, mais la façon peu amène dont Retz parle de sa mère, Mme de Vergne dans ses Mémoires, empêche d'accepter cette hypothèse. Mme de Sévigné appartenait au petit groupe de familiers qui ont poussé le cardinal vieillissant à raconter sa vie et l'on sait qu'elle s'est longuement entretenue avec lui en juin 1675, avant qu'il ne parte pour l'abbaye de Saint-Michel. Le 27 mai 1675, Mme de Sévigné écrit à sa fille au sujet du cardinal :

« Il se fait peindre par un religieux de Saint-Victor ; je crois que, malgré Caumartin, il vous donnera l'original ». Ce portrait resta longtemps dans la famille de l'épistolière.

Un obstacle inattendu vient cependant contredire cette, identification ; dans les dernières pages de ses mémoires, Retz évoque « l'ordre que vous avez donné de laisser des mémoires qui pussent être de quelque instruction à Messieurs vos enfants. ».

Or, Mme de Sévigné, âgée de quarante-neuf ans en 1675 et veuve depuis quinze années, n'avait qu'un seul fils, adulte depuis longtemps. Cette difficulté a incité certains auteurs à substituer Mme de Grignan à Mme de Sévigné. Mais Mme de Grignan née en 1640, était trop jeune pour bien sentir toutes les allusions et réflexions du vieux cardinal pour lequel elle n'éprouvait d'ailleurs aucune sympathie. Quant à l'expression « Messieurs vos enfants », elle peut fort bien désigner les petits-enfants de l'épistolière. Il est vrai que Mme de Grignan perdit son fils en bas âge et qu'elle eut une fille, Pauline.

Ce qu'on peut affirmer avec certitude est que Retz a cédé à la pression d'un petit groupe d'amis auquel appartenait Mme de Sévigné et qui désirait avoir de lui un récit circonstancié de sa vie mouvementée parce qu'il en avait souvent raconté tel ou tel épisode au cours de conversations de salon « en l'ornant d'un peu de merveilleux » si l'on en croit l'abbé de Choisy dans ses Mémoires.

LA FRONDE

La Fronde (1648-1653), parfois appelée guerre des Lorrains, est une période de troubles graves qui frappent le royaume de France pendant la minorité de Louis XIV (1643-1661), alors en pleine guerre avec l'Espagne (1635-1659).

Cette période de révoltes marque une brutale réaction à la montée de l'autorité monarchique en France commencée sous Henri IV et Louis XIII, renforcée par la fermeté de Richelieu et qui connaîtra son apogée sous le règne de Louis XIV.

Après la mort de Richelieu en 1642, puis celle de Louis XIII en 1643, le pouvoir royal est affaibli par l'organisation d'une période de régence, par une situation financière et fiscale difficile due aux prélèvements nécessaires pour alimenter la guerre de Trente Ans, par l'esprit de revanche des grands du royaume subjugués sous la poigne de Richelieu. Cette situation provoque une conjonction de multiple oppositions aussi bien parlementaires qu'aristocratiques et populaires.

Il est très difficile de délimiter avec précisions les bornes chronologiques de la Fronde. Les historiens ont des avis divergents sur la question. Il est courant toutefois de proposer comme point de départ la date du 15 juin 1648, qui est marquée par la déclaration des 27 articles. Cette déclaration faite au Parlement de Paris énonce la limitation des pouvoirs du souverain. La soumission de la ville de Bordeaux, le 3 août 1653, est l'évènement qui clôt les troubles de la Fronde.

La chronologie est complexe en raison d'évènements multiples et de renversements des alliances. Toutefois, l'historiographie a pris l'habitude de distinguer plusieurs phases : la première correspond à l'opposition des cours souveraines (fronde parlementaire, 1648-1649) : la seconde à l'opposition des Grands (fronde des princes 1651-1653). À ce titre, elle peut-être considérée comme la dernière grande révolte nobiliaire du XVIIe siècle.

Dans un contexte international et national.

À la mort de Richelieu en 1642, puis de Louis XIII en 1643, la France est en guerre depuis 1635 avec l'Espagne.

Il s'agit d'une politique traditionnelle d'affaiblissement de la Maison des Habsbourg, dont les possessions limitrophes encerclent le royaume de France. La guerre de Trente Ans prendra fin après quatre ans de négociations à la veille de la Fronde au traité de Westpahalie en 1648, alors que la guerre franco-espagnole se poursuivra théoriquement jusqu'au traité des Pyrénées en 1660.

Ce premier demi-siècle signe l'abaissement des Habsbourg en butte avec les révoltes hollandaise, catalane, napolitaine, portugaise, alors que Richelieu et Louis XIII après les longues guerres de religion amorcent en France le renforcement d'un État qui s'appuie sur la centralisation et l'absolutisme.

De l'autre côté de la Manche, c'est une évolution inverse à laquelle on assiste où l'absolutisme de Charles Ier se heurte à la révolte du Parlement. Ces évènements seront présents à l'esprit des acteurs de la

Fronde, d'autant que la reine Henriette a dû se réfugier en France dès 1644. Ils peuvent expliquer certaines attitudes notamment la résistance opiniâtre d'Anne d'Autriche.

Sur le plan national, le Parlement et la Noblesse, subjugués au cours du règne précédent aspirent à jouer un rôle plus important, d'autant que le premier semble encouragé par la régente obligée de passer par lui pour casser le testament de Louis XIII afin d'obtenir la pleine régence. Peu expérimentée dans les affaires politiques, Anne d'Autriche va s'appuyer sur Mazarin dont la nomination va susciter quelques jalousies parmi les princes.

Après la période de grâce, les mécontents tenteront d'exploiter à leur profit la position toujours plus délicate d'un gouvernement de régence.

La France est le pays le plus peuplé d'Europe, 19 millions d'habitants en 1640, dans les limites de l'époque. Elle atteint un seuil critique en raison du faible rendement de la production agricole entraînant régulièrement des années de disette. Cumulées avec la pression fiscale qui a triplé sous le ministère de Richelieu, elles sont à l'origine de fréquentes révoltes populaires. Mazarin et Particelli, le surintendant des finances, sont confrontés à un déficit en augmentation du fait de la guerre extérieure.

Il est possible de distinguer trois facteurs d'explication : au niveau fiscal, une pression croissante de la fiscalité royale, au niveau social, une remise en cause des privilèges des parlementaires parisiens, et au niveau politique, le pouvoir royal entend gouverner seul dans le cadre d'une monarchie absolue, qui amènerait un renforcement monarchique.

La Fronde naquit tout d'abord d'un mécontentement général.

Celui-ci prenait sa source dans la crise économique et l'augmentation de la pression fiscale en vue de faire face aux dépenses de la guerre de Trente Ans.

Les dépenses de l'État ont quintuplé entre 1600 et 1650, alors qu'elles avaient déjà doublé entre 1515 et 1600. L'espoir d'un allègement des impôts, que la régente Anne d'Autriche avait fait naître après la mort de Louis XIII, se trouve vite déçu.

En effet, le cardinal Mazarin demande au surintendant des finances Particelli d' Émery, d'élargir l'assiette de nombreux impôts. Ce dernier a cherché par tous les moyens à augmenter les recettes notamment par l'édit du Toisé en 1644, la taxe des Aisés (ancêtre de l'impôt sur la fortune) et l'édit du tarif en 1646.

L'objectif était d'étendre l'assiette fiscale parisienne afin de compenser le manque à gagner de la taille, car les villes en étaient alors exemptées. L'opposition du Parlement obligea le ministre à revenir sur ces réformes ou à en réduire les effets.

En janvier 1648, sept nouveaux édits fiscaux sont soumis à enregistrement auprès du Parlement de Paris. En dépit de protestations, notamment de l'avocat général Omer Talon, le Parlement doit s'effacer.

Toutefois, il est farouchement hostile à ces mesures qui touchent la plupart de ses membres qui, jusque-là, ne payaient pas ou peu d'impôts. En ce sens, la Fronde est un soulèvement des gens de biens, ne souhaitant pas payer d'impôts ou d'augmentation d'impôts. Les Parisiens suivent et soutiennent les parlementaires. Le mécontentement se généralise.

Outre l'aspect fiscal, la monarchie touche également aux privilèges de ces parlementaires.

En effet, toujours dans un souci de trouver des fonds, elle multiplie la création des offices. Or, les gens du Parlement en ont pour la plupart acheté et sont opposés à de nouvelles créations, car l'augmentation de l'offre fait baisser le cours du prix de l'office.

De plus, la monarchie grignote sur les revenus des officiers. Un office produit en effet des revenus, que l'on appelle des gages, et le pouvoir royal supprime pour quatre années tous les gages des officiers parlementaires en avril 1648. Par conséquent, tous les officiers de robe de toutes les cours souveraines, Parlements, Chambre des comptes, Cour des aides et Cour des monnaies, sont solidaires pour défendre leurs privilèges.

Le développement de la monarchie absolue signifie concrètement que la direction du pouvoir est entre les mains du roi seul, sans l'assistance de corps constitués tels que les États généraux.

Au cours du XVIIe siècle, le roi s'est peu à peu passé de telles assemblées. Au contraire, le pouvoir monarchique s'est confiné dans une construction bicéphale où le roi place sa confiance en une seule personne, Richelieu pour Louis XIII, et Mazarin pour la régente Anne d'Autriche.

Lors de la minorité de Louis XIV, la noblesse, mais aussi les élites de robe n'acceptent pas l'idée que le pouvoir réside entre les mains du cardinal Mazarin, jugé trop puissant. Dès la première année de régence, le cardinal doit faire face à une Cabale des importants et fait emprisonner le duc de Beaufort.

Le peuple parisien exprime son aversion à l'égard du cardinal dans des mazarinades. L'opposition se déplace ainsi sur le terrain politique. Le Parlement ambitionne de participer au gouvernement du royaume, alors qu'il n'est à l'origine qu'une institution judiciaire. Certains princes du sang font également valoir leurs prétentions quant à la direction des affaires.

En effet, face au gouvernement, se dressait d'abord rien moins que la famille royale. Gaston de France (le Grand Monsieur), oncle du roi et éternel comploteur, ne cachait pas son opposition à Mazarin, non plus que sa fille, Anne-Marie-Louise d'Orléans, le Grande Mademoiselle. Le Grand Condé et sa sœur, la duchesse de Longueville, espéraient entrer au conseil de régence. Outre ces aspirations politiques, il en est d'autres plus personnelles. Jean-François Paul de Gondi, futur cardinal de Retz, coadjuteur de Paris, était ambitieux. Il voulait lui aussi jouer un rôle politique de premier plan.

Pour forcer le Parlement à enregistrer les sept édits fiscaux, Anne d'Autriche tient un lit de justice, en présence du roi, le 15 janvier 1648. Les parlementaires réagissent dans un premier temps par le discours très dur d'Omer Talon, puis ils se ravisent. Ils examinent les édits et n'ont de cesse d'adresser des remontrances.

En avril 1648, la tension se fait encore, plus fort, à cause du droit annuel ou paulette. Mazarin espère dissocier les cours souveraines en exemptant seul le Parlement d'un rachat de quatre années de gages pour obtenir le droit de renouvellement de leur office. C'est un échec pour le cardinal, car la Robe parisienne fait bloc. La protestation générale se traduit par l'arrêt d'Union le 13 mai 1648, qui propose aux quatre cours souveraines de délibérer en commun, Parlement, Chambre des comptes, Cour des Aides, Grand Conseil. C'est un défi institutionnel, auquel la régente tente d'abord de s'opposer. L'arrêt d'union est d'ailleurs cassé par le Conseil d'État le 7 juin. Le 15 juin, le Parlement passe outre et appelle les autres cours à le rejoindre le lendemain à la Chambre Saint-Louis du Palais de justice. Le 27 juin, Mathieu Molé, le premier président du parlement de Paris, prononce un discours à la reine que le cardinal de Retz résume dans ses Mémoires :

« Le premier président parla avec la plus grande force. Il exagéra la nécessite de ne point ébranler ce milieu entre les peuples et les rois. Il justifia, par des exemples illustres et fameux, la possession où les compagnies avaient été, depuis si longtemps, de s'unir et de s'assembler. Il se plaignit hautement de la cassation de l'arrêt d'union, et conclut, par une instance très ferme et très vigoureuse, à ce que les arrêts du conseil fussent supprimés.»

Mazarin conseille de négocier et Anne d'Autriche capitule le 30 juin en autorisant les chambres à siéger ensemble. Les magistrats rédigent alors des projets de réformes dans une charte contenant 27 articles. Ces derniers prévoient la suppression des traitants, la réduction des tailles, la répartition et la levée des impôts par les seuls officiers, le rappel des Intendants, l'absence de création de nouveau offices, le renoncement aux réductions de rentes et de gages, un habeas corpus, pour les seuls officiers, (garanties individuelles). Par la déclaration royale du 31 juillet, la chambre de Saint-Louis obtient gain de cause sur presque tous les points (sauf sur l'abolition des lettres de cachet). Particelli d'Émery est renvoyé. Le nouveau surintendant des finances est le duc de la Meilleraye. Entre-temps, l'État se déclarait en banqueroute, annulant tous les prêts, traités et avances consentis pour l'année et les suivantes.

Au mois d'août, le contexte change. La victoire de Condé, le 20 août sur les Espagnols à Lens, pousse Mazarin à réagir.

Le Conseil d' en haut est alors composé de la reine, du cardinal, du duc d'Orléans, du chancelier Séguier, de la Meilleraye et du comte de Chavigny. Il se réunit le 25 août et décide de profiter de la liesse parisienne (un Te Deum est donné le lendemain à Notre-Dame en l'honneur de la victoire de Condé) pour faire arrêter les parlementaires, principaux chefs de la Fronde, Henri Charton, René Potier de Blancmesnil et Broussel.

Ce dernier, opposant farouche aux mesures fiscales, étant très populaire au sein de la capitale, Paris s'enrage et monte 1260 Barricades (26-28 août) autour du Palais-Royal, à l'instigation des milices bourgeoises dont les chefs, parlementaires, semblent avoir été débordés. Le chancelier Séguier est poursuivi par la foule qui met le feu à l'hôtel de Luynes où il s'était réfugié. Il ne doit la vie qu'à l'intervention de la Meilleraye. Mazarin est contraint de libérer Blancmesnil, puis Broussel qui effectue un retour triomphal le 28 août, quant à Chartron, il avait réussi à éviter l'arrestation.

Le 13 septembre, la Cour s'installe quelque temps à Rueil chez la duchesse d'Aiguillon. C'est là que le vainqueur de Rocroi et de Lens se met à la disposition d'Anne d'Autriche :

« Je ne saurais souffrir l'insolence de ces bourgeois qui veulent gouverner l'État ; je m'appelle Louis de Bourbon... ».

Le comte de Chavigny, suspect de passivité au moment des troubles d'août, et responsable de l'évasion en juin du duc de Beaufort en tant que gouverneur du château de Vincennes, est arrêté. L'ancien garde des Sceaux, Châteauneuf, est exilé. Par l'intermédiaire de Condé et celui de Gaston d'Orléans, la Cour et le Parlement tentent de trouver une issue à la crise, lors de conférences tenues à Saint-Germain le 25 septembre, 4 octobre1648, où la Cour s'est repliée.

Anne d'Autriche et Mazarin se résignent temporairement à accepter les exigences parlementaires : le 22 octobre, la monarchie accepte les articles de la Chambre Saint-Louis, ramenés à une quinzaine, par une déclaration royale confirmant celle de juillet.

Le même jour, une paix est signée avec l'Empereur Ferdinand III, mais passe complètement inaperçue (traités de Westphalie). La France sort de la guerre de Trente Ans, mais reste en conflit avec l'Espagne. Pendant l'automne, le Parlement ne cesse d'adresser des protestations contre les infractions faites à la déclaration royale. Mazarin projette de s'éloigner de Paris et de réduire la capitale par la famine.

D'un côté comme de l'autre, les forces s'organisent pendant que la Cour quitte brusquement Paris dans la nuit du 5 ou 6 janvier 1649, pour gagner le château de Saint-Germain. Mazarin fait appel aux 4 000 mercenaires allemands de l'armée de Condé qui, au demeurant, reçoit le commandement des troupes royales afin de conduire le siège de Paris. Il dispose au total de 8 à 10 000 hommes, la guerre et le blocus de Paris est déclaré.

Du côté parisien, la résistance s'organise. Le cardinal est condamné au bannissement par un arrêt du Parlement du 8 janvier. Le Parlement confie le commandement des troupes au prince de Conti, frère de Condé, qui est désigné comme le généralissime de la Fonde, le 11 janvier.

Les autres chefs sont les ducs de Bouillon qui n'admet pas le rattachement de sa principauté de Sedan au royaume, de Beaufort, qui y gagne le surnom de Roi des Halles, de Noirmoutier et d'Elbeuf ainsi que le maréchal de la Mothe et le prince de Marcillac. Le duc de Longueville se rend en Normandie soulever la province, tandis que sa femme la duchesse de Longueville, sœur de Condé et Conti, et surtout le coadjuteur de Paris, Jean-François Paul de Gondi, futur cardinal de Retz, vont jouer également un rôle prépondérant dans la révolte. Gondi est aussi proche du parti dévot opposé à la lutte jugée fratricide des deux royautés catholiques, la France et l'Espagne. Il se montre dans les rues de Paris, à cheval, en habits gris, des pistolets à l'arçon de sa selle. Le peuple chante des louanges à son égard en faisant référence au combat entre David (Gondi) et Goliath (le couple Anne d'Autriche et Mazarin).

« Monsieur notre coadjuteur, vend sa crosse pour une fronde, il est vaillant et bon pasteur, Monsieur notre coadjuteur,

Sachant qu'autrefois un frondeur, devient le plus grand roi du monde, Monsieur notre coadjuteur, vend se crosse pour une fronde ».

Quant à la duchesse de Longueville, elle n'hésite pas à s'installer à l'Hôtel de Ville pour y accoucher d'un fils de son amant. La Rochefoucauld, qu'elle prénomme Charles-Paris. C'est à cette époque que les pamphlétaires se déchaînent contre Mazarin.

Si des troubles éclatent en province à Rouen, Bordeaux et Aix-en-Provence, si le Parlement de Paris a réussi à neutraliser la municipalité et le Prévôt des marchands, le siège de la ville est cependant efficace. Les greniers à blé autour de Paris n'alimentent plus la ville et le prix du pain quadruple en deux mois.

Le combat de Charenton remporté par l'armée royale le 8 février 1649 que, quelques groupes de frondeurs empêchent toute la délivrance. Les soldats du roi ravagent le sud de Paris. La Rochefoucauld est blessé à la gorge par un coup de feu lors d'un engagement à Brie-Comte-Robert.

Quant au duc de Longueville, ses maigres levées de troupe sont facilement contrées par les armées royales du comte d'Harcourt que la régente vient de nommer gouverneur de la Normandie à la place du duc. L'hiver est rude et la capitale est inondée par une crue de la Seine.

Toutefois, les frondeurs reçoivent le soutien de Turenne. Ce dernier tente d'ailleurs d'attacher à son service huit régiments de l'armée d'Allemagne commandés par le général d'Erlach. Mazarin riposte grâce au banquier Barthélemy Hervart. Il réussit à maintenir cette armée dans son devoir et à ses frais, en fournissant 1,5 million de livres tournois. Sans moyens, Turenne décide alors de s'exiler. Le 7 mars 1649, il est déclaré coupable de crime de lèse-majesté.

Dans ces conditions, les alentours de Paris ravagés, Turenne neutralisé, les frondeurs parlementaires se divisent en légalistes. Le premier Président du Parlement Mathieu Molé et le président Henri de Mesnes, et en ultras, le président Viole et le président Charton.

Les premiers supplient Anne d'Autriche de négocier. Certaines personnalités plus ou moins neutres, Vincent de Paul, le duc d'Angoulême, s'entremettent.

Fin février les magistrats s'émeuvent des accointances de certains princes, dont le duc de Bouillon, avec les Espagnols et ne souhaitent pas se faire débordés par l'agitation populaire. Le parti modéré l'emporte.

De son côté la Cour est hantée par l'exécution le 30 janvier du roi d'Angleterre, Charles décidée par le Parlement anglais, ce qui ébranle la fermeté de la Régente.

Les pourparlers débutent le 4 mars, malgré les tentatives de Gondi pour les retarder. Un compromis est signé le 11 mars 1649, c'est la paix de Rueil, suivi de la paix de Saint-Germain le Ier avril 1649.

L'invasion de la Picardie par les Espagnols, qui sera arrêtée par le maréchal Du Plessis-Praslin, épaulé par les mercenaires d'Erlach, amène Mazarin a modéré ses exigences et intégrer les princes dans la négociation entre les deux conférences. Tous les fauteurs de troubles sont pardonnés, y compris Turenne.

Le roi ne fera son entrée à Paris que le 18 août 1649, après la campagne de printemps sur la frontière picarde et l'installation temporaire de la Cour à Compiègne. Pour celle-ci, Mazarin confie l'armée royale au comte d'Harcourt ce qui mécontente Condé et alimente la mésentente entre les deux hommes. Harcourt échoue d'ailleurs devant Cambrai.

La paix de Saint-Germain marque une pause dans les évènements tumultueux de la Fronde. En réalité, le retour au calme est plus difficile. D'une part parce que les libellés et les pamphlets hostiles à Mazarin circulent toujours à Paris et, d'autre part, parce que ce sont les provinces qui entrent en mouvement.

Les villes de Bordeaux et d'Aix se soulèvent chacune contre leur gouverneur respectif. Le retour au calme ne se fait qu'en août pour la Provence, alors qu'à Paris, la foule fête la Saint-Louis dans la joie, et seulement en janvier 1650 pour le Bordelais, après une journée de barricades le 24 juillet et de violents affrontements entre les frondeurs et le gouverneur, le duc d'Épernon.

Quant à la situation parisienne, tout se joue en coulisse. En effet, le prince de Condé entend tirer quelques bénéfices de l'appui qu'il a accordé à Mazarin, notamment pendant le blocus de la ville. Les prétentions de Condé, prendre part au gouvernement, conduisent Mazarin à se rapprocher des anciens frondeurs.

Il promet au coadjuteur de Paris, Jean-François Paul de Gondi, le chapeau de cardinal. Quant au duc de Beaufort, Mazarin le neutralise grâce à sa maîtresse Madame de Montbazon, mais aussi en donnant en mariage à son frère, le duc de Mercœur, l'une de ses nièces, Laure Mancini. Mazarin joue ainsi de la rivalité entre la maison de Condé et la branche illégitime des Vendôme.

À l'automne 1649, le pouvoir risque de tomber entre les mains de l'une ou l'autre des factions. Les incidents se multiplient comme les coups de feu essuyés par le carrosse de Condé le 11 décembre qui donnent lieu à une vaine procédure juridique à l'encontre de Beaufort et du coadjuteur. Les relations entre Condé et Mazarin sont de plus en plus tendues.

Ces jeux de clientèles renversent les alliances. En janvier 1650, par l'entremise de la duchesse de Chevreuse, quelques-uns des chefs de la vieille fronde, Gondi, Beaufort, le marquis de Châteauneuf, se rallient secrètement au pouvoir royal contre le prince de Condé et sa famille dans laquelle la duchesse de Longueville joue le rôle de tête politique.

La politique de rapprochement avec quelques anciens frondeurs menée par Mazarin se fait contre la famille de Bourbon, Condé, Conti et leur beau-frère Longueville, époux de leur sœur. Ce retournement ouvre une nouvelle phase d'agitation appelée Fronde des princes.

L'arrestation des princes de Condé et de Conti et de leur beau-frère, le duc de Longueville est un coup de théâtre, le 18 janvier 1650. Ils sont emprisonnés au château de Vincennes. L'évènement provoque le soulèvement de leurs clientèles et par conséquent, celui de leurs provinces.

C'est le début de la Fronde princière. Madame de Longueville se rend en Normandie, mais échoue dans sa tentative de soulèvement. Elle rejoint Turenne à Stenay après un détour par Bruxelles ; Turenne envisage de marcher sur Vincennes. Mazarin transfère alors les prisonniers au donjon de Marcoussis.

De leur côté, le prince de Marcillac, futur la Rochefoucauld, et le duc de Bouillon agitent le Poitou et le Limousin avant de rejoindre le Bordelais. En effet, la princesse de Condé pousse le Parlement de Guyenne à s'opposer une nouvelle fois au gouverneur d'Épernon.

Pendant toute l'année 1650, Mazarin va essayer d'éteindre les foyers de guerre en province. La régente et le jeune roi l'accompagnent pour bien marquer de quel côté se situe la légitimité. Paris est confié à Monsieur, en tant que lieutenant-général du Royaume.

Il est chargé de neutraliser les anciens frondeurs. Mazarin compte surtout sur Le Tellier et Servien pour le conseiller. En février, les troupes royales sont en Normandie, qui se soumet facilement. De passage à Paris, Mazarin, harcelé par ses nouveaux alliés, est contraint le 3 mars de remplacer Séguier par Châteauneuf au poste de Chancelier. Mazarin repart immédiatement pacifier la Bourgogne mars - avril.

Mais chaque passage par Paris, en mai, l'amène à céder de nouveaux avantages aux Vendômes, Beaufort, Gondi. Il n'est pas fâché de repartir en juin à Compiègne au-devant des menaces de Turenne, allié aux Espagnols, puis pendant l'été d'entreprendre l'expédition de Guyenne.

À Bordeaux, l'affaire est plus sérieuse. Le Parlement est aux prises avec son gouverneur d'Épernon, et a de fréquents échanges avec le Parlement de Paris.

Le 2 juin, la jurande est contrainte d'accueillir la princesse de Condé et son jeune fils, le duc d'Enghein, les ducs de Bouillon, de la Rochefoucauld et leurs suites. Il y a dans la région une concentration impressionnante de rebelles. Le maréchal La Meilleraye met le siège devant Bordeaux, mais contrairement à ce qui avait été à Rouen ou à Dijon, la Cour n'est plus en position de force.

Dans le même temps, à Paris, Gaston d'Orléans, jusqu'à présent fidèle à la reine, sa belle-sœur, semble pencher vers la compromission sous la pression de Gondi et intervient politiquement dans les affaires de Guyenne en retirant le gouvernement à d'Épernon, ce qui fait enrager Mazarin.

De plus, les Espagnols de l'archiduc Léopold-Guillaume ont repris l'offensive en Picardie et appuient les actions de Turenne. Gaston envisage de négocier une paix générale.

Apprenant ces nouvelles, Mazarin s'empresse d'accepter le compromis négocié par le Parlement de Paris. La princesse de Condé, les ducs de Bouillon et de la Rochefoucauld sont libres de quitter Bordeaux qui ouvre ses portes au jeune roi le 5 octobre.

Lorsque Mazarin est de retour à Paris, le 15 novembre, la situation a de nouveau changé. Alors que Paris s'était retourné en faveur de la monarchie au début de l'année 1650, des libelles circulent contre le cardinal italien.

Toutefois, le duc d'Orléans se montre de nouveau coopératif et Mazarin fait transférer les princes prisonniers au Havre, l'avancée de Turenne constituant un risque de libération. Le 15 décembre 1650, l'armée des princes est une nouvelle fois défaite à Rethel. Turenne, appuyé par quelques troupes espagnoles, est vaincu par le maréchal du Plessis.

Cela n'empêche pas le Parlement et les anciens frondeurs de se rapprocher des princes. Les parlementaires adressent des remontrances au roi pour la libération de Condé, de Conti et de Longueville, le 20 janvier 1651. Un traité secret est signé le 30 janvier 1651, entre Gaston d'Orléans, les frondeurs et les partisans des princes pour obtenir leur libération et le départ de Mazarin.

Gaston d'Orléans rend publique sa rupture avec Mazarin le 2 février 1651. Les deux frondes s'unissent. Le Parlement réclame la liberté des princes, ordonne aux maréchaux, de n'obéir qu'à Monsieur, lieutenant-général du royaume, autrement dit à Gaston d'Orléans.

Mazarin s'enfuit de Paris le 6 février et se réfugie provisoirement à Saint-Germain où Anne d'Autriche et le jeune roi devaient le rejoindre.

Un nouvel arrêt de bannissement du Parlement est promulgué. Le roi et la reine sont retenus prisonniers au Palais-Royal et pour faire taire les rumeurs d'une nouvelle fuite, Louis XIV, qui a douze ans à cette époque, est exhibé en train de dormir devant la foule, dans la nuit du 9 au 10 février 1651. Anne d'Autriche accepte de libérer Condé, Conti et Longueville, auront un retour triomphal le 16 février. Un mariage entre le prince de Conti et Mademoiselle de Chevreuse, qui n'est autre que la maîtresse du coadjuteur de Paris, est projeté.

Mazarin court au Havre et libère lui-même les trois prisonniers, geste dont il espère tirer un bénéfice. Puis il se réfugie chez l'archevêque-électeur de Cologne, à Brühl. Il continue à intervenir par d'intenses relations épistolaires avec Anne d'Autriche, le Tellier, Servien et Hugues de Lionne, mais aussi grâce à des émissaires, comme l'abbé Zongo Ondedei, ami du cardinal.

Le 15 mars, l'assemblée des nobles et l'assemblée du clergé font une démarche commune auprès de la reine pour obtenir la réunion des États généraux que la reine accepte de convoquer pour le Ier octobre sur les conseils de Mazarin.

Habilement, la date choisie est postérieure à la prise de majorité de Louis XIV, anniversaire de ses 13 ans, qui ne sera donc pas liée par la décision de la régente. Mais déjà des fissures se font jour entre les coalisés.

Le Parlement de Paris est opposé aux États généraux, car il y voit une limitation de son influence politique, la duchesse de Longueville s'oppose au mariage de son frère Conti avec Mademoiselle de Chevreuse, Anne de Gonzague qui est désormais passé dans le clan Mazarin noue et dénoue les intrigues, et surtout l'exil de Mazarin obtenu, Gondi et Condé n'ont plus aucun intérêt à s'unir.

Le 3 avril, le Parlement impose à la reine une déclaration royale excluant les cardinaux des conseils du roi, ce qui vise aussi bien Mazarin que Gondi dont l'objectif est d'obtenir le chapeau de cardinal. Condé n'a jamais été aussi puissant et obtient même le renvoi temporaire de Châteauneuf, mais son arrogance et ses multiples exigences détachent de lui les tenants de la vieille Fronde.

Turenne et son frère, le duc de Bouillon, se rallient au roi au mois de mai, Bouillon échange la ville de Sedan contre les duchés-pairies d'Albert et de Château-Thierry. Les autres princes se brouillent avec les parlementaires, le coadjuteur de Paris et Chevreuse. Anne d'Autriche négocie en secret avec le prélat parisien qui espère toujours son chapeau. Le prince de Condé s'oppose à la reine et au coadjuteur. En juillet 1651, il tient au château de Saint-Maur, où il s'est réfugié par crainte d'une nouvelle arrestation, une assemblée de la noblesse.

Le Parlement et Gaston d'Orléans s'entremettent. La régente temporise et donne satisfaction à Condé en congédiant Servien de Lionne et Le Tellier le 18 juillet, mais continue de négocier avec Gondi.

Début août, elle conclut un accord secret avec la vieille Fronde et dresse un acte d'accusation contre le prince. Pendant ces mois de l'été, les intrigues et renversements d'alliance se succèdent auxquels Anne d'Autriche fait face avec un certain courage.

le 7 septembre 1651, la majorité du roi est proclamée.

Condé n'a pas assisté à la cérémonie et a quitté Paris la veille. Le lendemain, 18 septembre Louis XIV appelle à son Conseil Châteauneuf, la Vieuville et Molé, tous opposés à Condé.

Le prince de Condé s'était retiré à Trie-Château, chez le duc de Longueville. Il arrive le 22 septembre à Bordeaux toujours agité par le Parti de l'Ormée, et rallie à son nom toute la Guyenne. Il signe un accord avec les Espagnols, et promet de livrer un port français, Bourg-sur-Gironde, contre 500 000 écus pour lever des troupes. À la fin de l'année, Condé contrôle la Guyenne, avec Bordeaux comme point d'appui, la Saintonge, l'Aunis, le Limousin, le Berry, la Provence du comte d'Alais et la ville-Pont de Stenay sur la Meuse pour une jonction avec les troupes impériales.

De son côté, la reine-mère, accompagnée du roi et de Turenne, installe la Cour à Poitiers afin de se rapprocher de la base de Condé à savoir Bordeaux. Paris est livré au Parlement, à Jean-François Paul de Gondi, le coadjuteur, et à Gaston d'Orléans. Le désordre est total puisque les Parisiens mettent au ban du royaume les Condéens d'une part, et à prix la tête de Mazarin d'autre part (150 000 livres tournois).

Les troupes royales libèrent d'abord la Champagne menacée par les impériaux, puis s'occupent de Condé et le neutralisent. Il est battu par le comte d'Harcourt à Cognac, et en Guyenne pendant l'hiver 1651-1652.

Au printemps, la Guyenne est perdue pour Condé. Il se dirige alors vers la capitale avec un petit groupe de fidèles dont la Rochefoucauld. Il prendra alors la direction des troupes réunies aux Pays-Bas, par le duc de Nemours et celles confiées au duc de Beaufort par Gaston d'Orléans.

Le 12 décembre 1651, un ordre formel de Louis XIV rappelle Mazarin. Il rejoint la Cour à Poitiers le 30 janvier 1652, ce qui entraîne le retrait volontaire de Châteauneuf.

En février, la Cour décide de marcher sur Paris déserté par l'Administration royale, puisque Molé, devenu garde des Sceaux, et le surintendant Vieuville ont, sur ordre d'Anne d'Autriche, quitté la capitale désormais aux mains du Parlement, en théorie sous les ordres de Gaston d'Orléans, lequel subit l'influence de Gondi, qui, ayant enfin reçu le chapeau prend le nom de Cardinal de Retz.

C'est le 27 mars 1652 qu'a lieu l'intervention pittoresque de la Grande Mademoiselle à Orléans, apanage de son père. Elle s'introduit dans la ville et ferme les portes aux troupes royales qui doivent ainsi contourner la cité.

Les troupes réunies par Condé en profitent pour harceler l'arrière de l'armée royale. Mais à Bléneau, le 7 avril 1652, Turenne parvient à retourner la situation. Découragé par cet échec, Condé se réfugie dans la capitale accompagné de Beaufort, Nemours et la Rochefoucauld. Alors que le Parlement observe une stricte réserve, Gaston d'Orléans prend le parti de Condé. Gondi qui n'aime pas Condé se retranche dans l'archevêché.

Turenne harcèle l'armée de Condé en Beauce, combat autour d'Étampes en mai et occupe Villeneuve-Saint-Georges pour couper Condé des Lorrains de Charles IV venus secourir le prince.

Autour de Paris, les troupes royales et celles de Condé se livrent finalement à une guerre d'escarmouches.

L'armée royale assiège Paris, Condé tente de libérer la ville. Le 2 juillet, alors qu'un combat se déroule dans le faubourg Saint-Antoine et que l'armée condéenne est acculée, la Grande Mademoiselle fait donner le canon sur la cavalerie royale et sur les hauteurs de Charonne, d'où Louis XIV et Mazarin observaient l'action. Cet épisode du canon de la Bastille permet aux dernières troupes de Condé de trouver refuge dans la ville.

Le prince y fait régner la terreur. L'hôtel de ville est brûlé et une trentaine d'édiles, devenus favorables au roi parce qu'ils souhaitent la fin du siège, sont massacrés par des soldats déguisés en ouvriers, c'est la journée du 4 juillet 1652, dit la journée des pailles.

Le Parlement déclare Gaston d'Orléans lieutenant-général de l'État.

Pourtant, seul le menu peuple reste brousseliste et condéens. Les notables de la ville, aspirent à un retour au calme. Le roi convoque le Parlement hors les murs, à Pontoise, où il siégera du 7 août au 20 octobre, il y a, alors deux parlements, celui du roi et celui de Condé.

Pour répondre aux vœux des parlementaires de Pontoise, désireux d'enlever tout prétexte de révolte à ceux de Paris, Mazarin fait mine de s'exiler à nouveau le 19 août. Il se rend à Château-Thierry, de-là il gagnera Bouillon.

Condé est de plus en plus isolé, ses partisans l'abandonnent progressivement. Gondi négocie directement avec Louis XIV. La formation d'un parti déterminé a ramené l'ordre à Paris, permet une manifestation devant le Palais-Royal, le 24 septembre 1652, entraînant la démission de la municipalité rebelle de Broussel.

Condé quitte Paris, suivi des frondeurs les plus compromis.

Louis XIV entre triomphalement à Paris le 21 octobre 1652. Il s'installe au Louvre.

La déclaration royale du 12 novembre déchoit le prince de Condé de ses dignités et gouvernements, et le 27 mars 1654, un arrêt du Parlement le condamne à mort.

Après la Fronde, le prince continue de vivre en exil pendant sept ans, participant à la Guerre-franco-espagnole, même s'il estime ne pas être hostile « à son roi », mais « au Mazarin ». Ce n'est qu'en 1659, alors que celle-ci tourne de plus en plus à l'avantage de la France, qu'il s'en remet à l'indulgence du roi.

Une clause du traité des Pyrénées, lui permet de recouvrer ses titres et ses biens. Le 27 janvier 1660, à Aix, il se jette aux pieds de Louis XIV avant de recevoir des lettres d'abolition en sa faveur et celle de ses compagnons.

Quant à son frère, le prince de Conti, il a également continué la lutte après l'entente qui se dessinait en octobre 1652. Déclaré coupable de lèse-majesté, il baisse les armes en signant la paix à Pézenas, le 20 juillet 1653.

Ce traité met définitivement un terme à la Fronde des princes. Conti se dépouille de ses bénéfices ecclésiastiques et accepte d'épouser la nièce de Mazarin, Anne-Marie Martinozzi en 1654. La Fronde bordelaise de l'Ormée prend fin en juillet 1653.

Gondi, qui avait été fait cardinal de Retz, le 21 septembre 1651 par le pape Innocent X, est jeté en prison au château de Vincennes le 19 décembre 1652, puis à Nantes. Il s'évade en 1654 pour gagner Rome.

Gaston d'Orléans est invité à se retirer au château de Blois, où il finira sa vie.

La duchesse de Longueville ne connaît pas la disgrâce. Des lettres patentes d'avril 1653, confirment le rang de son mari, prince de sang et duc et pair. Veuve en 1663, elle se retire du monde et devient une figure importante de Port-Royal. En revanche, la grande Mademoiselle reçoit un ordre d'exil en date du 21 octobre 1652.

Elle part pour le château de Saint-Gargeau, avec ses amies frondeuses, à savoir Madame de Fiesque, Madame de Frontenac. Elle y demeure jusqu'en 1657, et entreprend d'écrire ses Mémoires, qui restent selon l'historien François Bluche « l'un des témoignages les plus riches sur la cour et sur la sensibilité féminine au XVII ième, siècle ».

Concernant la Robe parisienne, un lit de justice triomphal, tenu au Louvre et non au Palais, interdit aux magistrats de « prendre aucune connaissance des affaires de l'État ».

Pour finir, Mazarin rentre à son tour le 3 février 1653 sous les applaudissements des Parisiens, qui l'avaient tant décrié dans de scabreuses mazarinades.

Le règne de Louis XIV commença par un bel orage....

Louis XIV n'oubliera jamais la Fronde des princes, c'est la raison pour laquelle, Louis XIV établit la Cour au château de Versailles, en fait pour mieux les surveiller...

Dans une lettre faites à Versailles le 26 mars 1711, la Princesse Palatine nous donne des informations sur le Grand Condé, condamné à mort à une certaine époque, et gracié par le Roi :

« ... Mme du Maine s'est mariée très jeune et a trouvé un mari bien complaisant, avec lequel elle n'a pas besoin de se contraindre. Toujours, il a obéi à ses propres caprices et quintes. Elle ne peut vivre sans divertissements, et il faut que ce soit toujours du nouveau. Son père, Monsieur le Prince, faisait grand cas de la faveur : il s'imaginait qu'il gouvernerait la France entière par Monsieur et Mme du Maine. Monsieur le Prince, celui qu'on appelle ici le Grand Condé, était tout aussi lâche et attaché à la faveur. S' il n'avait pu marcher, il aurait rampé !..»

Versailles 11 août 1686, extrait :

« ... Pour Mademoiselle la grande-duchesse et Mme de Guise (les filles de Monsieur frère de Louis XIII), on n'en dit ni bien ni mal, on les regarde comme zéro, et qui me semble à moi un bonheur, et, à cette condition, je changerais volontiers avec elles. Monsieur le Duc (le Grand Condé), est ventre à terre devant tout ce qui s'appelle faveur, et l'on se moque de sa platitude par-dessus le marché. Mme de Maintenon se joue de la princesse de Conti et de Mme de Bourbon comme si elle les tenait dans les plateaux d'une balance ».

LA DUCHESSE DE HOHENZOLLERN

Lettre de Versailles du 14 avril 1707.

« ... J'ai beaucoup entendu parler de la princesse de Hohenzollern. Elle est très galante, dit-on. Les personnes de cette espèce, tant qu'elles sont jeunes, on leur donne beaucoup d'argent, une fois qu'elles sont vieilles, ce sont elles qui se voient obligées d'en donner... »

La princesse d'Élisabeth d' HERFORT

Elle crachait comme un lama ! Lettre de Paris le 2 avril 1719, extrait :

« ... Je deviens si rêveuse avec l'âge, que bientôt, je crois, je vais tomber en enfance, devenir distraite comme notre tante la princesse Élisabeth d'Herfort. Un jour, elle prit un pot de chambre pour un masque et dit : « Ce masque n'a pas d'yeux et il ne sent pas bon ». Quand elle jouait au trictrac, elle crachait dans la caisse et jetait les dés par terre. Lorsqu'elle mourut, à soixante-deux ans, elle était complètement tombée en enfance...»

Dans une autre lettre du 2 août 1688, faite à Saint-Cloud, extrait :

« ... À propos de rate, nous avons perdu hier un homme qui souvent était un bon remède contre les vapeurs, savoir le pauvre Arlequin. Je ne crois pas que de sitôt on trouve un pareil. Il n'avait que 45 ans ou 46 ans et le vieux Scaramutza, qui a 88 ans, s'est remarié, il y a deux mois, seulement et sa femme est enceinte !...» C'est un miracle...

LE COMTE DE HORN le 20 mars 1720

Dans la dèche, le comte de Horn se fait voleur et assassin, croyant ne rien risquer grâce à sa parenté. Mauvais calcul !

Est-il juste pour un aristocrate cousin du Régent Philippe d'Orléans d'être dans la dèche, alors que des roturiers spéculant avec les actions de la Compagnie d'Occident, fondée par le banquier John Law, sont pleins aux as ?.

C'est un jeune aristocrate flamand de 22 ans arrivé à Paris depuis peu. Le 20 mars 1720, il entreprend donc de voler un de ces riches boursicoteurs. Avec son complice Laurent de Mille, il entraîne sa victime dans une chambre du cabaret de l'Épée de bois, rue Quicampoix, à Paris. Une troisième canaille répondant au nom de Lestang fait le guet sous la fenêtre, rue de Venise.

Dès que le spéculateur s'assoit, le comte passe derrière lui et, lui entortille la tête avec une serviette.

«...T'as pas l'air d'un pingouin maintenant ? », lui dit- il... Sans attendre la réponse, les deux hommes lui portent, alors dix coups de poignard. À cet instant, la porte s'ouvre sur un valet qui pousse un hurlement de terreur.

Les deux meurtriers s'enfuient précipitamment par la fenêtre. Selon une première version, le comte se tord la cheville en atterrissant au sol. D'où son arrestation immédiate.

Celle de Mille, intervenant quelques minutes plus tard sur le marché des innocents.

Selon une deuxième version, le comte aurait réussi à s'échapper sans mal, mais se serait rendu de lui-même chez le commissaire Regnard de la rue Saint-Martin, afin de déposer une plainte pour une tentative d'assassinat contre sa personne ! Très astucieux, malheureusement, trop de témoignages l'accablent. Il est donc conduit en prison.

Comment un jeune comte apparenté aux plus grandes familles royales d'Europe, Angleterre, entre autres, a-t-il pu emprunter les chemins du crime ?

Le comte de Horn avait débarqué à Paris, quelques mois auparavant, avec déjà la réputation de posséder un grain de folie furieuse. C'est un jeune homme de belle prestance dont les « yeux ardents », plaisent à la gent féminine. Il enchaîne des conquêtes avec une cadence que je qualifierai de soutenue. Il faut avouer qu'il n'est pas très regardant sur la marchandise : ribaudes, servantes, épouse d'un ex-président, toutes lui conviennent.

Indubitablement, le plus beau fleuron de son tableau de chasse est la comtesse de Parabère. Très jeune, très belle et dévergondée à souhait, c'est la maîtresse préférée du Régent, son cousin, à qui elle organise d'amusantes orgies au Palais-Royal.

Le comte Horn loge à l'hôtel de Flandre, rue Dauphine. Son frère lui verse une forte pension, mais le jeune homme la perd rapidement au jeu de la foire de Saint-Germain.

C'est alors qu'au début de l'année 1720 deux coquins de ses fréquentations, le Piémontais Laurent de Mille et un certain Lestang, fils d'un banquier flamand, lui proposent de dévaliser un Juif, nommé Jean

Lacroix, qui s'est enrichi en spéculant avec les actions de la Compagnie d'Occident de John Law. Il a la réputation de se balader avec les poches bourrées d'argent. Pourquoi tant d'argent, pour ce Juif et rien pour eux ?

Les deux compères parviennent à convaincre le compte de s'associer à eux pour le dépouiller.

L'arrestation du comte de Horn fait l'effet d'un coup de canon dans le Paris aristocratique. Surtout qu'il est condamné avec son complice Mille, Lestang, lui ayant pu s'échapper de France, au supplice de la roue.

Émoi et scandale, car, en France, tout aristocrate condamné à mort a l'heureux privilège d'être décapité. Le supplice de la roue est réservé au manant. Si Horn devait, être roué, l'honneur de sa parenté s'en trouverait terni jusqu'à la quatrième génération. Elle devrait également renoncer aux honneurs et aux fonctions lucratives.

Dès le 21 mars, une délégation familiale se précipite au Palais-Royal pour supplier le Régent de commuer la sentence en réclusion à perpétuité.

Mais, celui-ci reste inflexible. Quand on lui fait remarquer qu'il a « l'honneur d'être parent avec le comte Horn, » il aurait répondu :

« Quand j'ai du mauvais sang, je me le fais tirer »,.

Une réponse apocryphe, semble-t-il.

Néanmoins, le Régent consent à remplacer la roue par la hache du bourreau, par égard pour la famille.

C'est un moindre mal, et pas une grande différence pour celui qui sera tué.

Le lendemain, il répète sa promesse à sa maîtresse la comtesse de Parabère, et même au duc de Saint-Simon, le célèbre mémorialiste. Il propose également de dresser l'échafaud à l'abri du public dans le cloître de la Conciergerie où le comte est gardé prisonnier.

Le 23 mars, le bourreau Charles Samson, est abordé dans un parc par une jeune femme voilée. Avec ardeur, elle plaide la cause du comte de Horn, suppliant Charles de le laisser s'enfuir.

Devant son refus poli, elle finit par montrer son visage au bourreau, qui reconnaît avec stupéfaction la maîtresse du Régent, la sublime comtesse de Parabère. Mais rien n'y fait, pas même un rouleau de cent louis, qu'elle tente de lui glisser dans la main. Même, si elle offrait son corps pour qu'il lui fasse subir quelques petits supplices charnels de son cru, le pauvre Samson ne pourrait rien faire pour elle. La seule concession qu'il lui accorde, c'est de ne pas intervenir, si un commando essayait de délivrer le prisonnier.

Le 26 mars 1720, une terrible nouvelle se répand dans Paris, en début d'après-midi : le comte de Horn et son complice Mille ont été torturés, puis soumis au supplice infamant de la roue en place de Grève, le matin même, en dépit de la promesse du Régent. Celui-ci a trahi sa parole. Ce n'est pas pour rien qu'il est surnommé le Roué.

Les deux suppliciés ont donc été attachés sur une grande croix en forme de X pour que le bourreau et ses aides puissent leur briser méthodiquement les quatre membres.

Habituellement, le bourreau reçoit la consigne d'étrangler au préalable le condamné pour lui éviter de trop grandes souffrances. Mais pas pour Horn. La tradition familiale rapporte que Samson l'aurait étranglé de sa propre initiative.

Monsieur le Bourreau est bien bon.

Quoiqu'il en soit, une fois ses membres brisés, le jeune comte, qui ressemble désormais à une marionnette désarticulée, a été accroché sur une roue, bras et jambes repliés sous lui, puis exposé à la curiosité publique. De même pour son complice.

En apprenant la trahison du Régent, la famille se précipite place de Grève pour récupérer le corps de son parent.

Pas facile à transporter. Le marquis de Créquy se retrouve avec une jambe qui ne tient plus que par quelques lanières de peau sanglante. Maigre consolation pour les proches du comte : la trahison et la cruauté du Régent les ont absous de toute infamie. Ils continueront à bénéficier des largesses de tous les rois d'Europe.

Nous avons vu, un garçon de bonne famille qui a mal tourné.

Mais dans une lettre faite à Paris le 30 octobre 1695 : « Peu de gens, ont de l'argent et ceux qui en ont préfèrent le perdre au lansquenet. Nous sommes revenus mercredi dernier, eh bien, depuis ce jour, Monsieur a déjà perdu mille pistoles...»

Le lansquenet est un jeu.

Elle s'est toujours plein de la prodigalité de son mari, vis-à-vis de ses mignons, mais surtout se servant de sa dot pour faire des cadeaux importants à ceux-ci. On disait aussi que Monsieur était bon à rien.

Lettre du 20 mai 1689 : « Monsieur, ne me donne jamais un seul denier ».

D'ailleurs dans un courrier de Saint-Cloud du 4 septembre 1697 elle dira philosophiquement :

«... Je sais dès longtemps que le duc de Schomberg est fantasque. Son propre frère, feu le comte Charles, me l'avait dit. Mais, je pensais qu'il ne l'avait été que vis-à-vis de sa femme et de ses belles-sœurs, ne se ressentiraient pas de son humeur. Cela est bien que le célibat est le meilleur des états : le meilleur des maris ne vaut pas le diable...»

Il faut bien le dire, c'est la réflexion d'une femme qui a dégusté.

LOUIS – JOSEPH DE VENDÔME

un cas à part

Présentons, Louis Joseph de Bourbon, duc de Vendôme, dit le Grand Vendôme (1er juillet 1654 à Paris – 11 juin 1712 à Vinaròs en Espagne. Duc de Vendôme Louis III 1669-1712, de Beaufort (1669-1688, duc d'Étampes (1669), comte de Penthièvre (1669), est un militaire Français, maréchal de France.

Il est le fils aîné de Louis II, duc de Mercœur, duc de Vendôme, et de Laure Mancini. Il est donc l'arrière-petit-fils du roi Henri IV et de Gabrielle d' Estrées et le petit-fils de Françoise de Lorraine. Il est également le cousin germain de la duchesse et régente de Savoie Marie Jeanne Baptiste de Savoie et de la reine de Portugal Marie-Françoise de Savoie.

Orphelin à l'âge de 15 ans, il hérite d'une vaste fortune et débute une carrière militaire à l'âge de 18 ans. Il est promu au grade de lieutenant-général en 1688. Durant la guerre de la Ligue d'Augsbourg, il se distingue lors des batailles de Steinkerque et de la Marsaille, puis commande l'armée d'invasion de la Catalogne en 1695 et s'empare de Barcelone en 1697.

Désormais maréchal quand débute la guerre de Succession d'Espagne, il est nommé à la tête de l'armée française en Italie en 1702. Il y fait la connaissance de Giulio Alberoni qui fera carrière en devenant son amant.

Vendôme s'oppose durant trois ans à son cousin, le prince Eugène de Savoie-Carignan, feldmaréchal impérial qu'il bat à Cassano en 1705.

En 1706, il remporte la bataille de Calcino avant d'être envoyé en Flandre où l'armée française a subi plusieurs défaites. Mais, il se querelle avec le duc de Bourgogne et ne peut empêcher une nouvelle défaite française à Audenarde.

Dégoûté par ce revers, dont il rejette la responsabilité sur le petit-fils de Louis XIV, il se retire dans ses propriétés. Il épouse alors en 1710 une de ses cousines, Marie-Anne de Bourbon, Mademoiselle de Montmorency, fille d'Henri Jules de Bourbon-Condé et d'Anne de Bavière. Cette union resta sans postérité, et pour cause.

Il est rappelé pour prendre le commandement de l'armée de Philippe V d'Espagne. Il remporte alors les victoires de Brihuega et de Villaviciosa qui assurent à Philippe le trône d'Espagne.

Critiqué par ses contemporains qui lui reprochent une grossièreté soldatesque, et des mœurs homosexuelles dissolues, il fut l'un des meilleurs généraux de Louis XIV.

À sa mort en 1712 à Vinaròs, Philippe V d'Espagne fit porter le deuil à tout son royaume. Ses restes reposent à l'Escurial à Madrid, dans le caveau des Infants.

Détestant les bâtards royaux légitimés, le duc de Saint-Simon, dans ses mémoires, dresse un portrait du Duc de Vendôme, où rien n'est épargné au lecteur.

De fait s'il fut l'un des grands généraux de Louis XIV, le duc de Vendôme était réputé pour sa grossièreté. Le marquis d'Argenson, futur ministre des affaires étrangères de Louis XIV, notera dans son journal qu'il porta à un excès « prodigieux » le « libertinage, la malpropreté et la paresse ».

Il a été reconnu par ses contemporains, comme un très grand tracassé du périnée !...

Il était connu pour son homosexualité ostensiblement vécue. Saint-Simon lui reprochera d'être adonné au « vice » des « habitants de Sodome » :

« Monsieur de Vendôme y fut plus salement plongé toute sa vie que personne, et si publiquement, que lui-même n'en faisait pas plus de façon que la plus légère et de la plus ordinaire galanterie ». Et de poursuivre de sa vindicte le malheureux duc venu à Clichy « sué la vérole entre les mains les plus habiles, qui échouèrent ».

L'arrière-petit-fils d'Henri IV dut revenir à la Cour « avec la moitié de son nez ordinaire, ses dents tombées, et une physionomie entièrement changée, qui tirait sur le niais ».

C'est à Clichy-la-Garenne dans la maison du financier Antoine Crozat que louis-Joseph duc de Vendôme et d'Étampes, vient se réfugier pendant près de trois mois pour soigner sa vérole. La maison du financier Antoine-Crozat, était vaste et confortable, au milieu de magnifiques jardins dessinés par le Nôtre.

Et, le pire est à venir :

Il faut juste avoir un peu d'imagination.

« La Cour et Paris virent en ce temps-ci un spectacle vraiment prodigieux. Monsieur de Vendôme n'était point parti d'Italie, depuis qu'il avait succédé au maréchal de Villeroi après l'affaire de Crémone.

Ses combats tels quels, les places qu'il avait prises, l'autorité qu'il avait saisie, la réputation qu'il avait usurpée, ses succès incompréhensibles dans l'esprit et dans la volonté du Roi, la certitude de ses appuis, tout cela lui donna le désir de venir jouir à la cour d'une situation si brillante, et qui surpassait de si loin tout ce qu'il avait pu espérer.

Mais avant de voir arriver un homme qui va prendre un ascendant si incroyable, et dont jusqu'ici, je n'ai parlé qu'en passant, il est bon de le faire connaître davantage, et d'entrer même dans des détails qui ont de quoi surprendre, et qui le peindront d'après-nature.

Il était d'une taille ordinaire pour la hauteur, un peu gros, mais vigoureux, fort, et alerte ; un visage fort noble et l'air haut de la grâce naturelle dans le maintien et dans la parole ; beaucoup d'esprit naturel qu'il n'avait jamais cultivé, une énonciation facile, soutenue d'une hardiesse naturelle, qui se tourna depuis en audace la plus effrénée ; beaucoup de connaissance du monde, de la Cour, des personnages successifs, et sous une apparente incurie, un soin et une adresse continuelle à en profiter en tous genre ; surtout admirable courtisan, et qui sut tirer avantage jusque de ses plus grands vices à l'abri du faible du Roi pour sa naissance ; poli par art, mais avec un choix et une mesure avare, insolent à l'excès dès qu'il crut le pouvoir oser impunément, et en même temps familier et populaire avec le commun par une affectation qui voilait sa vanité et le faisait aimer du vulgaire ; au fond, l'orgueil même, et un orgueil qui voulait tout, qui dévorait tout.

À mesure que son rang s'éleva et que sa faveur augmenta, sa hauteur, son peu de ménagement, son opiniâtreté jusqu'à l'entêtement, tout cela crût à proportion, jusqu'à se rendre inutile toute espèce d'avis, et se rendre inaccessible qu'à un nombre très petit de familiers, et à ses valets.

La louange, puis l'admiration, enfin l'adoration, furent le canal unique par lequel on pût approcher ce demi-dieu, qui soutenait des thèses ineptes sans que personne osât, non pas contredire, mais ne pas approuver. Il connut et abusa plus que personne de la bassesse du Français. Peu à Peu, il accoutuma les subalternes, puis de l'un à l'autre toute son armée, à ne l'appeler plus que Monseigneur et Votre Altesse.

En moins de rien, cette gangrène gagna jusqu'aux lieutenants-généraux et aux gens les plus distingués, dont pas un, comme des moutons à l'exemple les uns des autres, n'osa plus lui parler autrement, et qui, l'usage ayant passé en droit, y auraient hasardé l'insulte (aurait osé de se faire insulter), si quelqu'un d'eux se fût avisé de lui parler autrement.

Ce qui est prodigieux à qui a connu le Roi galant aux dames une si longue partie de sa vie, dévot l'autre, souvent avec importunité pour autrui et, dans toutes ces deux parties de sa vie, plein d'une juste, mais d'une singulière horreur pour tous les habitants de Sodome, et jusqu'au moindre soupçon de ce vice, Monsieur de Vendôme y fut plus salement plongé toute sa vie que personne, et si publiquement, qui lui-même n'en faisait pas plus de façon que de la légère et de la plus ordinaire galanterie, sans que le roi, qui l'avait toujours su, l'eût jamais trouvé mauvais, ni qu'il en eut été moins bien avec lui.

Ce scandale le suivit toute sa vie à la cour, à Anet, aux armées. Ses valets et des officiers subalternes satisfirent toujours cet horrible goût, étaient connus pour tels, et comme tels étaient courtisés des familles de Monsieur de Vendôme et de ce qui voulait s'avancer auprès de lui.

On a vu avec quelle audacieuse effronterie, il fit publiquement, le grand remède par deux fois, prit congé pour l'aller faire, qu'il fut le premier qui l'ait osé, et que sa santé devint la nouvelle de la cour, et avec quelle bassesse elle y entra à l'exemple du Roi, qui n'aurait pas pardonné à un fils de France ce qu'il ménagea avec une faiblesse si étrange, et si marquée pour Vendôme.

Sa paresse était à un point qui ne se peut concevoir ; il a pensé être enlevé plus d'une fois pour s'être opiniâtré dans un logement plus commode, mais trop éloigné, et risqué les succès de ses campagnes, donné même des avantages considérables à l'ennemi, par ne se pouvoir résoudre à quitter un camp où il se trouvait logé à son aise.

Il voyait peu à l'armée par lui-même, il s'en fiait à ses familiers que très souvent encore, il n'en croyait pas. Sa journée, dont il ne pouvait troubler l'ordre ordinaire, ne lui permettait guère de faire autrement. Sa Saleté était extrême, il en tirait vanité ; les sots le trouvaient un homme simple. Il était plein de chiens et de chiennes dans son lit qui y faisaient leurs petits à ses côtés.

Lui-même ne s'y contraignait de rien. Une de ses thèses était que tout le monde en usait de même, mais n'avait pas la bonne foi d'en convenir comme lui.

Il soutient un jour à Madame de Conti, la plus propre personne du monde et la plus recherchée dans sa propreté (au sens ici d'élégance et de souci de soi).

Il se levait assez tard à l'armée, se mettait sur sa chaise percée, (ancêtre du WC), y faisait ses lettres et y donnait ses ordres du matin. Qui avait affaire à lui, c'est-à-dire pour les officiers généraux et les gens distingués, c'était le temps de lui parler. Il avait accoutumé l'armée à cette infamie.

Là, il déjeunait à fond, et souvent avec deux ou trois familiers, rendait d'autant, soit en mangeant, soit en écoutant, ou en donnant ses ordres, et toujours force spectateurs debout.

Il faut passer ces honteux détails pour le bien connaître il rendait beaucoup ; quand le bassin était plein à répandre, on le tirait et on le passait sous le nez de toute la compagnie pour l'aller vider, et souvent plus d'une fois.

Les jours de barbe, le même bassin dans lequel il venait de se soulager, servait à lui faire la barbe. C'était une simplicité de mœurs, selon lui, digne des premiers Romains, et qui condamnait tout le faste et le superflu des autres.

Tout cela fini, il s'habillait, puis jouait gros jeu au piquet ou à l'hombre, ou s'il fallait absolument monter à cheval pour quelque chose, c'en était le temps.

L'ordre donné au retour, tout était fini chez lui. Il soupait avec ses familiers largement ; il était grand mangeur, d'une gourmandise extraordinaire, ne se connaissait à aucun mets, aimait fort le poisson, et mieux le passé et souvent le puant que le bon.

La table se prolongeait en thèses, en disputes, et, par-dessus tout, louanges, éloges, hommages toute la journée et de toute part.

Il n'aurait pardonné le moindre blâme à personne ; il voulait passer pour le premier capitaine de son siècle, et parlait indécemment du prince Eugène (le prince Eugène, grand stratège et général des armées impériales, qui battit les Français à de nombreuses reprises), et de tous les autres ; la moindre contradiction eut été un crime.

Le soldat et les bas officiers l'adoraient pour sa familiarité avec eux et la licence qu'il tolérait pour s'en gagner les cœurs, dont il se dédommageait par une hauteur sans mesure avec tout ce qui était élevé en grade ou en naissance. Il traitait à peu près de même ce qu'il y avait de plus grand en Italie qui avait si souvent à faire à lui.

C'est ce qui fit la fortune du fameux Alberoni (qui deviendra cardinal et Premier ministre en Espagne).

Le duc de Parme eut à traiter avec Monsieur de Vendôme : il lui envoya l'évêque de Parme, qui se trouva bien surpris d'être reçu par Monsieur de Vendôme, sur une chaise percée, et plus encore de le voir se lever au milieu de la conférence et se torcher le cul devant lui.

Il en fut si indigné que, toutefois sans mot dire, il s'en retourna à Parme, sans finir ce qui l'avait amené, et déclara à son maître qu'il n'y retournerait de sa vie, après ce qui lui était arrivé.

Alberoni était le fils d'un jardinier, qui, se sentant de l'esprit, avait pris un petit collet (un homme à petit collet, ou, simplement, un homme d'église, ainsi dit à cause de ce collet que les ecclésiastiques portaient plus petit), pour, sous une figure d'abbé aborder où son sarrau de toile eut été sans accès.

Il était bouffon ; il plut à Monsieur de Parme comme un bas valet dont on s'amuse ; en s'en amusant, il lui trouva de l'esprit, et qu'il pouvait n'être pas incapable d'affaires. Il ne crut pas que la chaise percée de Monsieur de Vendôme demanda un autre envoyé, il le chargea d'aller, continuer et finir ce que l'évêque de Parme avait laissé à achever.

Alberoni, qui n'avait point de morgue (gravité) à garder et qui savait très bien quel était Vendôme, il résolut de lui plaire à quelque prix que ce fut pour venir à bout de sa commission au gré de son maître, et de s'avancer par là auprès de lui.

Il traita donc avec Monsieur de Vendôme sur sa chaise percée, égaya son affaire par des plaisanteries, qui d'autant mieux fait rire le général qu'il l'avait préparé par force louanges et hommages.

Vendôme en usa avec lui comme il avait fait avec l'évêque, (rebelote), il se torcha le cul devant lui.

À cette vue Alberoni s'écrie : « O culo di angelo !...», et courut le baiser. Rien n'avança plus ses affaires que cette infâme bouffonnerie.

Monsieur de Parme, qui dans sa position avait plus d'une chose à traiter avec Monsieur de Vendôme, voyant combien Alberoni y avait heureusement commencé, se servit toujours de lui, et lui prit à tâche de plaire aux principaux valets, de se familiariser avec tous, de prolonger ses voyages.

Il fit à Monsieur de Vendôme, qui aimait les mets extraordinaires, de soupes au fromage, et d'autres ragoûts étranges, qu'il trouva excellents.

Il voulut qu'Alberoni en mangeât avec lui, et de cette sorte, il se mit si bien avec lui, qu'espérant plus de fortune dans une maison de bohème et de fantaisies qu'à la cour de son maître, où il se trouvait de trop bas aloi (de trop peu de valeur), il fit en sorte de se faire débaucher d'avec lui, et de faire croire à Monsieur de Vendôme que l'admiration et l'attachement qu'il avait conçu pour lui, lui faisaient sacrifier tout ce qu'il pouvait espérer de fortune à Parme.

Ainsi, il changea de maître, et bientôt après, sans cesser son métier de bouffon et de faiseur de potages et de ragoûts bizarres, il mit le nez dans les lettres de Monsieur de Vendôme, y réussit à son gré, devint son principal secrétaire, et celui à qui il confiait tout ce qu'il avait de plus particulier et de plus secret. Cela déplut fort aux autres ; la jalousie s'y mit au point que, s'étant querellés dans une marche, Magnani le courut plus de mille pas à coups de bâton, à la vue de toute l'armée.»

Nous venons de lire, un morceau des mémoires de Saint-Simon, dans le français et les expressions de l'époque, décrivant par le menu un cas, que je qualifierai de désespérer.

Mort du Duc de Vendôme

Saint - Simon :

« Il se trouva incommodé, on crut aisément qu'il ne lui fallait que la diète. (c'est le Duc de Vendôme). Mais le mal augmenta, si promptement et d'une façon si bizarre, après avoir semblé assez longtemps n'être rien, que ceux qui étaient auprès de lui en petit nombre, ne doutèrent pas du poison et envoyèrent aux secours de tous côtés.

Mais le mal ne les voulut pas attendre. Il redoubla précipitamment avec des symptômes étranges. Il ne put signer un testament qu'on lui présenta, ni une lettre au Roi par laquelle il lui demandait le retour de son frère (qui était Grand Prieur, banni de la cour depuis 1705), à la cour.

Tout ce qui était autour de lui s'enfuit et l'abandonna, tellement qu'il demeura entre les mains de trois ou quatre des plus bas valets, tandis que les autres pillaient tout et faisaient leur main (volaient tout), et s'en allaient.

Il passa ainsi les deux ou trois derniers jours de sa vie sans prêtre, sans qu'il eût été question seulement d'en parler, sans autre secours que d'un seul chirurgien. Les trois ou quatre valets demeurés auprès de lui, le voyant à la dernière extrémité, se saisirent du peu de chose qui restaient autour de lui, et, faute de mieux, lui tirèrent sa couverture et ses matelas de dessous lui.

Il leur cria pitoyablement de ne le laisser pas mourir au moins à nu, sur sa paillasse, et je ne sais s'il obtint.

Ainsi mourut, le vendredi 10 juin, le plus superbe des hommes, et pour n'en rien dire davantage, après avoir été obligé de parler si souvent de lui, le plus heureux jusqu'à ses derniers jours.

Il avait cinquante-huit ans, sans qu'une faveur si prodigieuse et si aveugle ait pu faire qu'un héros de cabale d'un capitaine qui a été, un très mauvais général, d'un sujet qui s'est montré plus pernicieux, et d'un homme dont les vices ont fait en tous genre la honte de l'humanité.

Sa mort rendit la vie et la joie à toute l'Espagne...»

Quand on inspire l'irrespect, on a parfois, la mort que l'on mérite...

LES APPARENCES

À la cour de Louis XIV, le beau n'est plus qu'artifice.

Désormais, tout est maquillé, le visage, le corps, le langage, les émotions... Sous les vêtements empesés, la chair flasque est architecturée, corsetée, baleinée. Les joues sont recouvertes du blanc de l'innocence et du rouge de la concupiscence. Seuls comptent la représentation, le déguisement, l'illusion... Versailles est un théâtre dérisoire où des marionnettes arrogantes se contemplent dans le miroir, et comme l'a conté la philosophe Dominique Paquet.

Personnages grotesques, poudrés, peinturlurés à l'excès, clignotant de bijoux. Dès le XVIe siècle, on entre dans une période baroque.

Une nouvelle esthétique se répand dans les arts et la philosophie. Descartes voit le monde comme une mécanique, avec poulies, des rouages, des cordes... On voyage en berline, fenêtres fermées, sans voir le paysage. On déteste les herbes folles, on ne supporte pas la nature, on trouve les paysans repoussants. On aime que les jardins structurés, de la même manière le corps entier est structuré. Le mot maquillage naît à cette époque, mais dans un sens péjoratif, maquillé, c'est maquiller les cartes, c'est tromper.

Depuis l'antiquité grecque, on utilise la céruse, c'est-à-dire de l'oxyde de plomb, produit extrêmement toxique, sur le visage, le cou, parfois les bras et la naissance de la gorge. Provoquant des problèmes de peau et les dents noires.

Le blanc est destiné à provoquer un effet de statuaire et, souvenir du Moyen-âge, à évoquer la virginité. Cette poudre donne l'illusion d'un visage pur, exempt de tous défauts.

Les précieuses se blanchissent et bannissent le hâle, comme les gens qui travaillent dehors. Lors des promenades, elles portent un masque qu'elles tiennent par un bouton entre les dents, ce qui d'ailleurs évite la conversation.

Quand, une femme veut séduire, elle ajoute du rouge, c'est ce que fait Arsinoé, dans le Misanthrope. Dès 1673, toutes les femmes en portent, à l'exemple de Madame Montespan. Sous Louis XIV, le fard est le symbole de l'amour, de l'émancipation, mais aussi de l'adultère, de l'impudeur. Même si les grands seigneurs ne l'avouent pas, la société se sécularise petit à petit, l'athéisme se développe, le culte marial est délaissé, renvoyé chez les dévots. On en revient à l'ostentation, au culte de soi, et donc à la représentation comme au théâtre.

L'influence personnelle de Louis XIV est immense, on sait qu'il a réglé l'opéra, la danse, le théâtre, le récitatif. Louis XIV fait de son règne, un règne esthétique. Il danse fardé de rouge et de rose. Et les hommes l'imitent, se mettent des mouches, ces petits bouts de taffetas découpés en comètes, en étoiles ou en lunes. Tous les regards convergent vers le Roi-Soleil et, sous la lumière des bougies, des miroirs de la galerie des Glaces, reflètent cette cour en représentation permanente, et grotesque.

Toutefois, l'artifice est condamné par l'Église, notamment par la Compagnie du Saint-Sacrement, qui prône la pudeur et la crasse. Qu'une femme soit gagnée par la dévotion ou qu'elle se remette d'un chagrin d'amour, et elle ne se farde plus.

Elle se montre alors, négligée, décoiffée, sale.

Lorsqu'elle se couvrira à nouveau les joues de rouge, ce sera le signe de la renaissance de son désir.

Dans l'école des femmes, on trouve les maximes de cette jeune fille qui ne doit jamais se farder pour son mari, parce qu'elle est pure et vierge... Quand le roi épouse la vieille bigote Madame de Maintenon, le parti, dévot triomphe, on a moins recours aux artifices, il y a moins de fêtes... Son ennemie intime, la Princesse Palatine, écrit à sa famille :

« Il couche (le roi) avec sa vieille tous les après-midi ». Et écrit encore :

« Elle n'est pas si folle que de se faire déclarer reine, elle connaît trop bien l'humeur de son homme. Si, elle faisait cela, elle tomberait bien vite en disgrâce et serait perdue ». Bref, le règne de Louis XIV qui avait commencé dans le libertinage, s'achève dans la bigoterie.

Mais, avec le Régent Philippe d'Orléans, débauché notoire, de nouveau les plaisirs reviennent. Le mode de vie est épuisant, la femme fait une première toilette, une deuxième toilette après le déjeuner, s'alanguit dans les fauteuils jusqu'au théâtre, soupe vers 2 heures, rejoint son amant, le quitte à 7 heures du matin. Et, elle doit toujours être belle. On se farde donc davantage encore pour cacher les nuits de folies.

Le rouge est censé masquer la vieillesse et refléter la sensualité. On en met partout, jusque sur les joues des morts.

Casonova le dit : « On le met partout, pour faire plaisir aux yeux, qui voient les marques d'une ivresse qui leur promet des égarements et des fureurs enchanteresses ».

Le rouge, c'est donc vraiment la marque du pouvoir aristocratique.

Lettre de la Princesse Palatine de Fontainebleau le 30 septembre 1700, extrait :

« Pour ce qui est de se farder, on ne trouve ici qu'un petit nombre de femmes, soit à la cour ou au théâtre, qui ne se peignent.»

Dans une autre lettre faite à Marly le 21 juin 1711, elle nous raconte :

« ... J'ai lu l'histoire de la Suède ; c'est un abbé de Vertot qui l'a faite. Il a également écrit une histoire du Portugal...

Madame de Berry me désole avec ses mouches ; elle n'en met pas moins de dix à douze et cela lui va bien mal avec sa face rouge...»

Une autre lettre de Saint-Cloud, le 7 août 1718 :« Les Français sont plus entichés de leur patrie qu'aucune autre, nation... Les suicides sont rares en ce pays, mais tout est affaire de mode ici ; si la mode prend un jour de se tuer soi-même, on la suivra aussi...»

Pour illustrer les explications ci-dessus : Melle de chausseray, ancienne dame d'honneur de Madame qui regardait avec ironie la faiblesse de son naturel.

Lettre de Saint-Cloud du 23 novembre 1719 à sa parenté extrait :

« … Chausseray a beaucoup d'esprit ; elle est toujours gaie, et toujours malade. J'allais la voir hier ; Dieu merci, elle va bien mieux maintenant, elle circule dans sa maison, et a l'air d'un spectre ; elle a un bonnet blanc et une robe de chambre d'Indienne, avec sa pâleur, sa taille longue et élancée, elle ressemble tout à fait à la description qu'on fait des revenants. Je crois que la Dame Blanche de Berlin a cet air-là...»

On oublie aussi, que les hommes portaient la perruque, mode lancée par Louis XIV parce qu'il perdait ses cheveux depuis l'âge de 19 ans.

Et, cela pouvait donner, les actes suivants, lettre de Saint-Cloud 7 novembre 1717, extrait :

« La première dauphine avait un petit page de douze ou treize ans... Il s'appelait Fretteville ; il savait mieux le jeu d'échecs que tous les grands joueurs de la cour. Monsieur le Prince, celui qui est mort en dernier lieu, s'enferma un jour avec le gamin, pour n'être pas dérangé, ni distrait, mais le page gagna toutes les parties, ce qui mit Monsieur le Prince hors de lui, tellement qu'à plusieurs reprises, il s'arracha la perruque de la tête et la jeta au nez du page quand celui-ci, le faisait échec et mat...»

Obsédé de ces « bagatelles », la cour est un mélange détonnant d'être humains concentrés sur un espace réduit. Parmi eux, parfois, une tête de turc, créature de choix pour le Caricaturiste qu'est Saint-Simon :

LA PRINCESSE D'HARCOURT

« Cette princesse d'Harcourt, fut une sorte de personnage qu'il est bon de faire connaître, pour faire connaître plus particulièrement une cour qui ne laissait pas d'en recevoir de pareils. Elle avait été fort belle et galante, quoiqu'elle ne fut pas vieille, les grâces et la beauté s'étaient tournées en gratte-cul. (ce qui reste d'une rose quand elle a perdu tous ses pétales).

C'était alors une grande et grosse créature fort allante, couleur de soupe au lait, avec de grosses et vilaines lippes et des cheveux filasses toujours sortants et traînants comme tout son habillement sale, malpropre. Toujours intriguant, prétendant, entreprenant, toujours querellant et toujours basse comme l'herbe, ou sur l'arc-en-ciel, selon ceux à qui elle avait affaire.

C'était une furie blonde, et de plus, une harpie. Elle en avait l'effronterie, la méchanceté, la fourbe et la violence. Elle en avait l'avarice et l'avidité. Elle en avait la gourmandise et la promptitude à s'en soulager, et mettait au désespoir ceux chez qui elle allait dîner parce qu'elle ne faisait faute de ses commodités au sortir de table, qu'assez souvent, elle n'avait pas loisir de gagner, et salissait le chemin d'une effroyable traînée, que l'ont maintes fois fait donner au diable par les gens de Mme du Maine et de Monsieur le Grand.

Elle ne s'en embarrassait pas le moins du monde, troussait ses jupes et allait son chemin, puis revenait disant qu'elle s'était trouvée mal.

On y était accoutumé.

Elle faisait des affaires à toutes mains (sans le moindre scrupule), et courait autant pour cent francs que pour cent mille. Les contrôleurs-généraux ne s'en défaisaient pas aisément, et, tant qu'elle pouvait, trompait les gens d'affaires, pour en tirer davantage. Sa hardiesse à voler au jeu était inconcevable, et cela, ouvertement. On l'y surprenait. Elle chantait pouille (haut et crûment), et empochait. Et, comme il n'en était jamais autre chose, on la regardait comme une harengère avec qui on ne voulait pas se commettre, et cela, en plein salon de Marly, au lansquenet (c'est un jeu), en présence de Monseigneur et de Mme la Duchesse de Bourgogne.

À d'autres jeux comme l'hombre, etc, on l'évitait, mais cela ne se pouvait pas toujours, et comme elle y volait aussi tant qu'elle pouvait, elle ne manquait jamais de dire à la fin des parties qu'elle donnait ce qui pouvait n'avoir pas été de bon jeu et demandait qu'on lui donnât, et s'en assurât (prenait)sans qu'on lui répondît. C'est qu'elle était grande dévote de profession, et comptait de mettre ainsi sa conscience en sûreté. « Parce que, ajoutait-elle, dans le jeu, il y a toujours quelques méprises ».

Elle allait à toutes les dévotions et communiait incessamment, fort ordinairement après avoir joué jusqu'à quatre heures du matin. Un jour de grande fête à Fontainebleau que le maréchal de Villeroi était en quartier, elle alla voir la maréchale De Villeroi entre vêpres et le salut.

De malice, la Maréchale de Villeroi lui proposa de jouer, pour lui faire manquer le salut. L'autre s'en défendit, et dit enfin que Mme de Maintenon y devait aller. La Maréchale insiste, et dit que cela était plaisant, comme si Mme de Maintenon pouvait voir et remarquer tout ce qui serait ou ne serait pas à la Chapelle. Les voilà au jeu.

Au sortir du Salut, Mme de Maintenon, qui presque jamais n'allait nulle part, s'avise d'aller voir la maréchale de Villeroi devant l'appartement de qui elle passait au pied de son degré (sur son palier).

On trouve la porte et on l'annonce. Voilà un coup de foudre pour la princesse d'Harcourt. « Je suis perdue, s'écria-t-elle de toute sa force, car elle ne pouvait se retenir ; elle me va voir jouant au lieu d'être au salut !», laisse tomber ses cartes, et soi-même dans son fauteuil toute éperdue. La maréchale riait de tout son cœur d'une aventure si complète.

Mme de Maintenon entre lentement et les trouve en cet état avec cinq ou six personnes. La maréchale de Villeroi, qui avait infiniement d'esprit, lui dit qu'avec l'honneur qu'elle lui faisait, elle causait un grand désordre, et lui montre la princesse d' Harcourt en désarroi.

Mme de Maintenon sourit avec une majestueuse bonté, et s'adressant à la princesse d'Harcourt : « Est-ce comme cela, lui dit-elle, Madame que vous allez au salut aujourd'hui ? ». Là-dessus la princesse d' Harcourt sort en furie de son espèce de pâmoison, dit que voilà des tours qu'on lui a fait, qu'apparemment, Mme la maréchale de Villeroi se doutait bien de la visite de Mme de Maintenon, et que c'est pour cela qu'elle l'a persécutée de jouer pour lui faire manquer le salut.»

« Persécutée ! répondit la maréchale, j'ai cru ne pouvoir vous mieux recevoir qu'en vous proposant un jeu. Il est vrai que vous avez été un moment, en peine de ne point être vue au salut, mais le goût l'a emporté. Voilà, Madame (s'adressant à Mme de Maintenon), tout mon crime. »

Et de rire tous plus fort qu'auparavant.

Mme de Maintenon pour faire cesser la querelle, voulut qu'elles continuassent de jouer. La princesse d'Harcourt grommelant toujours et toujours éperdue, ne savait ce qu'elle faisait, et la furie redoublait de ses fautes. Enfin, ce fut une farce qui divertit toute la cour plusieurs jours, car cette belle princesse était également crainte, haïe et méprisée.

Monseigneur et Madame la duchesse de Bourgogne lui faisaient des espiègleries continuelles. Ils firent mettre un jour des pétards tout du long de l'allée, du château de Marly, qui va à la Perspective, où elle logeait. Elle craignait horriblement tout. On attitra (on posta), deux porteurs pour se présenter à la porte lorsqu'elle voulut s'en aller.

Comme elle fut vers le milieu de l'allée, et tout le salon à la porte pour voir le spectacle, les pétards commencèrent à jouer, elle a crié miséricorde, et les porteurs à la mettre à terre et à s'enfuir. Elle se débattait dans cette chaise, de rage à la renverser, et criait comme un démon. La compagnie accourut pour s'en donner le plaisir de plus près, et l'entendre chanter pouilles à tout ce qui s'en approchait, à commencer par Monseigneur et Mme la duchesse de Bourgogne.

Une autre fois, ce prince lui accommoda un pétard sous son siège, dans le salon où elle jouait au piquet. Comme il y allait mettre le feu, quelque âme charitable l'avisa que ce pétard l'estropierait, et l'empêcha.

Quelquefois, il lui faisait entrer une vingtaine de Suisses avec des tambours dans sa chambre, qui l'éveillaient dans son premier somme avec ce tintamarre. Une autre fois, et ces scènes étaient toujours à Marly, on attendit fort tard qu'elle fût couchée et endormie.

Elle logeait ce voyage-là dans le château, assez près du capitaine des gardes en quartier qui était dès lors Monsieur le Maréchal de Lorges .

Il avait fort neigé, et il gelait : Mme la duchesse de Bourgogne et sa suite prirent de la neige sur la terrasse qui est autour du haut du salon et de plein-pied à ces logements hauts, et pour s'en mieux fournir éveillèrent les gens du Maréchal, qui ne les laissèrent pas manquer de pelotes.

Puis, avec un passe-partout et des bougies, se glissent doucement dans la chambre de la princesse d'Harcourt, et, tirant tout d'un coup les rideaux, l'accablent de pelotes de neige. Cette sale créature au lit, éveillée en sursaut, froissée et noyée de neige sur les oreilles et partout, échevelée, criant à pleine tête, et remuant comme une anguille sans savoir où se fourrer, fut un spectacle qui les divertit plus d'une demi-heure, en sorte que la nymphe nageait dans son lit, d'où l'eau découlant de partout noyait toute la chambre. Il y avait de quoi la faire crever.

Le lendemain matin, elle bouda. On s'en moqua d'elle encore mieux. Ces bouderies lui arrivaient quelquefois, ou quand les pièces étaient trop fortes, ou quand Monsieur le Grand l'avait malmenée. Il trouvait avec raison qu'une personne qui portait le nom de Lorraine, ne se devait pas mettre sur ce pied de bouffonne, et comme il était brutal, il lui disait quelquefois en pleine table les dernières horreurs, et la princesse d'Harcourt se mettait à pleurer, puis rageait et boudait.

Madame la Duchesse de Bourgogne faisait alors semblant de bouder aussi, et s'en divertissait. L'autre n'y tenait pas longtemps, elle venait ramper aux reproches, qu'elle n'avait plus de bonté pour elle. Quand on l'avait bien fait craqueter, Madame la Duchesse de Bourgogne se laissait toucher, c'était pour lui faire pis qu'auparavant.

Tout était bon de Madame la Duchesse de Bourgogne auprès du Roi et de Mme de Maintenon, et la princesse d'Harcourt n'avait point de ressource. Elle n'osait même pas s'en prendre à aucune de celles qui aidaient à la tourmenter, mais d'ailleurs, il n'eut pas fait bon la fâcher.

Elle payait mal ou point ses gens, qui, un beau jour, de concert l'arrêtèrent sur le pont-neuf.

Le cocher descendit, et les laquais, qui lui vinrent dire mots nouveaux (des injures grossières) à sa portière.

Son écuyer et sa femme de chambre l'ouvrirent, et tous ensemble s'en allèrent, et la laissèrent devenir ce qu' elle pourrait.

Elle se mit à haranguer ce qui s'était amassé là de canaille, et fut trop heureuse de trouver un cocher de louage, puis monta sur son siège et la mena chez elle. Une autre fois Mme de Saint-Simon, revenant dans sa chaise de la messe aux Récollets, à Versailles, rencontra la princesse d'Harcourt à pied dans la rue, seule en grand habit, tenant sa queue dans ses bras (sa tresse de cheveux). Mme de Saint-Simon arrêta, et lui offrit secours. C'est que tous ses gens l'avaient abandonnée et lui avaient fait le second tome du pont-neuf, et pendant leur désertion dans la rue, ceux qui étaient restés, chez elle s'en étaient allé.

Elle les battait, et était forte et violente, et changeait de domestiques tous les jours. Elle prit entre autres une femme de chambre forte et robuste, à qui dès la première journée, elle distribua force tapes et soufflets.

La femme de chambre ne dit mot, et comme il ne lui était rien dû, n'étant entré que depuis cinq ou six jours, elle donna le mot aux autres, de qui, elle avait su l'air de la maison, et un matin qu'elle était seule dans la chambre de la princesse d'Harcourt, et qu'elle avait envoyé son paquet dehors, elle ferme la porte en dedans sans qu'elle s'en aperçût, répond à se faire battre comme elle l'avait déjà été, et au premier soufflet, saute sur la princesse d'Harcourt, lui donne cent soufflets et autant de coups-de-poing et de pied, la terrassa, la meurtrie depuis les pieds jusqu'à la tête, et quand elle l'a bien battue à son aise et à son plaisir, la laisse à terre toute déchirée et tout échevelée, hurlant à pleine tête, ouvre la porte, la ferme dehors à double tour, gagne le degré (palier), et sort de la maison.

C'était tous les jours des combats et des aventures nouvelles. Ses voisines à Marly disaient qu'elles ne pouvaient dormir au tapage de toutes les nuits, et je me souviens qu'après une de ces scènes tout le monde allait voir la chambre de la duchesse de Villeroi et celle de Mme d'Épinoy, qui avaient mis leur lit tout au milieu, et qui contaient leurs veilles à tout le monde.

Telle était cette favorite de Mme de Maintenon, si insolente et si insupportable à tout le monde, et qui avec cela, pour ce qui la regardait, avait toute faveur et préférence, et qui, en affaires de finances et en fils de famille et autres gens qu'elle a ruinés, avait gagné des trésors et se faisait craindre à la cour et ménager par les Princesses et les ministres. Reprenons le sérieux.»

Le moins que l'on puisse dire, Saint-Simon n'a pas loupé le portrait de cette princesse peu ordinaire, cela n'échappera pas au lecteur, le mémorialiste avait la dent dure. Époque cruelle.

Les observations de liselotte

Il y avait à la cour de Versailles quelques caricatures, qui n'a pas échappé à Liselotte.

lettre de Paris du 30 octobre 1692, extrait :

« Le mari de Madame du Maine est maintenant de retour auprès d'elle. Cela la consolera de sa rougeole, car ils s'aiment beaucoup. Je crois que si la chose ne dépendait que de Madame la princesse, elle serait bonne pour sa sœur ; mais, elle a une peur si affreuse de la figure de singe de son mari, qu'elle fait aveuglément tout ce qu'il veut...»

Dans une lettre de Versailles du 21 décembre 1698, où l'on voit qu'elle jugeait la cour avec réalisme :

«... On joue le Tartuffe d'autant plus librement que personne ne prétend en être un. Mais, je pense que si quelqu'un s'avisait à cette heure de faire de ces comédies-là , la chose ne passerait pas comme cela, vu qu'on croirait alors y retrouver dépeints quelques originaux forts en faveur présentement...» Cette lettre prouve sa grande lucidité, sur les gens de son temps, et son esprit aiguisé.

Dans une lettre Paris le 3 février 1679, parlant de la cour extrait : « Je dois vous déclarer franchement qu'on est ici archipuant et orgueilleux : on se prise si haut que c'est une chose inimaginable et au-delà de tout ce qu'on peut dire ».

SCUDÉRY

« ... Sapho a dû certes être folle, malgré tout son art, de se tuer par amour pour Phaon. Mademoiselle de Scudéry ne voulait, je pense, lui ressembler que sous le rapport de la science, car elle a toujours été vertueuse. L'amour de Monsieur Pelisson n'a pas été le moins du monde un déshonneur pour elle.

C'était un homme affreusement laid, il avait le visage carré, tout couturé de la petite vérole, c'étaient des plaques blanches sur fond jaune, les yeux rouges, éraillés, et coulant toujours, la bouche allant d'une oreille à l'autre, d'épaisses lèvres tout à fait blanches, les dents noires... Vous voyez bien qu'avec un tel homme, Mademoiselle de Scudéry pouvait avoir ces relations sans scandale.

La taille non plus n'était pas belle, car il avait de larges épaules, pas de cou, pas de mollets... C'était un vrai monstre, mais fort intelligent et très savant... ». Lettre de la Princesse Palatine du 8 novembre 1705.

Présentons les :

Madeleine de Scudéry est une écrivaine née au Havre le 15 novembre 1607, morte à Paris le 2 juin 1701. Restée orpheline à six ans, elle reçut chez son oncle une excellente éducation, apprit en perfection les lettres, les dessins, la danse, non sans lire aussi beaucoup de romans.

S'il n'est pas certain qu'elle ait en 1620 accompagné son frère Georges, également auteur de renom, dans un voyage à Apt, berceau de la famille, elle vint du moins en 1630 le rejoindre à Paris, et mena avec lui une vie commune jusqu'en 1655, l'aidant non seulement dans la tenue de leur modeste demeure, mais bientôt de sa plume dans la composition de ses romans (l'illustre Bassa). Elle était déjà très appréciée à l'hôtel de Rambouillet (Catherine de Rambouillet), lorsque, après un court séjour à Rouen en 1644, elle accompagna son frère à Marseille.

Rentrée à Paris en 1647, elle faillit être donnée pour gouvernante aux nièces de Mazarin. Les Hôtels de Nevers et de Créqui remplacèrent alors pour elle celui de Rambouillet dont la société s'était dispersée.

Passionnée de conversations, ne manquant aucune de ces réunions, elle trouvait encore le temps de composer les dix énormes volumes d'Artamène ou le Grand Cyrus (Paris, in-8), qui, avec un énorme succès, parurent de 1649 à 1653, sous le nom de son frère, et où le prince de Condé et la société du temps étaient peints sous des noms supposés. Restée fidèle à Condé pendant la Fronde ; c'est presque à cette époque que, dans son modeste logis, d'abord Vieille-rue-du-Temple, puis rue de Beauce (1675), elle institua, de 2 heures à 5 heures, ces samedis devenus célèbres.

À cette date aussi remonte l'étroite amitié qui se forme entre elle et Pelisson, qu'elle avait d'abord rencontré chez Conrart, et dont Georges de Scudéry se montra assez jaloux.

Cette amitié ne cessa que par la mort de Pellisson en 1693. Le mariage de son frère en 1654, ne changea rien à ses habitudes de réception et d'activité littéraire. Celle-ci semble même s'être accrue. C'est ainsi qu'elle publia de 1654 à 1661, Clélie (Paris 10 vol. in-8), où sous des noms romains, sont peints bien des contemporains. (ainsi Monsieur Pelisson était Herminius, Madame Scarron (futur Madame de Maintenon) et son Mari,

Lyriane et Scaurus. Mmes de Maure et de Sablé, etc.)

Almahide ou l'esclave reine (Paris, 1661 -63, 8 vol. in-8), que Chapelain, cependant, considérait comme l'œuvre du frère, dont ce roman porte le nom. Mathilde d'Aquillar (Paris, 1667, in-8), Célanire ou la promenade de Versailles (Paris 1669, in-8).

Mademoiselle de Scudéry était poète autant que romancière, ce sont d'elle les beaux vers si connus sur la captivité de Condé. Un 1674, l'Académie française lui décerna le prix d'éloquence pour son Discours sur la Gloire etc.

Le jour de sa mort, atteinte d'un gros rhume, elle se fit encore lever et habiller. Étant debout, elle se sentit défaillir et dit selon la légende : « Il faut mourir », et elle expira en embrassant le crucifix, qu'on lui avait donné. Elle fut inhumée à Saint-Nicolas des Champs, sa paroisse.

Monsieur PELISSON

Paul Pelisson-Fontanier, est un homme de lettres français, né à Béziers le 30 octobre 1624 et mort à Versailles le 7 février 1693.(dit Paul Pelisson).

Il est né dans une famille protestante, il étudie le droit à Toulouse et exerce à Castres. Il est présenté aux membres de l'Académie française par son coreligionnaire Valentin Conrart et entreprend d'en écrire la première biographie (Histoire de l'Académie depuis son établissement jusqu'en 1652).

Après qu'il en a commencé la lecture, celle-ci décide de lui accorder le droit – unique dans l'histoire de l'Académie - d'assister à ses séances avec tous les droits d'un académicien en attendant son élection au prochain siège vacant, ce qu'elle fait le 17 novembre 1653, six ans plus tard, à l'échec de ses efforts contre la candidature du frère aîné de Boileau-Despréaux, Gilles Boileau, qui avait critiqué ses amis Madeleine de Scudéry et Ménage, il cesse sa fréquentation pour n'y retourner qu'à la mort de Gilles Boileau.

Secrétaire de Nicolas Fouquet, il est embastillé en 1661 à la suite de la disgrâce de son maître. Il reste incarcéré quatre ans, ayant refusé de renier Fouquet et rédigé un Discours au Roi, par un de ses fidèles sujets sur le procès de Monsieur de Fouquet puis Seconde défense de Monsieur Fouquet en sa faveur.

Libéré en 1666, il devient historiographe du roi.

Son abjuration en 1670, lui obtient de riches bénéfices ecclésiastiques, en particulier le poste très rémunérateur d'abbé de Cluny.

La Princesse Palatine indique dans une lettre de Fontainebleau du 2 septembre 1711, extrait :

«...Ce qu'il y a d'étonnant, c'est que Madame Scudéry qui à cette heure est âgée de quatre-vingt-huit ans, a eu la petite vérole et en a réchappé...»

L'ACADÉMIE FRANÇAISE

Dans une autre lettre, elle parle de l'Académie française, Versailles du 22 novembre 1711.

«... Messieurs de l'Académie, avec toute leur vivacité, sont lents dans leur opération. On leur a souvent reproché que, pendant qu'ils faisaient leur dictionnaire, ils étaient restés vingt-ans sur la lettre Q. Mais, c'est bien plus drôle en français, car on disait que : « Messieurs de l'académie pour faire leur dictionnaire estoit demeurés 20 ans sur le Q ».

Si, la fondation de l'Académie française par Richelieu en 1635, marque une date importante dans l'histoire de la culture Française, c'est parce que, pour la première fois, les débats d'une assemblée de lettrés ont été considérés comme pouvant jouer un rôle éminent dans le devenir de la société et de la nation.

Ainsi, les statuts et règlements visés par le cardinal, puis l'enregistrement au Parlement de Paris, en juillet 1637, des lettres patentes signées par Louis XIII, consacrèrent le caractère officiel d'une institution parisienne, dont le Cardinal de Richelieu était nommé « le chef et le protecteur » (fonction exercée aujourd'hui par le chef de l'État), et dont la mission revêtait un caractère expressément national. Si l' « une des plus glorieuses marques de la félicité d'un État était que les sciences et les arts y fleurissent et que les lettres y fussent en honneur aussi bien que les armes », ce serait le rôle de l'Académie de donner à la langue française les moyens d'y parvenir.

Les statuts de l'Académie française ont donc cette particularité qu'ils lient l'autorité de la Compagnie et de ses membres au magistère intellectuel qu'ils leur confèrent et qui aura à s'exercer sur la langue. « La principale fonction de l'Académie sera de travailler avec tout le soin et toute la diligence possibles à donner des règles certaines à notre langue et à la rendre pure, éloquente et capable de traiter les arts et les sciences » (article XXIV).

À cet effet, « il sera composé un dictionnaire, une grammaire, une rhétorique et une poétique » (article XXVI), et seront édictées pour l'orthographe des règles qui s'imposeront à tous (article XLIV).

Dépositaire de la doctrine de Malherbe, composée de gens de lettres, mais aussi de représentants lettrés de différentes professions et de divers états. L'Académie avait reçu une mission dont on mesure mieux aujourd'hui la profonde originalité : constituer avec sagesse et économie une langue qui ne fût pas celle des spécialistes, des érudits, ni celle des corporations, qui eût la clarté et l'élégance qu'on accorde au Latin, où ne fut pas accentué l'écart entre langue écrite et langue parlée qui tint enfin, sa force de son double attachement à l'usage et à la norme. Tel est le programme que s'était efforcée de réaliser l'Académie dans la première édition de son Dictionnaire en 1694.

Sans être tout à fait, le premier, il fut le premier de cette sorte. Ni le dictionnaire de Richelieu ni celui de Furetière ne reposaient sur les principes qui furent ceux de l'Académie. Le second avait l'ambition d'être « universel ». L'Académie, ayant fait sienne l'idée qui avait inspiré Vaugelas dans ses Remarques, voulait seulement qu'on reconnût l'usage « pour le maistre et le souverain des langues vivantes », et qu'on admit le partage entre le bon et le mauvais usage.

Dès cette première édition, l'Académie voulut que son Dictionnaire fût un dictionnaire de mots plutôt qu'un dictionnaire de choses. Distinction qu'il ne convient pas de forcer, mais qui signale au moins une tendance, et même un choix.

Le but du Dictionnaire de l'Académie était d'informer sur la nature grammaticale des mots, leur orthographe, leurs significations et acceptions, leurs usages syntaxiques, leurs domaines d'emploi, le niveau de langue qui en détermine lui aussi l'emploi. Lors même que le développement des sciences et des techniques incitait l'Académie à introduire, dans la quatrième édition de 1762, des milliers de mots appartenant à des domaines spécialisés, elle le fit avec pondération, mais elle le fit parce que plusieurs termes « qui n'étaient autrefois connus que d'un petit nombre de personnes, ont passé dans la langue commune » (préface 1762). Ce principe est resté le sien.

L'étymologie fut assurément ce qui guida en partie les premiers académiciens français, lorsqu'ils eurent à se déterminer en matière d'orthographe. Les débats orthographiques n'étaient pas moins vifs au milieu du XVIIe siècle, qu'ils ne le furent par la suite. Tout en marquant son attachement à l'orthographe ancienne. L'Académie fut bien éloignée, dans cette première édition, de s'abstenir de toute amélioration (distinction de i et de j) du (u et du v), élimination de consonnes superflues etc.)

Quelles que soient les critiques que l'on a pu formuler à l'égard de l'orthographe académique de 1694, celle-ci fut le point de départ d'une évolution que l'Académie décida, enregistra ou facilita à partir de 1740 dans les éditions successives de son Dictionnaire.

Trois siècles après la première édition de son Dictionnaire, l'Académie n'a guère varié sur les principes. Si la notion d'usage repose aujourd'hui sur des bases plus larges qu'au XVIIe siècle, le respect du bon usage s'impose plus que jamais.

L'Académie n'entend pas simplement refléter la langue, ni refléter n'importe quelle langue. Elle entend rappeler qu'il existe une communauté d'humains qui ayant la langue française en partage, en portent la responsabilité. En cela, l'Académie est fidèle à elle-même.

LES GRANDS HOMMES

Le peintre Hyacinthe RIGAUD 1659-1743

Né Jacint Rigau-Ros i Serra à Perpignan le 18 juillet 1659, baptisé sur les fonts baptismaux de l'antique cathédral Saint-jean de Perpignan et mort à Paris le 29 décembre 1743, est un peintre français, spécialisé dans le portrait.

Né dans l'ancienne province du Roussillon, Rigaud, de son orthographe catalane – Rigau -, est considéré comme l'un des plus célèbres portraitistes français de la période classique. Pour Jacques Thuillier, professeur au Collège de France :

« Hyacinthe Rigaud fut l'un de ces peintres français qui sous l'Ancien Régime connurent comme portraitistes la plus haute célébrité. Cette admiration était méritée à la fois par l'abondance surprenante de l'œuvre, et par sa constante perfection ».

Rigaud doit sa célébrité à la fidélité de la dynastie des Bourbon, dont il peint les effigies sur quatre générations. Il recrute l'essentiel de sa clientèle parmi les milieux les plus riches, parmi les bourgeois, financiers, nobles, industriels et ministres. Son œuvre livre une galerie de portraits quasi-complète des dirigeants du royaume de France de 1680 et 1740. Une partie de sa production, cependant minoritaire, est néanmoins constituée de personnages plus discrets, proches, amis, artistes ou simples commerçants.

Indissociable de son portrait de Louis XIV en costume de sacre, Rigaud a côtoyé tous les grands ambassadeurs de son siècle et quelques monarques européens.

Le nombre exact de tableaux peints par cet artiste de génie, reste discuté, car son catalogue est très fourni, mais les spécialistes s'accordent sur le fait qu'il a fréquenté plus de mille modèles différents. À cela s'ajoute le nombre élevé de copies consignées dans le livre de comptes de l'artiste, qui ne mentionne pourtant pas quelques centaines d'autres toiles retrouvées depuis sa publication en 1919.

Petit-fils de peintres-doreurs en Roussillon, formé dans l'atelier paternel de tailleur d'habits, Hyacinthe Rigaud se perfectionne auprès d'Antoine Ranc à Montpellier dans les années 1671, avant de gagner Lyon quatre ans plus tard. C'est dans ces deux cités qu'il se familiarise avec la peinture flamande, hollandaise et italienne, celle de Rubens, Van Dyck, Rembrandt ou Titien, dont il collectionne plus tard les œuvres.

Arrivé à Paris en 1681, il obtient son prix de Rome en 1682, mais ne fait pas le voyage à Rome, sur les conseils de Charles le Brun.

Reçu à l'Académie royale de peinture et de sculpture dès 1700, il gravit tous les échelons de cette institution jusqu'à sa démission en 1735.

Selon l'écrivain d'art français Louis Hourticq : « Rigaud, en mourant, laisse une galerie de grands personnages avec lesquels notre imagination peuple maintenant la galerie des Glaces ; Rigaud est nécessaire à la gloire de Louis XIV et il participe à ce rayonnement d'un régime dont il a fixé la majesté.» « Véritables photographies de l'époque ».

Visages que Diderot qualifiait de « lettre de recommandation écrite dans une langue commune à tous les hommes », les œuvres de Rigaud peuplent aujourd'hui les plus grands musées du monde.

Dans une lettre faite à Versailles le 17 août 1710, la Princesse Palatine nous en parle, elle a fait faire d'ailleurs son portrait par le peintre, extrait :

« ... Il y a un peintre ici, Rigaud, qui bégaye si horriblement, qu'il lui faut un quart d'heure pour chaque mot. Il chante dans la perfection et en chantant, il ne bégaye pas le moins du monde. Il en est de même de ma petite-fille Mademoiselle de Chartres, mais, j'espère que cela lui passera ...».

Et, oui Rigaud bégayait...

RACINE

LA MORT DE RACINE

« ... Un Homme est en train de passer de vie à trépas, dont la mort sera une bien grande perte ; c'est Racine, celui qui a fait de si grandes comédies : il meurt d'un ulcère ...»

Né dans une famille de notables de la Ferté-Milon, où son père était greffier et ses deux grands-pères occupaient des positions-clés au grenier à sel de la Ferté-Milon et de Crépy-en-Valois, l'on vit longtemps, sur la façade de la maison des Racine, rue de la Pêcherie, leurs armes parlantes : d'azur, au rat et au cygne d'argent.

Orphelin à l'âge de trois ans, en effet sa mère décède en 1641 et son père en 1643, il est recueilli par ses grands-parents paternels et semble être entré très tôt aux petites écoles de Port-Royal, peut après que sa jeune tante ait été accueillie comme professe au monastère de Port-Royal de Paris. Devenu le pupille de son riche et puissant grand-père maternel, Pierre Sconin, à la mort du grand-père Racine en 1649, il est laissé quelque temps à Port-Royal, avant d'être envoyé faire ses humanités et sa rhétorique au collège de la ville de Beauvais.

Au lieu d'y faire ses deux années de philosophie, il retourne à Port-Royal, où sa grand-mère avait rejoint sa fille qui y était religieuse. Les petites écoles ayant été fermées sur ordre royal, il y est éduqué presque seul et reçoit ainsi de solides leçons des meilleurs pédagogues du temps, et à la différence de la presque totalité des écoliers de son temps, il apprend le grec ancien, l'italien et l'espagnol. Il a pour maître les célèbres Claude Lancelot, Pierre Nicole et Antoine le Maistre, ainsi que Jean Hamon.

Cependant, le théâtre y était totalement absent, car les jansénistes considéraient que, plus que toute autre forme de fiction, il empoisonne les âmes. Il est ensuite, envoyé compléter sa formation au collège d'Harcourt et il y fait ses deux années de philosophie.

À 18 ans, Racine est donc orphelin et dépourvu de biens, mais non pas pauvre, contrairement à la légende, car il est toujours soutenu par son riche tuteur, mais possède à la fois un très vaste savoir, il connaît, outre le latin et le grec, l'italien et l'espagnol, et les plus grandes qualités de « civilité », un des points forts de l'enseignement de Port-Royal. Il peut en outre s'appuyer sur le réseau de relations des Jansénistes. Il découvre la vie mondaine grâce à son cousin Nicolas Vitart qui l'héberge dans ses appartements de l'Hôtel de Luynes, où il réside en tant qu'intendant du duc de Luynes. C'est là qu'il écrit ses premiers poèmes, dans la veine galante, telle qu'on la pratiquait alors dans tous les salons. Bien conseillé par Vitart, il ne laisse pas passer l'occasion de se faire remarquer à l'occasion du mariage de Louis XIV. À l'été 1660, il soumet à l'académicien Jean Chapelain un long poème encomiastique dédié à la Reine, « la Nymphe de la Seine. »

Chapelain le corrige et l'encourage et le poème est bientôt imprimé, à compte d'auteur, sans doute avec l'aide de Vitart, qui semble n'avoir ménagé ni son admiration ni son argent pour son jeune cousin.

La même année, il écrivit sa première pièce de Théâtre, une Amatie, dont on ne sait rien, sinon qu'elle a été refusée par le directeur du Théâtre du Marais auquel, elle avait été soumise. Quelques mois plus tard, au printemps 1661, il se lança dans un nouvel essai théâtral, consacré à Ovide et à la « seconde Julie », (la petite-fille de l'empereur Auguste) .

Le projet est bien accueilli par la troupe de l'Hôtel de Bourgogne, mais, tombé gravement malade d'une fièvre qui sévit dans tout le nord de la France, il ne peut l'achever, et il est envoyé passer sa convalescence à Uzès.

Le choix d'Uzès s'explique par le fait que l'un de ses oncles, le Père Sconin, y réside, et espère pouvoir lui faire, obtenir l'un de ses bénéfices ecclésiastiques, ce qui permettrait à Racine de pouvoir se consacrer pleinement à l'écriture tout en étant assuré sur le plan matériel par le revenu d'une cure ou d'un prieuré, il suffisait pour cela d'étudier un peu de théologie, de recevoir la tonsure et de porter un discret habit à petit collet. Il recommence à écrire des vers, mais ne reprend pas sa pièce de théâtre sur Ovide, et se désespère loin de ses amis dans sa lointaine province, d'autant que les affaires de son oncle sont embrouillées et qu'il voit la perspective d'obtenir rapidement le bénéfice du Père Sconin s'éloigner.

Rentré à Paris bredouille près de deux ans plus tard, (printemps de 1663). Cependant Vitart et le Père Sconin continuent à s'activer pour ce bénéfice dans la coulisse, et il finira par l'obtenir, sans quitter Paris en 1666. Il profite d'une rougeole royale, vite guérie pour se faire remarquer à nouveau par un deuxième poème d'éloge, Ode sur la Convalescence du Roi, elle aussi encouragée et retouchée par Chapelain.

Grâce à elle, et à Chapelain, il est inscrit durant l'été 1663, sur la première liste des gratifications royales pour la somme de 600 livres. Il remercie aussitôt avec une nouvelle ode, la Renommée aux Muses, qui lui permet d'être présentée au duc de Saint-Aignan, puis au roi, tout en préparant sa première tragédie, la Thébaïde, qui achevée en décembre et acceptée par l'Hôtel de Bourgogne, mais programmée pour de longs mois plus tard, est finalement créée en juin 1664 par la troupe de Molière au Palais-Royal, l'interdiction de Tartuffe, qui, après sa première représentation à la Cour le 12 mai 1664, devait être créé en juin au Palais -Royal avait créé un trou dans la programmation. La pièce, ainsi apparue sur la scène à la plus mauvaise période de l'année pour une tragédie, obtient un succès très moyen.

En décembre 1665, il fait jouer Alexandre le Grand qui obtient un succès considérable sur la scène du Palais-Royal. Elle est confiée quelques jours plus tard, en pleine exclusivité, à la troupe de comédiens la plus admirée dans le genre tragique, à l'Hôtel de Bourgogne, sans doute pour permettre à Louis XIV, à qui la pièce devait être présentée dans une représentation privée, de se reconnaître dans Alexandre incarné par le célèbre Floridor, alors considéré comme le meilleur acteur tragique de son temps. Les comédiens en profitent avec la bénédiction de Racine, pour monter la pièce aussitôt, après sur la scène même de l'Hôtel de Bourgogne, ce qui provoque l'effondrement des recettes au Palais-Royal, qui au bout de quelques jours renonce à garder la pièce à l'affiche. C'est cette affaire qui entraîna une brouille définitive entre Molière et Racine.

Prenant pour lui une attaque de son ancien maître Pierre Nicole, contre les auteurs de théâtre traités d' « empoisonneurs des âmes », et furieux de se voir mis en cause au moment où il accède à la gloire, Racine publie un pamphlet contre Port-Royal, et ses anciens maîtres et, malgré l'intercession de Nicole Vitart, se brouille avec Port- Royal, au plus fort des persécutions contre le monastère et les Messieurs. Il rédige un second pamphlet, qu'il menace de publier, mais qu'il garde finalement dans ses tiroirs (le texte ne sera publié qu'après sa mort).

Le triomphe de la tragédie Andromaque, placée sous la protection de Madame Henriette d'Angleterre en 1667, assure définitivement sa réputation et l'on commence à le présenter comme le seul digne de pouvoir être un jour comparé à Corneille. Après une unique comédie, les Plaideurs en 1668, il donne successivement Britannicus 1669, Bénérice en 1670, qui est l'occasion d'une joute théâtrale avec Corneille dont la propre pièce, Tite et Bérénice, est sous-titrée, comédie héroïque, c'est Racine qui l'emporte indéniablement, Bajazart début 1672, Mitridate fin 1672, Iphigénie 1674 et Phèdre 1677. Toutes ces pièces sont créées par la troupe de l'Hôtel de Bourgogne.

Sur le plan matériel, sa petite rente de prieur de l'Épinay et les importants revenus du théâtre, vente de chaque pièce aux comédiens, puis vente de chaque pièce aux libraires-éditeurs, aussitôt convertis en rentes à 5 %, grâce aux conseils de l'habile financier qu'était Nicolas Vitart, assurent une aisance toujours plus grande à Racine.

En 1674, la faveur royale lui permet d'obtenir la charge de Trésorier de France à Moulins, purement lucrative en ce qui le concerne, et anoblissante, ce qui le conduit à renoncer à son bénéfice ecclésiastique.

Après le grand succès de Phèdre, qui triomphe rapidement d'une Phèdre et Hippolyte concurrente due à Pradon et jouée sur le théâtre de l'Hôtel Guénégaud, Racine se tourne vers une autre activité. Comme Boileau, il devient historiographe du roi, grâce à l'appui de Mme de Montespan, maîtresse du roi, et de sa sœur, Mme de Thianges. Pour préparer son entrée dans l'entourage du roi, il quitte sa maîtresse, épouse une héritière issue comme lui de la bourgeoisie de robe anoblie, Catherine de Romanet, avec qui il aura sept enfants.

La correspondance révèle que le mariage d'intérêt, préparé par Nicolas Vitart, s'est mué en union amoureuse. Racine fait savoir qu'il n'écrira plus pour le théâtre, afin de se consacrer entièrement à « écrire l'histoire du Roi ».

Au cours des quinze années qui suivent, il ne déviera de cette entreprise, qui l'amène à suivre régulièrement Louis XIV, dans ses campagnes militaires, prenant des notes et rédigeant ensuite des morceaux dont il discute sans cesse avec Boileau, qu'à quatre reprises. Une première fois en 1685, en composant les paroles de l'Idylle sur la Paix, mise en musique par Lully, à la demande du marquis de Seignelay, fils et successeur de Colbert.

Puis en 1689, en écrivant à la demande de Madame de Maintenon une tragédie biblique pour les élèves de la Maison Royale de Saint-Louis, un pensionnat pour jeunes filles, à Saint-Cyr, actuelle commune de Saint-Cyr-l'École. Ce fut Esther, courte tragédie en trois actes jouée et chantée, musique de Jean-Baptiste Moreau, à plusieurs reprises en représentations privées, devant le roi et un grand nombre de courtisans triés sur le volet par Mme de Maintenon durant le carnaval de 1689. Le succès de l'expérience incita Mme de Maintenon à demander à Racine de tenter de la renouveler et il écrivit une tragédie plus ambitieuse, Athalie, destinée elle aussi à être accompagnée de musique et de chants. Elle ne fut pas prête pour le carnaval de 1690, et les jeunes demoiselles de Saint-Cyr recommencèrent à jouer Esther, mais les désordres que cela provoque dans la communauté incitèrent Mme de Maintenon à interrompre les représentations avant leur terme. Athalie ne fut donc pas d'une création en grande pompe, et le roi ne vit la tragédie qu'à l'occasion d'une répétition ouverte à la famille royale.

Devenu progressivement dévot au cours des années 1680, en même temps que le roi (influencé par Mme de Maintenon), il était désormais résolument hostile au théâtre dit - mercenaire -, même s'il se refusait à renier son œuvre passée, qu'il polissait d'édition en édition. Mais les tragédies écrites pour Saint-Cyr furent, du point de vue de la commanditaire comme du sien, des œuvres pédagogiques et morales, auxquelles le talent de Racine ne pouvait que conférer une valeur poétique supérieure. Troisième et dernière entorse à l'écriture exclusive de l'histoire du roi, à la fin de l'été 1694, il composa, toujours à la demande de Mme de Maintenon, quatre Cantiques spirituels, dont trois furent mis en musique par Jean-Baptiste Moreau et un par Michel-Richard de Lalande N°II°.

Récompensé par une charge de Gentilhomme ordinaire de la Maison du Roi 1691, Racine se rapprochait toujours plus du roi, qu'il suivit régulièrement dans son petit château de Marly, avec les courtisans les plus proches du couple royal, et à qui il arriva qu'il fît la lecture durant des nuits d'insomnie consécutive à une maladie, à la place des lecteurs en titre. Il obtint ensuite la survivance de cette charge pour son fils aîné Jean-Baptiste Racine, puis se sentit obligé d'acheter en 1696 une charge de Conseiller-Secrétaire du Roi qui ne lui apportait rien de plus en termes de reconnaissance et qui lui coûta une forte somme.

Depuis 1666, Racine s'était brouillé avec les Jansénistes, mais il semble s'être rapproché d'eux, au lendemain de son mariage. Malgré les persécutions dont ils recommencèrent à être victimes à partir de 1679, Racine se réconcilie avec eux. Il les soutient notamment dans leurs démêlés avec le pouvoir, Louis XIV leur étant hostile. Sa présence aux funérailles d'Arnauld en 1694, confirme la réconciliation de Racine avec ses anciens maîtres. Il écrit secrètement un Abrégé de l'histoire de port-Royal, qui parut après sa mort.

Surtout, neveu chéri d'une religieuse qui gravit tous les échelons de la hiérarchie du monastère de Port-Royal des Champs pour en devenir abbesse en 1689, il œuvra auprès des archevêques de Paris, successifs afin de permettre au monastère de retrouver une vraie vie, depuis 1679, il lui était interdit de recevoir de nouvelles religieuses et son extinction était ainsi programmée.

Racine meurt rue des Marais-Saint-Germain à Paris, paroisse Saint-Sulpice le 21 avril 1699, à l'âge de cinquante-neuf ans, des suites d'un abcès ou d'une tumeur au foie. Louis XIV accéda à la demande qu'il avait formulée d'être inhumé à Port-Royal, auprès de la tombe de son ancien maître Jean Hamon. Après la destruction de port-Royal, par Louis XIV en 1710, ses cendres ont été déplacées à l'église de Saint-Étienne-du-Mont de Paris.

MOLIÈRE

C'est dans son lit, quelques heures après une représentation du Malade imaginaire, que le comédien, succombe à une hémorragie, le 17 février 1673.

Depuis treize ans, Molière occupe le théâtre du Palais-Cardinal qu'il partage avec la troupe italienne de Scaramouche.

La troupe du roi, joue les jours extraordinaires, c'est-à-dire, mardi, vendredi et dimanche. Une cohabitation pacifique qui dure jusqu'à la quatrième et ultime représentation du Malade Imaginaire, le vendredi 17 février 1673. Contrairement à la légende, Molière ne meurt pas en scène. Malgré sa douleur, il parvient à achever la pièce avant de courir mourir dans son lit.

Durant toute la matinée, il se sent horriblement mal. Miné depuis des années par un mal à la poitrine, probablement la tuberculose, son organisme est en train de le lâcher. Alarmée par l'état de son époux, Armande Béjart insiste pour qu'il annule la représentation, mais pas question, il lui répond :

« Comment voulez-vous que je fasse ?, il y a cinquante pauvres ouvriers qui n'ont que leur journée pour vivre. Que feront-ils si l'on ne joue pas ? Je me reprocherais d'avoir négligé de leur donner du pain un seul jour, le pouvant faire absolument. »

Les trois coups retentissent donc comme prévu à 4 heures de l'après-midi.

Durant toute la pièce Molière donne le change, mais sitôt sa dernière réplique envoyée, il s'effondre. Il réclame sa robe de chambre, puis se réfugie dans sa loge. Baron, un comédien, appelle une chaise à porteurs pour le ramener chez lui, au 40, rue de Richelieu. Il refuse le bouillon qu'on veut lui servir, assis dans son lit. À la place, il réclame un morceau de parmesan qu'il grignote entre deux quintes de toux.

S'il faut croire Armande, il aurait alors fait chercher un prêtre pour mourir chrétiennement, mais le seul qui accepte finalement de venir se présente trop tard.

Soudain, une quinte de toux se fait plus violente que les autres. Un jet de sang arrose le lit. Comprenant qu'il va bientôt quitter la scène terrestre, Molière demande au comédien Baron d'aller chercher son Armande. Celui-ci y court, laissant le comédien avec deux religieuses et un gentilhomme du nom de Couton. Vers 22 heures, l'hémorragie s'accentue. Le malade ne parvient plus à respirer. Il étouffe. Il meurt.

Quand Baron et Armande surgissent enfin, ils ne découvrent plus qu'un corps ayant fait définitivement relâche. Le comédien, La Grange note dans le registre de la troupe :

« Ce même jour, après la comédie, sur les 10 heures du soir, Monsieur Molière mourut dans sa maison, rue de Richelieu, ayant joué le rôle du Malade imaginaire fort incommodé d'un rhume et fluxion sur la poitrine, qui lui causait une grande toux, de sorte que, dans les grands efforts qu'il fit pour cracher, il se rompit une veine dans le corps, et ne vécut pas demi-heure et trois-quarts d'heure, depuis ladite veine rompue. Son corps est enterré à la paroisse Saint-Joseph, aide de la paroisse Saint-Eustache... »

Le rideau tombe sur Jean-Baptiste Poquelin, dit Molière à l'âge de 51 ans.

Jean-Baptiste COLBERT

Jean-Baptiste Colbert fut le gestionnaire de l'État de 1619 à 1683. Contrôleur-général des finances de Louis XIV, il a cumulé presque toutes les charges de l'État. Considéré comme un gestionnaire accompli, il se charge du développement du commerce, de l'industrie, de la Marine royale, de l'aménagement de Paris et de l'essor des sciences. En relation constante avec le Roi, il reste l'un de ses meilleurs hommes de confiance.

Issu d'une famille engagée dans les relations internationales depuis le XVIe siècle, fils d'un marchand drapier, Colbert entre au service de l'État en 1640. Homme de confiance de Mazarin, il est nommé ministre par Louis XIV en 1661, et cumule peu à peu toutes les charges du gouvernement à l'exception des ministères de la guerre et des Affaires étrangères.

Contrôleur-général des finances, puis secrétaire d'État à la Maison du Roi, secrétaire d'État à la Marine et Surintendant des Bâtiments, Arts et Manufactures, il travaille avec le Roi cinq fois par semaine et entretient avec lui une correspondance régulière.

Colbert donne une impulsion sans précédent au commerce et développe l'influence du royaume dans le monde avec la création dans les années 1660 et 1670, des compagnies commerciales, à l'image de la Compagnie des Indes Orientales.

L'État lui doit le comptoir de Pondichéry et l'implantation française en Nouvelle-France, futur Québec.

Bâtisseur, il s'occupe également de Paris avec notamment l'aménagement de nombreuses places et du jardin des tuileries. Attaché aux sciences, Colbert est à l'origine de la création de l'Académie des Sciences en 1666, ainsi que de l'Observatoire de Paris l'année suivante.

Malgré une certaine perte d'influence à la fin de sa carrière, Colbert ne sera jamais disgracié. Il est l'un des rares hommes dont Louis XIV sera toujours sûr. Il meurt en 1683 et est enterré à l'église Saint-Eustache. Son nom a donné le colbertisme, théorie économique qui implique dirigisme étatique et protectionnisme.

Le 20 octobre 1671, Colbert expédie 800 jeunes vierges (ou pas d'ailleurs...) aux colons de la Nouvelle-France.

Faute de femmes, la colonie française au Canada dépérit. Le nouvel intendant du roi, jean Talon, réclame des épouses au roi de France. Où sont les femmes absolument nécessaires pour faire prospérer la jeune colonie française sur les rives du Saint-Laurent ?

Il recense une femme nubile pour sept trappeurs.

Les compagnies privées qui géraient jusque-là la colonie n'ont pas fait grand-chose pour assurer le bien-être marital de leurs trappeurs. À peine si la colonie compte une dizaine de femmes de plus par an. Bref, pour prospérer, la Nouvelle-France a un besoin urgent de femmes...

En 1663, quand la colonie passe sous administration royale, Colbert décide de remédier à ce manque de femmes. Ce n'est pas les jeunes célibataires qui manquent dans le royaume de France. Avec Jean Talon, il monte une efficace « traite des blanches », entre le pays et la colonie.

De 1663 à 1673, pas moins de 800 jeunes femmes entre 12 et 30 ans acceptant l'aventure au pays des Iroquois. On les appelle les « filles du Roi ».

Pour inciter au mariage, Jean Talon publie le 20 octobre 1671, une ordonnance stipulant que tous les jeunes hommes célibataires devaient marier une jeune fille venue de France, sans quoi ils perdraient leur droit de pêcher, de chasser et d'échanger des fourrures.

Pour l'essentiel, des orphelines ou des jeunes filles abandonnées à l'hospice par des parents n'ayant pas les moyens de leur octroyer une dot de mariage. La majorité provient d'institutions religieuses. Les villes côtières comme Dieppe, Honfleur ou La Rochelle fournissent un important contingent, cependant une bonne moitié du « troupeau » vient de la capitale.

En particulier de l'Hospice de la Salpêtrière, qui à l'époque, servait d'abri à quelque 3 000 indigentes, orphelines, mendiantes, et même prostitués ramassées sur le pavé parisien. Attention, la sélection des filles du Roi, n'a rien à voir avec les rafles de prostitués qui se pratiqueront quelques décennies plus tard pour coloniser les Antilles et le Mississippi. Les jeunes femmes destinées à la Nouvelle-France sont recrutées parmi les indigentes honnêtes, ayant de la religion et capable d'enfanter.

Pour éviter de se faire refiler de vieux rossignols, Jean Talon envoie deux matrones de Nouvelle-France chargées d'écarter les brebis galeuses. Elles ont la consigne de les choisir jeunes, en bonne santé, pas trop contrefaites, dégourdies, vaillantes, de bonnes mœurs et, célibataires. Bref la femme parfaite.

Pour certaines de ces jeunes filles, c'est l'occasion inespérée de se marier, d'avoir des enfants et de ne pas finir ses jours dans un hospice ou un bordel. Parmi les filles du Roi, on compte également une cinquantaine de femmes de la petite noblesse destinées aux officiers ayant décidé de faire souche en Nouvelle-France. Pour inciter ces « épouseuses », à entreprendre ce voyage en Nouvelle-France, Louis XIV prend à sa charge les frais de transport, qui se montent à une centaine de livres par fille. Il les dote de 50 livres, en espèces ou en articles ménagers.

En outre, chaque fille du Roi reçoit une cassette fermant à clef contenant, « une coiffe de taffetas, une coiffe de gaze, une ceinture, des cordons de soulier, 100 aiguilles, un étui et un dé, un peigne, du fil blanc et gris, une paire de bas, une paire de souliers, une paire de gants, une paire de ciseaux, deux couteaux, un millier d'épingles, un bonnet, quatre lacets de fil, des toiles pour faire des mouchoirs, cols, cornettes et manches plissées ». Et, pas question de revenir quelque temps plus tard dans la métropole !

Le trajet entre Paris et Québec prend plusieurs mois. La traversée de l'Atlantique est éprouvante pour des citadines mal nourries. Elles vivent un calvaire, entassées dans la Sainte-Barbe à proximité des porcs, vaches et chevaux envoyés dans la colonie. Elles sont nourries comme les matelots de biscuits salés, de lard et de morue séchée. Quand elles ne souffrent pas du mal de mer, elles sympathisent, créent des liens d'amitié qui dureront toute leur vie. Quelques-unes meurent en route. Sur le point d'arriver, les survivantes enfilent leur plus belle robe, anxieuses des hommes qu'elles vont trouver.

Sur le quai, les attend de beaux trappeurs endimanchés. Témoignage de l'époque :

« Les voici qui se pressent sur le pont, les unes contre les autres, comme un bouquet qu'on a ficelé serré. Il s'agit de savoir, avant même d'avoir distingué leurs visages, si elles sont modestes et bien soignées de leur personne.»

Mais, pas question de laisser les célibataires sauter sur ces dames. L'intendant Jean Talon commence par installer les candidates chez des religieuses, des veuves ou des familles de bonne réputation. Elles y sont logées et nourries jusqu'à leur mariage devant notaire. Les jeunes filles comprennent vite qu'il leur faut faire le bon choix. Pas question de se lier à un « sauvage », courant les bois toute la sainte journée. On leur recommande de faire porter leur choix sur les prétendants ayant pris soin de bâtir une cabane avant leur arrivée. Si elles ne sont pas satisfaites de leur époux, elles ont le droit d'annuler le contrat de mariage pour choisir un deuxième prétendant, et même parfois un troisième. Le mariage religieux se déroule à Notre-Dame de Québec. En général, elles sont mariées dans les six mois après leur débarquement.

Aux jeunes hommes de moins de 20 ans qui se marient, Talon remet 20 livres.

Mariées, les jeunes épouses ne doivent pas chômer. Talon les encourage à faire des enfants chaque année. Il leur donne 300 livres annuelles pour les familles de plus de dix enfants, et 400 livres pour celles qui font le grand chelem avec douze enfants. C'est ainsi, qu'en 1673 l'intendant peut annoncer à Colbert entre 600 et 700 naissances dans la colonie. Colbert jugeant la colonie bien partie, préfère employer l'argent du roi à financer la guerre contre la Hollande. Ainsi prend fin la migration des filles du Roi

C'est peu dire les liens que nous avons avec le Québec.

Dans un courrier de Fontainebleau, du 29 septembre 1683, la princesse Palatine nous informe de ce qui se dit sur la mort de Colbert :

« Depuis quinze jours, je n'ai entendu que des dictons qu'on a faits sur la mort de Monsieur Colbert. Je vais vous dire ceux dont je me souviens. Vous aurez vu, je pense, un livre imprimé cette année sous ce titre : "les dialogues des morts ", et dans lequel on fait discourir ensemble toute sorte de morts tant anciens que modernes. Ce livre suggère l'invention que voici :

le diable ayant fait arrêter la reine en chemin pour lui demander des nouvelles de France, la reine lui répond : « Hélas ! je ne sais point des nouvelles de l'État, et je n'en ai jamais su ».

Sur ces entrefaites, un autre diable accourt tout essouffler et crie :

« Vous pouvez laisser aller la reine, car j'amène quelqu'un qui saura nous rendre compte de tout » ; et en même temps, il introduit Monsieur Colbert en enfer. J'ai voulu savoir quelles étaient les belles nouvelles qu'on met dans la bouche de Monsieur Colbert, mais personne n'a pu me le dire. Toute la populace était tellement déchaînée contre lui, qu'elle voulait déchirer, ce pauvre corps mort, et que l'on a dû faire occuper par des gardes à pied du roi le chemin qui conduit de la maison de Monsieur Colbert à l'église où on l'a enterré ; encore n'a-t-on pu empêcher qu'on affichât sur les murs de la chapelle où son corps est déposé une centaine de pasquinades en vers et en prose.

- Un porteur d'eau, à Paris, vint à une fontaine avec un long crêpe noir à son chapeau. « De qui portes-tu ce grand deuil ? lui demandèrent ses camarades.

« Hélas, répondit-il, vous le devriez tous porter aussi bien que moi, car Monsieur Colbert et mort.

Hé bien, lui dirent les autres, pourquoi et ce que nous porterions le deuil pour lui ?

Parce que, répondit-il, nous lui devons tous de la reconnaissance de n'avoir point mis des impôts sur l'eau que nous portons.»

D'autres ont parlé par figures et rébus.

Vous savez sans doute que les armes du défunt étaient une couleuvre et que celles du chancelier (il s'agit de Louvois), sont trois lézards ; vous savez aussi que l'homme qui remplace Colbert se nomme Pelletier. Cela fait dire :
« Le lézard a avalé la couleuvre et a envoyé sa peau à refaire au pelletier ».
Voilà à quoi on s'amusait à Paris...

François Michel Le Tellier de LOUVOIS

Le marquis de Louvois est né le 18 janvier 1641 à Paris et meurt le 16 juillet 1691 à Versailles. C'est un homme d'État français, ministre de Louis XIV.

Il est le fils de Michel Le Tellier, marquis de Barbezieux, et d'Élisabeth Turpin. Il épouse Anne de Souvré, marquise de Courtanvaux et de Messei, descendante de Gilles de Souvré. Née posthume, Anne de Souvré a été élevée dans la famille du second mari de sa mère, Urbain II de Montmorency-Laval, marquis de Bois-Dauphin et de Sablé, le fils de la célèbre « Madame de Sablé ».

Son père, lui obtient de Louis XIV la transmission de sa charge de secrétaire d'État de la Guerre, alors qu'il n'a même pas quinze ans, le 14 décembre 1655. Il n'en fut le plein détenteur qu'en 1677, mais, dès le 24 février 1662, soit à 21 ans, il est autorisé à exercer la charge en l'absence de son père et assiste celui-ci dans l'administration de la Guerre, et on estime que vers 1677, il y joue le premier rôle. En 1672, il devient ministre d'État et au Conseil d'en Haut. C'est lui qui découvrira l'existence du complot de Lautréamont en 1674, en pleine guerre de Hollande.

Il intrigue contre Jean-Baptiste Colbert pendant « l'affaire des poisons » et, à la mort de ce dernier, obtient sa place de surintendant des Bâtiments, Arts et Manufactures de France le 6 septembre 1683, ce qui lui permet de prendre en main la construction du château de Versailles.

En 1689, il convainc Louis XIV de la nécessité d'un second ravage du Palatinat. Ce qui n'a pas plu à la Princesse Palatine son pays d'origine, là où elle avait encore toute sa famille.

Voltaire le décrit ainsi dans « le siècle de Louis XIV » :

« Il fut plus estimé qu'aimé du roi, de la cour et du public ; il eut le bonheur, comme Colbert d'avoir des descendants qui ont fait honneur à sa maison, et même des maréchaux de France ; il est vrai qu'il mourut subitement au sortir du conseil, comme on l'a dit dans tant de livres et de dictionnaires. Il prenait les eaux de Balaruc, et voulait travailler en les prenant : cette ardeur indiscrète de travail causa sa mort en 1691. »

L'abbé de Choisy écrit de lui : « Michel Le Tellier avait reçu de la nature toutes les grâces de l'extérieur : un visage agréable, les yeux brillants, les couleurs vives de son teint, un sourire spirituel, qui prévenait en sa faveur. Il avait tous les dehors d'un honnête homme, l'esprit doux, facile, insinuant ; il parlait avec tant de circonspection, qu'on le croyait toujours plus habile qu'il n'était ; et souvent on attribuait à sagesse ce qui ne venait que d'ignorance ».

Hiérarchie et discipline furent les soucis constants de Louvois. Il ne put abolir la vénalité des grades de colonel et de capitaine : aussi les régiments restaient la propriété de leurs officiers. Mais, Louvois réprima les abus, sévissant contre l'absentéisme des officiers en 1674 en pleine campagne, on vit encore des régiments presque sans officiers présents !. Il réprima aussi le pillage, lequel était généralement excusé par l'arriéré de solde et le retard du ravitaillement.

Il interdit aux soldats de se livrer à des exactions. Jusqu'alors, les pillages militaires étaient tolérés, notamment pour compenser les retards dans le versement des soldes. Il ne fut guère apprécié des militaires. Ces derniers se méfiaient de ce grand commis de l'État qui se permettait de leur donner des ordres et n'hésitait pas à sévir contre l'absentéisme des officiers.

Les officiers disposaient d'enveloppes pour payer et équiper les nouvelles recrues. Mais, ce système entraînait de nombreux abus. Certains supérieurs dotaient leurs hommes d'uniformes et de chaussures de mauvaise qualité et empochaient la différence. On usait du même stratagème avec la nourriture, achetée à vil prix. Dernière filouterie : les officiers n'hésitaient pas à gonfler artificiellement les effectifs placés, sous leur commandement afin d'empocher le surplus de solde.

Pour obtenir des conversions forcées, il organise des dragonnades où la soldatesque à la mission d'agir pour imposer la terreur, surtout chez les Protestants. La méthode brutale obtient des résultats, mais il s'attire notamment la haine de Madame de Maintenon.

Il meurt en charge le 16 juillet 1691, peut-être à la veille d'une disgrâce, du fait de son opposition à une annonce officielle du mariage secret du Roi-Soleil avec Madame de Maintenon, auquel Louvois, selon de nombreuses sources avait assisté, annonce, qui aurait fait de Louis XIV la risée de toute l'Europe.

À l'occasion de son mariage en 1662 Louvois, reçoit en dot le château de Louvois dans la Marne de son père Michel Le Tellier qui l'avait acheté en 1656. À partir de ce moment, il prit le titre de Marquis de Louvois.

Il acquiert le château de Montmirail et les droits le 27 avril 1678 à Mme Renée-Julie Aubéry, duchesse de Noirmoutiers.

Louvois acquiert le château de Meudon en 1679, suite au décès d'Abel Servien. Ce dernier meurt ruiné, contraignant son fils à vendre le domaine de Meudon.

Pour le puissant ministre, la situation de Meudon est idéale, à proximité de Versailles et de Chaville où se trouve la propriété familiale. Il se lance dans une série d'aménagements grandioses, embellissement du château, aménagement d'un système hydraulique dans la forêt de Meudon, création d'un très grand potager qui s'appellera par la suite le potager du Dauphin.

En 1683 à 1685, il achète le château d'Ancy-le-Franc, puis le comté de Tonnerre, à François-Joseph de Clermont.

Le 14 février 1688, il achète à une descendante de la famille d'Orange-Nassau le château de Montfort en Bourgogne pour 62 000 livres.

Son tombeau se trouve à l'intérieur de l'ancien hôpital-Dieu, de Tonnerre, son cœur repose à l'église Saint-Étienne de Montmirail, dans la Marne.

Il a eu six enfants avec sa femme.

Son successeur au poste de secrétaire d'État de la Guerre, est Louis François Marie, marquis de Barbezieux, il est l'ancêtre direct du duc de Richelieu, ainsi que de l'impératrice Élisabeth d'Autriche, Sissi.

La Princesse Palatine qui avait contre Louvois une dent, nous présente les choses ainsi :

Lettre faite à Versailles le 28 janvier 1708, extrait :

«... Nous avons eu aujourd'hui le plus beau temps du monde ; il a fait très chaud ; dans le parterre de Marly toutes les fleurs ont des boutons ; les lilas et les chèvrefeuilles sont tous verts et dans le verger les pêchers et les amandiers fleurissent... Je crois que Monsieur de Louvois est en train de rôtir en enfer à cause du Palatinat : il était horriblement cruel. »

LAW

À la mort de Louis XIV, en 1715, les caisses de l'état sont vides. Un Écossais, John Law, propose la création d'une banque qui émettra du papier-monnaie contre de l'or et prêtera à l'État le métal récolté. La solution séduit, le régent qui autorise en 1716 l'ouverture de la banque générale qui deviendra Banque Royale en 1718.

L'opération démarre bien, mais la banque est fragile puisque, ayant prêté son or à l'État, elle est dans l'incapacité de faire face à d'éventuelles demandes de reconversion de ses billets.

Pour poursuivre ses activités, Law met en place un système ingénieux.

En 1717, il fonde la Compagnie d'Occident qui obtient le monopole du commerce avec la Louisiane. En 1719, il y réunit d'autres sociétés de commerce pour créer la Compagnie perpétuelle des Indes. Les actions de sa compagnie peuvent être souscrites par apports de rentes sur l'État ou par paiement comptant et la banque accepte de prêter des billets à cette fin.

L'opération est bien menée et les spéculateurs s'y laissent prendre. Le cours des actions de la Compagnie s'envole.

La cadence d'émission des billets s'accélère. Mais, la réalité des mines d'or du Mississippi et plus généralement la solidité de l'entreprise sont bientôt mises en doute.

La spéculation se retourne. Law qui a réuni la Banque à la Compagnie et est devenu, au début de l'année 1720, contrôleur-général des finances a beau faire, en mai 1720 l'expérience prend fin. C'est la banqueroute.

Les détenteurs de billets et d'actions sont ruinés. Law s'enfuit. Seuls subsiste, grâce au pouvoir royal, la Compagnie des Indes réorganisée en 1722, elle ne disparaîtra qu'en 1769.

Extrait du journal de Barbier 1720, vue par un contemporain.

« Hier mercredi, 17 juillet, la rue Vivienne fut remplie de quinze mille hommes, dès trois heures du matin. La foule fut si considérable, qu'il y eut seize personnes étouffées avant cinq heures. Cela fit retirer le peuple.

On en porta cinq au long de la rue Vivienne ; mais à six heures on en porta trois à la porte du Palais-Royal. Tout le peuple suivait en fureur ; ils voulurent entrer dans le palais, qu'on ferma de tous les côtés.

On leur dit que le Régent était à Bagnolet, qui est une maison de campagne de Mme la Régente ; le peuple répondit que ce n'était pas vrai, qu'il n'y avait qu'à mettre le feu aux quatre coins et qu'on le trouverait bientôt.

C'était un tapage affreux par tout ce quartier-là. Une bande porta un corps mort au Louvre. Le maréchal Villeroi leur fit donner cent livres. Une autre bande se jeta du côté de la maison de Monsieur Law, et ils cassèrent toutes les vitres ; on fit entrer des Suisses pour la garder.

Pendant ce temps, Monsieur le Régent avait peur ; on n'osa pas faire paraître des troupes Rocheplatte, un de ses officiers de garde, avait fait entrer cinquante soldats.

Quand ils eurent pris leurs mesures en dedans, à neuf heures, ils ouvrirent leurs portes, et en un moment les cours furent pleines de quatre à cinq mille personnes.

Monsieur le Blanc secrétaire d'état à la guerre y vint avec une garde de gens déguisés. Monsieur le Duc de Tresmes, gouverneur de Paris, y entra ; tout le peuple entoura son carrosse ; il jeta de l'argent, même de l'or ; et il eut ses manchettes déchirées.

Monsieur Law y vint aussi dans son carrosse dans la grande cour. Quand son cocher vit cette populace, il commença à dire qu'il faudrait faire pendre quelqu'un de ces Parisiens. Cette insolence anima le peuple ; on ne lui fit pourtant rien dans le palais, mais il sortit seul avec le carrosse.

Une femme tenant la bride de ses chevaux lui dit :

« S'il y avait quatre femmes comme moi, tu serais déchiré dans le moment ». Elle avait perdu son mari, il descendait et lui dit : « Vous êtes des canailles ! ».

Le peuple le suivit, brisa le carrosse, et maltraita si fort le cocher, qu'il mourra, dit-on aujourd'hui. Il ne s'en est guère fallu qu'il n'y ait une sédition entière... On a enterré des gens morts et cela s'est apaisé. Law voulait sortir, mais on l'en empêcha.

Il est demeuré dans le Palais-Royal, pendant huit jours sans sortir. Le Régent s'habillait pendant ce fracas ; il était blanc comme sa cravate, et ne savait ce qu'il demandait... Depuis ce jour-là, la banque n'a point été ouverte, et l'on ne paye nulle part, en sorte que l'on se passe d' argent à grand-peine.

Et pourtant, on est si accoutumé au luxe et au plaisir... Que malgré la misère générale où on est (puisque dans les meilleures maisons, il n'y a pas un sol, et que la circulation des choses nécessaires à la vie et à l'entretien, se fait par crédit, tout le monde crie et se plaint), cependant, je n'ai jamais vu un spectacle plus rempli et plus superbe qu'hier, mercredi 20 novembre, à l'Opéra...

Il est impossible que le Régent, en voyant tout cela, se repente, ni soit touché de tous les maux qu'il fait ».

Dans une lettre de Saint-Cloud du 14 juillet 1720, la Princesse Palatine, nous le raconte :

«...Il faut que je vous conte l'horrible frayeur que j'ai eue hier. J'allai, à mon ordinaire, en voiture, aux carmélites :j'y trouvai la duchesse de Lude et nous étions bien tranquilles quand entra Mme de Châteautiers, pâle comme une morte qui me dit :

« Madame, on ne saurait vous cacher ce qui se passe, vous trouverez toutes les cours du Palais-Royal remplies de peuple, ils vont porter des corps morts écrasés à la banque ; Law a été obligé de se sauver au Palais-Royal, on a déchiré son carrosse après qu'il en a été sorti, en mille pièces, ils ont forcé les portes à six heures du matin.

Je vous laisse à penser quelle émotion je ressentis, mais je n'en laissai rien paraître, car il ne faut pas qu'on ait l'air d'avoir peur. J'allais donc voir le roi comme à l'ordinaire. Je dus horriblement me contraindre.

En arrivant à la rue Saint-Honoré, il me fallut attendre une demi-heure avant de pouvoir passer, tellement la presse étant grande. J'entendais le peuple qui murmurait, mais contre Law seul, ils ne disaient rien de mon fils et me bénissaient, moi.

Enfin, j'arrivai au Palais, mais le calme était déjà rétabli et le peuple s'était retiré. Mon fils vint chez moi et me raconta que toute cette histoire avait commencé à propos de dix sous.

Ceux qui ont été étouffés dans la presse n'étaient pas de pauvres diables. L'un deux avait cent écus en poche et aucun des écrasés n'était sans argent. C'était donc par pure cupidité qu'ils en étaient venus là... »

Jugement facile, lorsqu'il s'agit de l'argent des autres, et surtout du peuple...

L'ESPIONNAGE DES LETTRES

Dans une lettre du 19 février 1705, la Princesse Palatine se plaint de l'espionnage des lettres, elle ne s'épanchait pas trop librement, mais tout de même lorsqu'elle écrit sur Madame de Maintenon, en la traitant de vieille ordure, de vieille bigote, ou tout simplement de conne, le Roi, en prenait pour son grade.

«... C'est une misère, la façon dont on a agi avec les lettres. Du temps de Monsieur de Louvois, on les lisait comme maintenant, mais au moins on vous les remettait au moment voulu. Mais depuis que ce petit crapaud de Torcy a la poste dans son département, il vous agace horriblement avec les lettres, et jamais, je n'étais si impatiente d'en recevoir de Hanovre... »

Lettre de Marly du 17 juin 1706 :

«... Quoique les cachets paraissent intacts, les lettres n'en sont pas plus en sûreté pour cela, car on s'entend fort bien à les ouvrir et à les refermer après ; je connais la manière de s'y prendre, mon fils me l'a montrée. À toutes les cours, on est soupçonneux et on lit les lettres, à moins qu'un exprès ne vous les remette en main propre... »

Dans une autre lettre du 19 octobre 1710, elle nous confiera cela :

«...Ce que le roi peut le moins souffrir, c'est qu'on attaque ses ministres. Il punit cela aussi sévèrement, que si on l'avait attaqué lui-même. C'est pourquoi Langallerie et la Hautan ne pourront rentrer en grâce...»

LA PENSION DU GASCON

Dans une lettre de Versailles du 18 mars 1698, la Princesse Palatine nous relate une anecdote :

«...Dimanche, Milord Portland a fait son entrée à Paris. Sa livrée était d'une grande magnificence. Il avait six carrosses, douze chevaux de main, douze pages, cinquante estafiers et un grand cortège de milords.

Mardi dernier, il a eu ses audiences ici, et comme en France, il faut qu'on chansonne tout, on a fait aussi un pont-neuf sur cette entrée. Je vous envoie la chanson. Ce qui me paraît drôle, c'est qu'ils y chantent les louanges de l'ambassadeur du roi même qu'ils ont brûlé en effigie, il y a quelques années et traîné dans les rues...

Mardi dernier, après l'audience, je mis un habit de chasse pour suivre le roi à la volerie. Il faisait le plus beau temps du monde, je lui remis le mémorial (elle veut dire le mémoire), des Raugraves, mais je ne reçus d'autre réponse que « je verrai ».

À propos de ce « je verrai », il faut que je vous raconte ce que fit un Gascon il y a quelques mois. C'était un officier réformé qui dans la dernière guerre avait bien fait son devoir et de plus avait perdu un bras. Il vint prier le roi de lui accorder une pension. À son ordinaire, le roi lui répondit : « je verrai ».

L'officier lui dit :

« Mais, Sire, si j'avais dit à mon général : je verrai, lorsqu'il m'a envoyé à l'occasion où j'ai perdu mon bras, je l'aurais encore, et ne vous demanderai rien.».

Cela a tellement touché le roi, qu'incontinent, il lui a accordé une pension...».

Les Monarques étrangers en prenaient pour leur grade aussi.

Lettre de Marly du 14 avril 1712 :

«... Le roi du Danemark a bien mauvaise grâce à faire le galant. Il n'est pas taillé pour cela, il ne sait pas s'y prendre. Je n'y peux penser sans rire : je le vois d'ici qui fait ses grimaces ; il est pâle comme la mort, il ressemble bien plus à un homme qui va tomber en syncope et être pris de convulsions qu'à un amoureux. On peut bien lui appliquer le proverbe français : « La mort n'a pas faim ».

Lettre de Fontainebleau le 6 septembre 1714 :

«... Remerciez bien, je vous prie, la princesse de Galles de son bon souvenir... Entre nous, personne ne dit du bien du prince-de-Galles : tous ceux qui l'ont vu prétendent qu'il a les manières des marquis ridicules des comédies de Molières, c'est un héritage des Olbreuse (le prince-de-Galles, Georges de Hanovre, petit-fils de la célèbre Éléonore d'Olbreuse, épouse du duc de Celle). On le tient aussi pour tant, soit peu toqué ...»

Le Pauvre Roi d'Angleterre trinque aussi. Lettre du 5 août 8H du soir :

«... À l'instant, je reviens de la promenade et je fais deux choses à la fois ; je vous écris et je fais ma partie de hocha.

Vous me portez bonheur, car mon chiffre est déjà sorti trois fois depuis que je vous écris...

Dans une autre lettre du 13 janvier 1718, elle nous fait part de ses observations sur les Anglais, toujours aussi excentriques !

«... Les Anglais ont été corrompus de tout temps, mais depuis que le roi Guillaume a régné en leur pays, on prétend qu'ils sont devenus plus vicieux encore et plus mauvais. On a fait l'observation que tous les insulaires sont toujours plus faux et plus méchants que les habitants de la terre ferme...»

À vérifier, mais peut-être que la cause à l'époque tenait à cela. Lettre Fontainebleau du 27 septembre 1704 :

«... Les femmes anglaises ont peut-être la superstition de croire que cela porte bonheur à leurs enfants d'être voués aux couleurs de la mère de Dieu ; mais comment peut-il y en avoir de si laides ?. Il me semble au contraire que les Anglaises sont plus jolies que les femmes des autres nations...»

Lettre du 14 janvier 1688, extrait :

«... On porte, il est vrai, des croix de diamants, mais ce n'est pas par dévotion, c'est pour se parer. À la cour personne ne porte de fichus ; mais les coiffures deviennent plus hautes de jour en jour. Le roi a raconté à table aujourd'hui qu'un homme du nom d'Allart, coiffeur de son métier, a fait en Angleterre aux dames des coiffures, tellement élevées qu'elles n'ont pas pu s'asseoir dans leurs chaises à porteur. Que là-bas, toutes les dames, pour suivre la mode française, ont fait exhausser leurs chaises...»

FRANÇOIS HARLAY DE CHAMPVALLON

François Harlay de Champvallon, dit aussi François III de Harley, est né à Paris le 14 août 1625 et mort à Conflans le 6 août 1695, est un prélat français.

Il a été abbé de Humièges en 1648. Député de Normandie à l'assemblée du clergé, il est nommé archevêque de Rouen en 1651, à l'âge de vingt-cinq ans, à cause du renoncement au siège de François II de Harlay.

En 1666, il prononce l'oraison funèbre de la reine-mère Anne d'Autriche.

En 1670, il est nommé archevêque de Paris et obtient le premier, que le titre de duc et pair soit attaché à ce siège. Commandeur des ordres du roi, il préside l'assemblée du clergé en 1660. Il célèbre le mariage secret de Louis XIV et de Madame de Maintenon, dont il aurait interdit la publication, et prend part à la révocation de l'édit de Nantes.

En 1671, il est préféré à Bossuet, pour des motifs de convenance, dit le cardinal de Bausset, pour remplacer à l'Académie française Hardouin de Pérefixe de Beaumont, son prédécesseur à l'archevêché de Paris, mais il perd la feuille des bénéfices au profit de François d'Aix de la Chaise, Jésuite et confesseur du roi.

Dans l'affaire de la régale, il soutient la cause royale contre Camille de Neufville de Villeroy, primat des Gaules, qui a pris le parti de Rome. Il lutte contre les Jansénistes de Port-Royal et il est l'un des inspirateurs de la politique anti-protestante de Louis XIV, Mgr Harlay de

Champvallon érige les Sœurs de l'enfant Jésus (dites Dames de Saint-Maur), fondées par le bienheureux Nicolas Barré, en congrégation diocésaine.

Regardons ensemble comment ses contemporains le jugeaient.

René de Voyer d'Argenson, commentateur des Annales du Saint-Sacrement, le qualifie de « prélat très habile mais décrié pour ses mœurs ».

Fénelon le haïssait : « Vous avez un archevêque corrompu, incorrigible, faux, malin, artificieux, ennemi de toute vertu et qui fait gémir tous les gens de bien...».

Saint-Simon au contraire l'estime beaucoup.

Pierre-Joseph Thoulier d'Olivet :

« Personne ne reçut de la nature un plus merveilleux talent pour l'éloquence. Il rassemblait non seulement tout ce qui peut contribuer au charme des oreilles, une élocution noble et coulante, une prononciation animée, je ne sais quoi d'insinuant et d'aimable dans la voix, mais encore tout ce qui peut fixer agréablement les yeux, une physionomie solaire, un grand air de majesté, un geste libre et régulier.»

Selon Sainte-Beuve, c'était « le plus beau, le plus avenant et le plus habile des prélats du royaume.»

Parce qu'il est épileptique, il meurt brusquement sans les sacrements. C'est pourquoi, Madame de Coulanges écrit à Madame de Sévigné : « Il s'agit maintenant de trouver quelqu'un qui se charge de l'oraison funèbre du mort ; on prétend qu'il n'y a que deux petites bagatelles qui rendent cet ouvrage difficile, c'est la vie et la mort. »

Quand il n'était que l'abbé de Chanvallon, Harlay entendit en confession un témoin d'un complot contre la vie de Mazarin, pendant la Fronde. Sans s'embarrasser du secret de la confession, il alla tout répéter au cardinal. Il passait pour l'amant de Madame de Lesdiguières, et la comtesse de Chevreuse.

Bref, il était plus attiré par la fonction, que par les saints sacrements, et la foi qui aurait dû l'animer.

C'est le père Honoré Gaillard, ancien précepteur de Turenne, qui prononcera l'oraison funèbre, et d'ailleurs comme il avait prononcé celle de Turenne.

L'Église à cette époque

et aussi avant cette époque

Le Moyen-âge s'étend sur près d'un millénaire, de 478 à la chute de Rome à 1453, fin de la guerre de Cent-Ans. Compte tenu du rôle de l'Église dans la prostitution, il est utile de marquer son début en France avec la conversion chrétienne en 496, de Clovis, roi des Francs.

Ce baptême marque en effet le début du lien entre le clergé et la monarchie française, dorénavant le souverain règne au nom de Dieu, et seuls ses descendants légitimes, à savoir les fils conçus dans le mariage, peuvent accéder au trône.

La légitimité passe par la foi catholique et par les liens sacrés du mariage, seul garant de la reconnaissance de paternité. On remarquera qu'au Vatican, l'âge du mariage est aujourd'hui encore de 14 ans pour les filles, il était de 12 ans jusqu'au début du XXe siècle.

Fort de l'autorité divine, le clergé catholique se donne comme mission sociale de réglementer la sexualité, virginité ou chasteté. Cette réglementation se colore à la fois du rôle sexuel pervers attribué à la femme dans la chute biblique de l'homme, avec la pomme d'Ève, et d'une application confrontée aux débauches et contingences de l'époque, la paternité n'est plus garantie.

Inutile de dire que la prostitution n'a officiellement pas droit de cité.

Pendant ce millénaire, pas moins de 25 conciles, dont quatre des conciles de Latran, vont en effet exiger la chasteté avant le mariage, condamner le plaisir sexuel et interdire les positions qui ne servent pas uniquement à la procréation.

Toutefois, malgré les nombreux interdits et exigences de l'Église, tous les actes sexuels illicites se pratiquent, et pas toujours en cachette, loin de là !.

Ainsi en est-il de la prostitution, une pratique hautement dénigrée par l'Église, et pourtant répandue à travers toute la France, y compris par les bons offices des religieux et religieuses, avec le soutien dévoué de la noblesse...

Le terme « viol » n'apparaît qu'au XVIIIe siècle. Avant on parle d'efforcement ou de défloration, si le viol a lieu sur une femme vierge. Le viol est très courant à l'époque médiévale, cependant peu de plaintes sont à noter : peur des représailles, honte sur la famille...

Ces viols sont le fait de jeunes hommes. En bande, ces jeunes citadins « chassent la garce ».

On les appelle les « hommes joyeux ». L'affirmation de la virilité entraîne fréquemment un déchaînement de violence et se traduit par des viols collectifs commis sur des femmes isolées et faibles, réputées communes.

Soucieuses d'éviter ces dérapages, les autorités encouragent l'essor d'une prostitution officielle.

La prostitution est un phénomène de sécurité publique et donne satisfaction aux pulsions les plus enfouies.

Comme certains le disent, la prostitution est un mal nécessaire.

Les prostituées ont donc une responsabilité sociale : défendre l'honneur des femmes « d'estat » (femme de vertu), et de lutter contre l'adultère. Le prostibulum peut être alors considéré comme une institution de paix où les jeunes tempèrent leur agressivité.

Les femmes victimes de ses viols sont rarement des fillettes, car l'homme sera réprimé très sévèrement, ni des femmes de milieu aisé, car cela peut être parfois considéré comme un crime.

Le plus souvent, les victimes sont des femmes célibataires, des veuves ou des épouses délaissées, des femmes qualifiées de déshonnêtes, car elles n'ont plus de maris. Seul le statut d'épouse ou de mère est valorisé et reconnu.

Ces femmes sont souvent issues de milieux démunis, servante ou épouse d'ouvrier, car la sanction sera faible voire inexistante.

Par conséquence, la femme est diffamée par le viol, elle y perd son honneur (la fame publica). Ainsi, une femme célibataire aura des difficultés à trouver un époux et une femme sera vraisemblablement abandonnée par son mari. Autrement dit, elle subit, la double peine.

À partir de la fin du XIIIe siècle, et ce, jusqu'au XVe siècle, le métier est vu plutôt comme une pratique immuable.

La tradition chrétienne considère la prostitution comme un moindre mal nécessaire.

Les Pères de l'Église en témoignent, d'Augustin d'Hippone au IVe siècle qui estime qu'elle est naturelle et permet de protéger les femmes honorables et les jeunes filles du désir des hommes, jusqu'à Thomas d'Aquin au XIIIe siècle, qui juge qu'elle est nécessaire à la société comme les toilettes à une maison.

La prostitution est d'ailleurs tellement naturelle que, pour plusieurs théologiens, il est préférable qu'une femme y pousse son mari plutôt que de consentir à certains rapports sexuels considérés, eux, comme de graves péchés.

Dans une perspective du moindre mal, ces femmes sont sacrifiées pour un bien supérieur, l'ordre public.

Souvent, en effet, c'est la permanence des viols par bandes organisées qui amène les municipalités à se poser la question d'organiser la prostitution afin de canaliser l'agressivité sexuelle des hommes.

Au Moyen-âge, les responsables de l'ordre public, municipalités, seigneurs laïcs ou ecclésiastiques, évêques, abbés et pape, organisent progressivement la prostitution, déjà à partir du XIIe siècle, et surtout à partir du XIVe siècle, en tirant un profit financier.

On trouve même des bordels possédés par des monastères ou des chapitres. La prostitution est toujours considérée comme naturelle, comme un moindre mal.

Au cœur des cités méridionales, les maisons de fillettes, les châteaux gaillards et autres maisons lupanardes deviennent des institutions municipales, entretenues et inspectées par les Consuls.

On précisera que la majorité sexuelle est toujours de 12 ans au Vatican, elle était de 11 ans en France en 1832.

En Italie du Nord, les autorités expliquent même que le recrutement de prostituées attirantes permettra de convaincre les jeunes gens de se détourner de l'homosexualité.

Les villes et les bourgs ouvrent ainsi officiellement des maisons municipales de prostitution ou bien désignent les quartiers de la cité, généralement ses faubourgs, où la prostitution sera tolérée.

Les municipalités profitent de ce commerce et s'enrichissent en prélevant des taxes sur les maisons publiques ou en mettant les fillettes à l'amende.

On constate souvent, en dépouillant les registres de comptes, que les loyers et les rentes tirés des maisons de prostitution sont traités au même titre que les autres revenus, y compris dans les registres des abbayes.

Au XIIIe siècle, les canonistes admettent d'ailleurs la recevabilité des profits tirés de la prostitution à condition que la fille exerce par nécessité, et non par vice et plaisir (moralité oblige).

Les propriétaires des maisons, parfois des notables, n'ignorent rien des activités de leurs locataires, et encaissent sans vergogne les bénéfices.

C'est le cas des familles Villeneuve et des Baronnies à Lyon, de l'évêque de Langres ou de l'abbé de Saint-Étienne à Dijon.

D'ailleurs, Voltaire rapportait que l'évêque de Genève administrait tous les bordiaux de ces terres.

Dominique Dallayrac va même jusqu'à avancer que la prostitution amena plus de richesse au clergé que tous leurs fidèles réunis.

Saint-Thomas d'Aquin, raconte également que des moines perpignanais organisaient une collecte de fond pour ouvrir un nouveau bordel, dont ils vantaient le mérite « œuvre sainte, pie et méritoire ». Et pardi !...

D' ailleurs, la chose ira encore plus loin, car en 1510, le pape Jules II fit construire un bordel strictement réservé aux chrétiens.

Pour renflouer les finances du Vatican et payer les corporations travaillant sur la chapelle qui portera son nom, le pape Sixte IV (1414-1484), eut l'idée géniale de taxer toutes les prostituées et les prêtres concubinaires dans les États Pontificaux, y compris Rome.

Cette taxe rapporta au Vatican 30 000 ducats par an. Une véritable fortune. Selon les données statistiques de 1477, il y avait 6 300 prostituées reconnues officiellement et des nombreux célibataires.

Le projet avait été lancé en 1046 par le pape Clément II, Suidger de Morsleben et Hornburg (1005-1048) d'origine allemande, qui avait obligé toutes les prostituées romaines à verser un impôt au Saint-Siège sur chaque rencontre avec un nouveau client.

Afin de profiter de cette manne financière, le pape Sixte VI (1414-1484) acquit lui-même une maison close devenant ainsi un proxénète...

Jusqu'à son élection, Sixte IV jouissait d'une bonne réputation.

Sous son pontificat, il fit l'objet de jugements controversés dus à l'emprise que ses neveux prirent sur lui. De fait, il nomma cardinal de nombreux jeunes gens, célèbres pour leur beauté, parmi lesquels son neveu Raphaël Riaro, cardinal à 17 ans, accusé d'être son amant.

On prétendit aussi que le goût du pape pour les garçons était notoire. Le Théologien Balaeux (XVIe siècle) assure de manière peu vraisemblable que Sixte IV aurait donné aux cardinaux « l'autorisation de pratiquer la sodomie pendant les périodes de grandes chaleurs ». Allez savoir pourquoi ?

C'est ce que l'on appelait alors le « vice italien ». Aujourd'hui encore, la majorité sexuelle au Vatican est de 12 ans.

Cette époque n'a rien à envier à certains de nos contemporains célèbres, pour leurs boumga-boumga, toutes nationalités confondues.

C'est un pape aux mœurs corrompues, Léon III, du (26 décembre 795 au 12 juin 816), qui couronna à Rome au mois de décembre de l'an 800, l'empereur Charlemagne (742-814).

Étant réputé pour aimer la bonne chaire, le vin et surtout les plaisirs charnels, Léon III échappa à une tentative d'assassinat complotée par deux prêtres désireux de débarrasser Rome et l'Église de ce pape dépravé.

Étienne IV (du 22 juin 816 au 24 janvier 817) ne fut pape que quelques mois, mais son successeur, Pascal Ier (du 25 janvier 817 au 11 février 824) mena une vie de débauche qui, pendant les sept années de son pontificat, fit de la ville sainte et du palais papal des lieux maudits où libre cours sexuel était donné à toutes formes de perversions inimaginables.

Venu à Rome pour se faire sacrer empereur, Lothaire (795-855), petit-fils de Charlemagne, fut scandalisé par tout ce désordre et fit des remontrances très sévères à Pascal. Le Saint-Père promit à Lothaire de réformer ses mœurs, mais dès que celui-ci eut le dos tourné, Pascal Ier, emprisonna deux humbles prêtres pour avoir dénoncé ses comportements pervers.

Comme sentence exemplaire, on leur arracha la langue et les yeux avant de les décapiter. Plus tard, le pontificat de Léon IV (du 10 avril 847 au 12 juillet 855), sembla être au-dessus de tout soupçon jusqu'au jour où certains chroniqueurs de l'époque affirmèrent que le pontife avait installé dans sa propre maison un couvent de religieuses afin de s'adonner avec celles-ci a des plaisirs sexuels qualifiés de « très torrides ».

C'est à partir de la fin de la papauté de Léon IV que naquit plusieurs légendes a connotations sexuelles qui fortifières l'histoire de la papesse Jeanne. Il est très peu probable qu'une femme ait succédé à Léon IV sur le trône de la chrétienté, vers l'an 856, comme le veut la légende qui prit naissance au milieu du 13e siècle, et racontée par l'entremise des chants des troubadours et des ménestrels.

Celle-ci fut vraisemblablement inspirée par l'histoire malheureuse d'un pape dévergondé du nom de Jean VIII (du 14 décembre 872 au 16 décembre 882), Jean VIII fut reconnu comme étant un pape débauché qui fut jeté plusieurs fois en prison, parce qu'il ne s'occupait pas de ses charges pontificales.

Ce pape homosexuel, qui aimait les jeunes garçons, connut une fin tragique aux mains des membres de la famille de l'un de ses « mignons » qui, trouvant que le poison qu'ils lui avaient administré n'agissait pas assez vite, lui fracassèrent le crâne à coups de marteau.

D'autres sources mentionnent qu'au milieu du IXe siècle, un prêtre anglais du nom de John, un homosexuel reconnu, avait gagné la faveur des cardinaux de Rome, a un point tel qu'il a failli être élu pape à la mort de Léon IV en l'an 855.

C'est probablement à la mémoire de ce John aux allures très efféminées, communément appelé Jeanne par ses intimes, que naquit la légende de la papesse qu'on disait d'origine anglaise.

Les troubadours et les ménestrels du XIIIe siècle ajoutèrent à cette histoire, en signe de dérisions et de moqueries, que John aurait pu accoucher d'un enfant le jour même de son couronnement, car rien dans son comportement sexuel n'indiquait «... Qu'il est un homme...».

Ainsi fut fomenté dans la confusion et par les esprits tordus la légende de la célèbre papesse Jeanne.

Le calme revint à Rome, sous le pontificat de Jean IX (du mois de janvier 898 à janvier 900), mais ce fut de courte durée car lorsque Benoît IV prit le trône de Saint-Pierre (du mois de février 900 au mois de juillet 903), la corruption redevint maîtresse dans la cité éternelle, pendant hélas, de très nombreuses décennies.

Afin d'illustrer avec plus de précisions cette ambiance qui régnait à Rome pendant tout le Xe siècle, citons ce roi d'Angleterre, Edgar dit le Pacifique (944-975) qui, s'adressant à ses évêques, donna une description peu flatteuse de ce qu'il avait vu lors d'un de ses voyages dans la ville des papes.

« On ne voit à Rome que débauches, dissolution, ivrogneries et impuretés... Les maisons des prêtres sont devenues des retraites honteuses, des prostituées, des bateleurs, jongleurs, équilibristes, acrobates, et des sodomites (homosexuels)... On joue nuit et jour dans la demeure du pape... Les chants bachiques (chansons à boire), les danses lascives et les débauches de Messaline ont remplacé jeûne et prières.

C'est ainsi, que ces prêtres infâmes dissipent les patrimoines des pauvres, des aumônes des princes ou plutôt, le prix du sang du Christ...»

Signé par Edgar dit le Pacifique (944-975), roi d'Angleterre.

Messaline est l'épouse de l'empereur romain Claude (10-54), elle était reconnue pour se livrer à de la débauche de toutes sortes, et même à la prostitution.

Se sentant bafoué, son mari la fit assassiner lorsqu'il apprit qu'elle s'était mariée avec son jeune amant Silius.

Jean XII est assurément un des papes, ayant le plus choqué ses contemporains, plusieurs fois d'ailleurs, des chroniqueurs l'ont qualifié « d'antéchrist siégeant dans le temple de Dieu ».

Né à Octavien, il accède à la papauté à l'âge de 18 ans, sous le nom de Jean XII. Le jeune pape est perçu comme un être grossier qui s'adonne à la débauche, transformant le palais du Latran en un véritable bordel.

Déposé par un synode d'évêques qui le déclare coupable de sacrilège, de meurtre, d'adultère et d'inceste en 963, Jean XII parvient cependant à reprendre l'avantage sur Léon VIII, élu à sa place.

Une légende raconte qu'il est mort d'une crise d'apoplexie en plein acte sexuel avec une femme mariée.

Borgia est le nom italianisé de la famille Borja, originaire du Royaume de Valence en Espagne, qui a eu une grande importance politique dans l'Italie du XVe siècle.

Elle a fourni deux papes, ainsi que plusieurs autres personnages, dont quelques-uns ont acquis une fâcheuse renommée. La famille Borgia subi une réputation sinistre qui aurait été forgée par ses ennemis politiques.

Les Borgia furent accusés d'empoisonnement, de fratricides, d'incestes... Ils furent les symboles de la décadence de l'Église à la fin du Moyen-âge.

C'était une puissante famille italo-espagnole de la Renaissance, dont sont issus des personnages célèbres qui étaient des champions de la chasteté héréditaire. Quelques exemples, un cardinal qui eut trois enfants, un pape qui en comptait neuf, et une duchesse qui accoucha de huit hommes différents dont, probablement, le pape et le cardinal déjà mentionnés, qui étaient, en plus, son père et son frère. Tristement célèbres.

Un nom qui, dans la botte italienne, jouit d'une très mauvaise réputation, non sans raison. Le Cardinal César (1475-1507), une fois abandonné l'habit de pourpre, devint un homme politique et un militaire au cynisme proverbial, qui inspira le Prince de Machiavel.

Son père Rodrigo (1431-1503), alias le pape Alexandre VI, réduisit Rome à une ville-bordel, que Luther compara ensuite à Sodome. Enfin, la duchesse Lucrèce (1480-1519), intrigante et peut-être incestueuse passa à la postérité comme un archétype de féminité négative.

Alfonso Borgia est intronisé pape sous le nom de Calixte III de 1455 à 1458. Il a un fils illégitime, François Borgia, cardinal-archevêque de Cosenza. Son neveu, Roderic Llançol i de Borja, le rejoint en Italie où il prend le nom de Rodrigo Borgia. Il est pape sous le nom d'Alexandre VI de 1492 à 1503. Un des témoins les plus crédibles de la conduite scandaleuse du pape Alexandre Borgia est Jean Burckhardt, de Strasbourg. Ce prélat, maître des cérémonies de la cour pontificale, tint de 1483 à 1508, un journal très précis relatant jour par jour, parfois même heure par heure tous les événements se passant au Vatican.

Les orgies étaient pour Alexandre VI, une distraction à plein temps, sans discrétion aucune, sans discrimination de classe ni taboue de parentèle. Francesco Guicciardini rapporte un épisode au cours duquel le pape attire au Château Saint-Ange, le jeune et beau Astorre Manfredi, seigneur de Faenza, qu'il viole et fait jeter dans le Tibre. Mais il pourrait également s'agir de César Borgia qui tenait prisonniers les deux frères Manfredi. Les scandales continuent au Saint-Siège, et ce, malgré les remontrances du frère dominicain Jérome Savonarole :

« Arrive ici, église infâme, écoute ce que te dit le Seigneur.... Ta luxure a fait de toi une fille de joie défigurée. Tu es pire qu'une bête ; tu es un monstre abominable ».

Sans scrupules, ni remords, Alexandre VI fait face. Savonarole est arrêté, torturé et meurt sur le bûcher le 23 mai 1498. Selon Jean Burckhardt, témoin muet, mais indigné, de la débauche du pape Alexandre et de sa progéniture atteint son paroxysme en cette nuit orgiaque du 31 octobre 1501, avec l'évocation de la danse de cinquante prostituées entièrement nues et d'un concours arbitré par César et Lucrèce pour évaluer et récompenser les prouesses de virilité des assistants.

Les dépêches envoyées aux cours d'Europe par leurs ambassadeurs et figurant dans de nombreuses archives diplomatiques confirment l'incroyable témoignage du Père Burckhardt. On comprend pourquoi, tant de récits faisant référence à des pactes avec le Diable, ont pu circuler à la mort d'Alexandre VI.

Une église par toujours très kline !...

Du XVIIe au XIXe siècle, la période moderne est marquée par la volonté de lutter contre la prostitution. Parfois les mesures visent son éradication, par l'emprisonnement ou le bannissement. Mais beaucoup de ces mesures sont assez vite oubliées ou pas du tout appliquées. Certains comportements sont nouveau. Des asiles s'ouvrent pour les femmes repenties, qui vont bientôt rejoindre celles que l'on considère comme risquant de tomber dans la prostitution parce que pauvres et célibataires.

Des ordonnances précisaient même de n'admettre que les jolies filles, « les laides, n'ayant pas à craindre pour leur honneur ».

Louis XIV ordonne d'emprisonner à la Salpêtrière, toutes les femmes coupables de prostitution, fornication ou adultère, jusqu'à ce que les prêtres ou les religieuses responsables estiment qu'elles se sont repenties et ont changé.

À son ouverture en 1656, la Salpêtrière de Paris s'impose comme le plus grand établissement d'enfermement de femmes à l'époque moderne.

Elle est chargée d'accueillir les femmes, jeunes filles et enfants, mais aussi des couples sans ressources. En 1666, dix ans après l'édit d'établissement, la Salpêtrière accueillait 2 322 pauvres. En 1684, Louis XIV ajouta à l'hospice, une prison, la « maison de force », pour les femmes prostituées, débauchées et condamnées, à laquelle on adjoignit un bâtiment pour les femmes et les filles détenues à la demande de leurs maris ou de leurs parents. La Salpêtrière comporta donc, un hospice et une prison pour les femmes.

Les pauvres mendiants qui ne se seront pas rendus à la Pitié dans les délais prévus y seront amenés de force par les officiers de police. La loi interdit la mendicité « à peine du fouet contre les contrevenants, pour la première fois. Pour la seconde fois, des galères contre les hommes et garçons, et du bannissement contre les femmes et filles ».

Dès le règlement du 20 avril 1684, une nouvelle catégorie de la population parisienne est à enfermer : les femmes débauchées. Et c'est à la Salpêtrière qu'elles devront être « enfermées ».

Comme la mendicité, la débauche et la prostitution sont combattues avec acharnement pendant tout le XVIIe siècle.

Outre la déportation dans les colonies, l'Hôpital général devient le principal mode de mise à l'écart des prostituées jusqu'à la fin du XVIIIe siècle. Les prostituées étaient déjà mises en cause dans le 101e article de l'ordonnance de 1560 promulguée par François II puisque cette ordonnance interdisait tout simplement la prostitution. Cette mesure aurait été prise suite à la progression rapide de la syphilis. Et, c'est tout naturellement qu'on s'est attaqué à ce qui ne pouvait être qu'à la base de ce développement, la prostitution.

Sous couvert de santé publique, on épurait ainsi les rues de Paris d'un autre fléau, la « débauche publique et scandaleuse ». Les mesures d'internement contre les débauchées se multiplient dans ce siècle de moralisation de la société. Des maisons de force avaient déjà été créées et aménagées pour les débauchées. Ces établissements étaient ouverts, théoriquement, aux seules volontaires, et avaient pour objectif de changer la morale et les mœurs de ces femmes égarées.

Le roi prévient que « les femmes d'une débauche et prostitution publique et scandaleuse, ou qui en prostituent d'autres, seront enfermées dans un lieu particulier destiné pour cet effet dans la maison de la Salpêtrière ».

Les débauchées pourront y être enfermées sur décision de justice.

Après l'ordonnance du roi du 20 avril 1684, un inspecteur est chargé de la police des mœurs. Il est chargé jour et nuit, de les arrêter et de les conduire au dépôt Saint-Martin, passage obligé des futures condamnées. Le lendemain, les femmes arrêtées comparaissent à l'audience du grand Châtelet.

Les femmes condamnées, escortées par des archers, sont alors emmenées en charrette, dont les planches sont recouvertes de paille, à travers les rues de Paris, à la vue de tous, jusqu'à la Salpêtrière.

Avec le XVIIIe siècle, une grande liberté de mœurs oblige la société à réagir. La police va être une grande pourvoyeuse de nos hôpitaux : se moquer du roi, de la religion, contrevenir à l'ordre public, désobéir à l'autorité paternelle, manquer à l'honneur familial, se débarrasser de sa fille ou de sa femme, être protestante, hérétique, révoltée ou troubler l'ordre public sont très souvent des fautes, méritant, l'incarcération des femmes à la Salpêtrière. C'est de plus en plus un bagne pour les femmes avec des travaux forcés et de sévères châtiments. Pourtant dans le même temps apparaît une timide humanisation avec l'arrivée de Tenon à la Salpêtrière en 1748. Il va y améliorer l'hospitalisation de ses malades. Quant aux folles, elles arrivent à la Salpêtrière pour y achever, souvent enchaînées, le reste de leur vie.

Les fillettes abandonnées à la naissance étaient recueillies, élevées, éduquées, placées pour un travail et mariées par l'institution après enquête sur le conjoint (les noces des orphelines).

Colbert trouva bon de peupler nos nouvelles colonies d'Amérique avec quelques-uns de ces jeunes orphelins et orphelines en les mariant « à la chaîne », soit 60 couples dans une matinée, lors de grandes cérémonies à l'église Saint-Louis de la Salpêtrière. Cette pratique s'est poursuivie sous la Régence.

L'Angleterre commence à déporter aux Antilles les filles des maisons fermées. Elles sont 400 après la fermeture des maisons de Londres en 1650. On estime à 10 000 qui rejoignent de force l'Amérique de 1700 à 1780.

L'aristocratie européenne semble particulièrement violente dans sa façon de vivre la sexualité et, contrairement au Moyen-âge, on a pour ces siècles des récits de brutalité dans les établissements où orgies, coups, flagellation, débauche de mineurs sont courants. La société dans son ensemble est caractérisée par la violence sexuelle et, dans les campagnes comme dans les villes, où des bandes organisées attaquent les femmes isolées pour des viols collectifs accompagnés de sévices.

Force est de constater que, malgré les interdictions et les principes moraux, tous les niveaux des autorités civiles et religieuses comptabilisent les revenus des bordels qu'ils gèrent sans scrupule, à titre de revenus standards, comme les taxes ou les dons. À la fin du Moyen-âge, au temps du poète et brigand François Villon (1431-1463...), Paris compte plus de 3 000 bordels. Pendant très longtemps, on prétexte que la prostitution est un exutoire pour éviter le viol et l'adultère.

C'est pourquoi elle est alors tolérée et pourquoi l' Église, tente de réhabiliter les pécheresses repentantes.

À la veille de la Révolution française, on évalue à 30 000 les simples prostituées de Paris et à 10 000 les prostituées de luxe. Ce qui est une preuve de l'échec de la répression.

Les Rapports de Police sous Louis-XIV

Louis XIV, soucieux d'ordre et de discipline, fut le créateur de la police parisienne. La charge de lieutenant de police fut confiée d'abord à Nicolas de la Reynie, puis à René d'Argenson, qui furent tous deux des ancêtres des préfets de police du XIXe siècle.

Leur surveillance, dans ce Paris qui comptait environ 500 000 habitants, était d'une minutie extraordinaire, grâce à un réseau d'indicateurs et d'agents secrets, autrement dit les mouchards...

Presque chaque jour, le lieutenant de police adressait au ministre compétent un rapport sur les évènements de Paris, et le roi en personne prenait connaissance des plus importants.

Parfois, certaines affaires, où étaient impliquées des personnes de grande famille, étaient suivies de près par le souverain et le gouvernement.

Voici à titre d'exemple, quelques-unes des histoires les plus représentatives :

En 1700, une Madame Murat, lesbienne et Hystérique, fut l'objet d'une surveillance persévérante, et il fallut plusieurs interventions du ministre Pontchartrain pour l'exiler de Paris.

Il est vrai que cette dame était d'une violence peu commune, et avec son amie Mme de Nantiat, elle faisait régner la terreur sur son quartier, pissait par les fenêtres, et battait ceux qui osaient critiquer ses mœurs.

Enfermée au château de Loches, elle scandalisait encore les autorités par les lettres qu'elle écrivait à ses amies, et le ministre, sur l'ordre du roi, lui fit supprimer cette liberté.

En 1701, la police a son attention attirée par plusieurs familles qui se plaignent de disparitions de garçons de 17 à 18 ans.

L'enquête s'oriente vers un nommé Neel et un nommé la Guillaumie, et on découvre tout un réseau de « traite ». Neel séduit les garçons, puis les vend à la Guillaumie.

Le frère d'un Conseiller au Parlement, le Mas de Saint-Venois, est compromis dans cette troublante affaire. Mais, contraste entre la théorie et la pratique, aucun n'est condamné à mort. Neel est enfermé au donjon de Vincennes pour le restant de ses jours. La Guillaumie au couvent de la Charité, le Mas de Saint-Venois est exilé à Tulle.

Parfois, la mansuétude est plus grande encore.

Le sieur de la Parisière, qui prostituait des jeunes gens sur les promenades, s'en tire avec quelques mois de prison au Fort l'Évêque en 1703. Il est vrai qu'il a déclaré que « n'ayant dans sa province qu'une femme fort mauvaise et fort ennuyeuse, il avait mieux aimé, resté à Paris ». Et peut-être, que le juge avait-il été sensible à ses arguments...

Dans le cas des ecclésiastiques, on prend l'avis de leur évêque ainsi, en marge du rapport sur l'abbé de Rochefort, qui écrivait à un jeune charron de Vaugirard et à un laquais des lettres d'amour enflammées, le ministre écrit : « A.M. Le Cardinal de Noailles son avis ? ».

L'arrestation d'un homme met assez souvent la police sur la piste de toute une filière où, bien vite, apparaissent de si grands noms qu'on étouffe l'affaire.

En 1702, un propriétaire de meublé, Martin, vient à la police pour dénoncer son locataires Petit, un garçon de 25 ou 26 ans, qui faisait la débauche dans sa chambre avec toutes sortes de garçons rencontrés dans les jeux publics.

On arrêta donc ledit Petit, et on trouve dans sa malle des documents compromettants sur le comte de Tallard, lieutenant-général des armées du Roi.

On l'enferme à la Bastille d'où il sera plus tard transféré aux Chartreux.

Une autre affaire éclate en 1702. Elle débute par l'arrestation d'un nommé Lebel, âgé de 24 ans, « beau garçon, bienfait, ci-devant laquais, et qui maintenant se fait passer pour un homme de qualité ».

Incarcéré à la Bastille, Lebel est interrogé, et commence à donner des noms : celui qui l'a débauché le premier, dit-il, alors qu'il n'avait que dix ans, est un certain Duplessis, qui « se promène tous les jours dans le jardin du Luxembourg pour y séduire de jeunes écoliers ».

Duplessis organisait chez lui des orgies de jeunes gens « dont il abusait successivement ». Par lui, Lebel avait connu Coustel, « qui est non seulement un sodomite, mais un impie », et Astier, dont l'occupation quotidienne consistait à aller racoler des garçons dans les billards de la place Saint-Michel.

Tous trois, Duplessis, Coustel, Astier, vivaient des profits retirés de la prostitution des jeunes gens qu'ils « protégeaient ». Un de leurs amis Leroux, tenait derrière la Madeleine un bureau de placement pour « laquais jeunes et bien faits et les envoyait « à des seigneurs de province lorsqu' on lui en demandait ».

Puis toujours dans l'entourage de ces trois sinistres personnages, voici toute une série d'abbés : l'abbé de Campistron, l'abbé de Larris qui se prostitue pour son propre compte, l'abbé Lecomte chassé du Séminaire Saint-Magloire, l'abbé Servien, fils de l'ancien ministre Abel Servien.

Puis, on voit apparaître les grands seigneurs, clients des fournisseurs de beaux garçons : le maréchal Duc de Vendôme (nous en avons déjà parlé), le Duc de Lesdiguières,(mari de la dame qui crachait comme un Lama) le Duc d'Estrées, l'ambassadeur du Portugal. Que du beau linge...

L'abbé Chabert de Fauxbonne passait ses après-midi à chercher l'aventure sur les quais de l'Hôtel de Ville, là où les bateliers se divertissaient une fois, le travail terminé et où flânaient les manœuvres en quête d'embauche... Le 28 avril 1704, il remarqua un beau garçon qui regardait les joueurs de quilles, et vient s'accouder au parapet à côté de lui. La conversation engagée sur la pluie et le beau temps, l'abbé demanda à son interlocuteur son nom, il s'appelait Gillain, s'il était marié, oui, depuis trois ans, s'il avait des enfants, un seul, sur quoi il s'exclama :

« Quoi, n'avoir qu'un enfant depuis tant de temps ! Que n'en faites-vous ? ».

Puis, il proposa à Gillain d'aller dans sa chambre pour y boire une bouteille de bière. Gillain ayant répondu qu'il était trop tard, il revient le lendemain, acheta de la bière, montât à la chambre, avec Gillain et, une fois-là, fit au brave garçon des propositions si précises que celui-ci lui dit : « Qu'il voyait bien ce qu'il demandait, mais qu'il n'avait pas le temps ».

L'abbé renouvela les mêmes tactiques quelques jours après, le 8 mai, avec un autre garçon, nommé Simonnet. Une fois dans la chambre, il lui proposa de se divertir avec lui... Malheureusement, Simonnet était indicateur de police, et un rapport fut mis sous les yeux d'Argenson. En claire, pris la main dans le sac...

Prévenu, le ministre Pontchartrain fit enfermer l'abbé Chabert de Fauxbonne à la Bastille, puis à Bicêtre, et enfin, après six mois de détention, le fit reconduire à Valence, son diocèse d'origine, il avait seulement 30 ans.

Louis XIV était dur avec le peuple, l'ordre public devait être respecté, sous peine de grave sanction, mais qu'en était-il à la Cour ?

Dans une lettre de Versailles du 23 décembre 1701 La Princesse Palatine à sa tante :

«... Vous confondez la marquise de Richelieu avec la duchesse ; celle-ci est morte depuis longtemps. La marquise est horriblement débauchée et de plus d'une façon. Un jour, elle se mit dans le lit de Monsieur le Dauphin sans qu'il l'en eût priée, pour coucher avec lui. Quand il entra dans sa chambre, les domestiques lui dirent :

« Monseigneur, une dame est dans votre lit, qui vous attend ; elle n'a pas voulu se nommer ».

Il alla vers le lit et quand il vit que c'était la marquise de Richelieu, il coucha avec elle, mais le lendemain il le raconta à tout le monde...».

Dans une autre lettre faites à Paris le 3 février 1718, la Princesse Palatine nous raconte les mœurs des gens de cour :

«... Les femmes sont par trop légères et effrontées, en particulier celles qui sont de la plus grande maison ! Elles sont pires que les femmes dans les maisons publiques. C'est une honte que ce qu'on raconte qu'elles ont fait en public, au bal ; on devrait les enfermer. Je ne comprends pas que le mari (le mari était Louis-Henri de Bourbon, qui avait épousé Melle de Conti, Marie-Anne de Bourbon en 1713) soit endurant à ce point. Son grand-père (le Grand Condé, était en fait l'arrière-grand-père du duc) a fait enfermer, pour des motifs bien moins graves, sa femme dans un château, où elle est morte. Comment est-il possible qu'on ne parle pas de telles choses qui se passent en public ? C'est honteux d'entendre comment toute cette famille est mal famée : la belle-mère, la mère, les filles, les belles-sœurs, toutes mènent une vie indigne de leur rang.

Mais c'est leur affaire et non la mienne, seulement, je regrette qu'elles soient mes si proches parentes et qu'elles aient une si honnête grand-mère,(il s'agit ici de la princesse palatine Anne de Gonzague), qui en meurt presque de chagrin... »

Elle dira, tout ce qui brille n'est pas, or...

Dans une autre lettre Paris le 10 mars 1718 à 10 h du matin :

«... C'est inouï, les jeunes gens sont tels à cette heure que les cheveux vous dressent sur la tête ! Une fille (il s'agit de la duchesse de Berry), n'a pas honte de procurer à son père une jolie femme de chambre, afin qu'il se montre indulgent quant à ses propres débauches. La mère laisse faire pour qu'on lui passe quelques frasques à elle aussi...»

Dans une autre lettre du 27 avril 1719, 7 h du matin.

Elle nous parle du Duc de Richelieu :

«... Le duc de Richelieu est un archidébauché, un vaurien, un poltron qui nonobstant ne croit ni à Dieu ni à sa parole. De sa vie, il n'a rien valu et ne vaudra jamais rien, il est faux et menteur, ambitieux avec cela comme le diable... Il n'a pas vingt-quatre ans... La première fois, on la mit à la Bastille parce qu'il s'était faussement vanté d'avoir couché avec Mme la Dauphine (la Duchesse de Bourgogne), et toutes ses jeunes dames ; la seconde fois, il y est allé parce qu'il a fait savoir lui-même que le chevalier de Bavière voulait se battre avec lui. Or enfin, cette fois-ci le coup qu'il a fait « couronne l'œuvre », comme on a coutume à dire...»

Même si on ne doit pas en faire une généralité, il y avait à la Cour de Versailles, quelques caricatures qui valent le détour.

Intrigues et Jalousie à la Cour

Les intrigues et la jalousie à la Cour de Versailles, faisaient partie de sujet permanent.

«...Vous n'avez sans doute pas oublié ce que je vous ai conté, lorsque vous étiez ici, des étranges démêlés que j'avais eux déjà avec le chevalier de Lorraine, le marquis d'Effiat et toute leur cabale. Je vous ai dit aussi que nous étions les uns avec les autres en termes passablement froids, bien qu'honnêtes. Mais afin, que vous compreniez mieux l'histoire que je vais vous conter, je dois vous dire que, lorsque je suis à cheval, à la chasse du roi, je marche immédiatement derrière le capitaine des gardes, de sorte que je suis toujours entourée de tous les officiers, qui me rendent les petits services qu'ils peuvent sans que j'aie avec eux aucune autre relation.

Vous savez bien comment je suis. Dès que je connais quelqu'un, je lui parle librement, ainsi que j'ai fait toute ma vie. Or, le malheur voulut qu'il m'arrivât ceci :

Un soir de mardi gras, tout le monde était au bal masqué, excepté moi, qui ne pouvais ni ne voulais m'y trouver, parce que j'étais encore en deuil du feu prince-électeur.

Le lendemain soir, j'étais assise au jeu de la reine, comme à l'ordinaire, et tous les courtisans se tenaient, comme tous les soirs, debout autour de la table, lorsqu'une contestation s'élève à propos du jeu.

Derrière moi, était un officier des gardes du corps qu'on nomme le chevalier Saint-Saens. Je me retourne, et, comme il est grand joueur, je lui demande comment il juge le coup.

Au même instant Mme de Grancey (Elisabeth de Grancey née en 1653, morte en 1711, avait une galante réputation), vient à moi et me dit :

« - connaissez-vous l'homme à qui vous parlez ?.

- comment ne le connaître-je pas ? Répondis-je, je le vois tous les jours à la chasse à côté de moi, ainsi que tous ses camarades, et il est, de même que les autres, assez poli pour m'aller chercher mes chevaux.

- Alors, dit-elle, il est de vos amis ?

- Pourquoi me demander cela ?

- Parce que je voulais savoir une chose...

- Laquelle ?

- Cet homme m'a fait hier un affront, au bal ; il m'a trouvée si vieille qu'il prétendait à toute force que je ne devais plus danser. Il doit avoir eu, en agissant ainsi, le désir de plaire à quelqu'un.

- Comme je n'étais pas au bal, je ne peux pas savoir ce qui s'y est passé. mais, si vous voulez, je vais le lui demander.

- c'est inutile. »

Je ne pensais plus à cette affaire, qui me semblait n'en pas valoir la peine, lorsque, quelques mois après, on me demanda :

- « savez- vous le bruit qui court dans Paris ?

- Non

- Eh, bien Mme de Grancey se plaint que vous lui avez fait faire affront par le chevalier de Saint-Saens, lequel chevalier l'a fait parce qu'il avait une grande envie de vous plaire.»

Cela me fit rire et je dis :

-« Je ne veux pas répondre à de pareilles sottises.»

Quelques mois plus tard, on vient encore me rapporter que l'on parle toujours beaucoup de ce drôle et de moi. Je me dis que c'étaient des folies comme celles qu'on débitait sur le compte de l'archevêque (François de Harlay- Chanvallon, 5e archevêque de Paris. Sa conduite était peu ecclésiastique, il figure dans les histoires de Tallemant de Réaux), et je n'avais qu'à suivre mon train ordinaire.

Je n'en avais plus entendu parler, lorsque l'an passé à notre retour d'Allemagne, le roi me dit :

- « je sais de source certaine que vos ennemis ont tramé contre vous un méchant complot. Ils veulent faire croire à Monsieur (son mari), que vous avez une galanterie ».

- « Votre Majesté, répondis-je, sait bien que ce n'est pas vrai. Et, si vous vouliez avoir pour moi cette bonté, vous feriez appeler devant vous ceux que vous savez avoir l'intention de me mystifier ainsi, et vous leur diriez sévèrement que vous voyez avec déplaisir qu'on me calomnie de la sorte, et que s'ils sont assez osés pour essayer de me brouiller avec Monsieur, vous prendrez ma défense.

- Mais répliqua le Roi, si je fais ce que vous dites, je ne pourrai jamais vous servir auprès de mon frère, car ils ont résolu d'envoyer chez lui demain ou après-demain ; c'est la Gourdon (Mme Gourdon, dame d'honneur d'Henriette d'Angleterre première femme de Monsieur), qui doit porter la parole, et à cet effet, ils l'ont déjà entièrement gagnée à leur cause.

De sorte que si je les faisais appeler, comme vous le dites, ils n'en manqueraient pas d'en instruire mon frère, et ils ne tairaient pas plus leur mensonge pour cela. Et puis, mon frère pourrait encore me reprocher de m'être entendu avec vous contre lui.

- je dis alors au Roi :

-Si la chose est vraie, si j'avais en effet une galanterie, Monsieur pourrait se plaindre à Votre Majesté, comme vous le dites. Mais, puisque c'est un mensonge inventé à plaisir, Votre Majesté ne fera que rendre justice à Monsieur en le tirant de cet embarras.

Plus je réfléchis à cette affaire, moins je vois qu'il soit nécessaire que j'en parle, car mon frère vous connaît bien, et, depuis dix ans tout le monde sait, assez que personne n'est moins coquette que vous. En conséquence, vos ennemis peuvent dire tout ce qu'ils voudront, cela ne peut pas vous faire grand effet »

Le roi se tut à ces mots. Mais cette affaire me pesait sur le cœur, car je sais, hélas ! Que trop, quel empire a mes ennemis sur l'esprit de Monsieur. Je fus très mélancolique pendant trois ou quatre jours, et je ne savais comment faire.

Je pensai que le mieux était de suivre mon train habituel, de ne plus parler à cet homme, et, si Monsieur me tourmentait encore pour savoir ce qui me rendait si triste, de lui dire franchement la chose, en taisant seulement que je l'avais appris du roi, car il m'avait absolument ordonné de ne pas le nommer.

Quelques jours plus tard, Monsieur m'ayant demandé de nouveaux pourquoi j'étais si mélancolique, je finis par lui dire.

Je luis appris, que selon un avertissement que j'avais reçu, mes ennemis, qui étaient auprès de lui, voulaient lui envoyer la Gourdon pour dénoncer ma prétendue galanterie. Monsieur se montra très étonné de cette révélation et me dit :

-« il est impossible que quelqu'un ait formé un pareil projet, et l'on ne vous a donné cet avertissement, que pour desservir mes amis auprès de vous. Si ce n'est que cela qui vous tourmente, vous pouvez être bien tranquille, car je ne crois pas, que vous ayez jamais été coquette. Ainsi donc rassurez-vous et n'ayez plus aucune inquiétude. Si jamais quelqu'un, la Gourdon ou tout autre, pouvait être assez impudent pour me donner des avis pareils, je sais très bien ce que je devrais lui répondre ».

Croyant que ce qu'il me disait partait du cœur, je ne me tourmentai plus, et j'allai toute joyeuse en faire part au roi qui me dit :

- « Je crois que vos ennemis, ne m'ont fait savoir cela que dans l'intention de faire un éclat, et je me sais très bon gré de vous en avoir parlé, afin que tous s'arrangeât bien ».

Un mois après cette affaire, une personne de mes amis me dit :

- « Vos ennemis sont furieux, enragés de ce que Monsieur d'Effiat a résolu, puisque vous ne parliez plus au chevalier de Saint-Saens, de répandre le bruit que vous aviez avec lui un commerce secret, et que Théobon portait vos lettres (ils ne savaient pas en effet, que c'était le roi qui m'avait avertie, et pensait que c'était Théobon).

De plus, afin que l'affaire marche tout à fait bien, ils ont encore décidé que ni le chevalier de Lorraine, ni d'Effiat, ni Mme Grancey ne diraient rien de Madame à Monsieur, mais qu'ils feraient insinuer à ce dernier ce qu'il doit savoir, comme des nouvelles venant de Paris de troisième ou quatrième main ».

Cette confidence me mit dans un très grand embarras, car si je l'avais dit à Monsieur, qui ne peut pas se taire, mes ennemis l'auraient su tout de suite, et, renonçant à leur projet, ils auraient dit que c'était la haine et la méchanceté qui me faisaient les en accuser.

Monsieur, d'ailleurs m'avait si bien promis qu'il n'ajouterait aucune foi à tout ce qu'on pourrait lui dire sur ce chapitre, attendu qu'il était tout à fait sûr de moi, que, pour mon malheur, je résolus de me taire.

Quelques mois s'écoulèrent sans que Monsieur me parlât de rien. Il était le même qu'à l'ordinaire, et cela dura ainsi jusqu'à l'arrivée du roi à Saint-Cloud.

À partir de ce moment, il se montra très froid. Je crus pendant un certain temps, que cela tenait à ce qu'il était occupé à la maison avec les étrangers. Mais enfin, quelqu'un vint encore me dire que mes ennemis répandaient de nouveau sur mon compte des bruits si affreux que cela passait toute croyance.

Qu'ils ne se contentaient pas de parler de l'ancienne affaire, mais qu'ils ajoutaient que je courais après l'amiral. Je le dis au roi, qui ne fit qu'en rire :

« Mais, lui fis-je observer, c'est peut-être là, ce qui cause la froideur de Monsieur ? ».

Le roi ne me répondit rien sur le moment. Mais, quelques jours plus tard, il me dit à la chasse :

-« Vous avez bien raison d'être inquiète. Monsieur est très irrité contre vous et contre Théobon. Il m'a même prié de vous faire un affront à la chasse, ce que j'ai refusé tout net en lui déclarant, qu'il avait tort, et que je mettrais ma main au feu que vous n'aviez rien fait qui puisse lui déplaire.»

Je vous laisse à penser si ces paroles m'allèrent droit au cœur !

J'étais si indignée que je craignais de m'emporter en parlant moi-même, à Monsieur. J'envoyai donc chercher Bois-Franc et je lui dis :

- « Monsieur est tellement en froideur avec moi, que j'en suis tout inquiète, d'autant plus que je sais très bien quels bruits on fait courir sur mon compte. On dit partout (et c'était vrai)) que Monsieur veut chasser Théobon parce que j'entretiens par elle un commerce coupable.

Priez-le donc de ma part de considérer que la honte de cet éclat rejaillira sur lui aussi bien que sur moi. Dites-lui que s'il veut absolument avoir un éclat, je demande du moins à être confrontée avec mes accusateurs. Que s'ils parviennent à me convaincre des fautes qu'ils m'imputent, ce ne sera pas assez pour me punir que de m'enlever Théobon, mais il faudra me casser et me jeter dans un couvent.

Que si au contraire, mes ennemis ne prouvent pas leurs accusations, je leur prouverai, moi, que ce qu'ils me font a été résolu dans leur conseil, il y a quatre mois. Que je le savais et n'ai pas voulu en parler. À telles enseignes, que je suis sûre que ni le chevalier de Lorraine, ni d'Effiat, ni Mme de Grancey n'ont rien dit de moi à Monsieur avant que lui-même ne leur en eût parlé le premier.

Que tous ces bruits lui ont été apportés par d'autres comme des nouvelles, ce qui doit lui faire voir clairement qu'il ne les a pas appris par hasard. Dites-lui aussi que, comme il pourrait encore conserver des doutes, je n'aurai de repos qu'après une confrontation, à condition toutefois que, si je me justifie, on donnera à mes accusateurs la récompense qu'ils méritent.»

Monsieur me fit répondre qu'il ignorait pourquoi on répandait le bruit qu'il voulait chasser Théobon, qu'il n'y songeât aucunement, qu'il ne savait ce que je voulais dire et ne demandait aucun éclaircissement.

Je fis part de cette réponse au Roi, et le priât de me conseiller sur ce que je devais faire, ou tout au moins de me permettre de rapporter à Monsieur ce qu'il m'avait dit de l'affront, afin qu'il n'eût à se défendre d'un éclaircissement. Le roi me répondit :

- « Je vous prie fort de ne pas parler de moi, attendu que j'aie bien promis à Monsieur de garder le secret à votre égard. Mais si vous voulez suivre mon conseil, vous vous tiendrez tranquille et n'aurez qu'un profond mépris pour vos ennemis et pour leurs bavardages. Cela vous est plus facile qu'à moi et tous les honnêtes gens de France sommes très assurés de votre vertu, et que, loin d'ajouter foi à ces folies, nous ne faisons qu'en rire.

Au fond Monsieur, lui-même n'en croit rien. Mais, vous savez bien comment il est lorsque ces gens, qui sont vos ennemis, l'obsèdent. Vous n'avez qu'une chose à faire, c'est de prendre patience.»

Ce discours me prouva que je n'avais à attendre de nulles parts un peu de secours, et je devins si mélancolique que je résolus d'aller finir mes jours auprès de ma tante, à Montbuisson. » Lettre du 19 septembre 1682.

Madame Grancey avait 29 ans, elle n'était donc pas si vieille. Le chevalier de Lorraine et le Marquis d'Effiat voulaient se débarrasser de Madame. Monsieur était tirailler entre Madame, et ses mignons. Louis XIV se mettait du côté, de son frère, tout en soutenant Madame, mais pas ouvertement. Les mignons de son frère lui servaient d'espions.

Liselotte, s'épanchait auprès de sa famille. Elle ne trouvait aucun refuge, victime d'intrigues stupides, elle en a beaucoup souffert, et de ce fait s'est endurcie un peu :

« ... La pauvre dauphine est de nouveau bien mal. Elle est maintenant entre les mains d'un capucin que l'on nomme frère Ange. On la tue à force de déboires. On fait tout ce qu'on peut pour me réduire au même état. Mais moi, je suis une noix plus dure à casser que Mme la dauphine...» Lettre faites à Versailles, le 8 février 1690.

Le terrible hiver 1709

Les dégâts causés par le terrible hiver de 1709 sont une catastrophe véritablement européenne. De la Scandinavie à la méditerranée, pendant au moins quatre mois, et sans doute plus en maints endroits, le continent est pris dans l'implacable étreinte des glaces, étouffe sous d'énorme accumulation de neige, se noie dans d'innombrables inondations dues à des dégels provisoires, rapidement remplacés par de nouveaux regels.

La situation économique, au bout de neuf ans de guerre de Succession d'Espagne, était loin d'être brillante, la France en particulier, n'était pas au bout de ses peines, tant s'en faut...

Le cruel hiver de 1709 acheva de désespérer la nation.

Les oliviers, qui sont une grande ressource dans le midi de la France, périrent. Presque tous les arbres fruitiers gelèrent. Il n'y eut point d'espérance de récolte. On avait très peu de magasins.

Les grains qu'on pouvait faire venir à grands frais des Échelles du Levant et de l'Afrique pouvaient être pris par les flottes ennemies, auxquelles on, n'avait presque plus de vaisseaux de guerre à opposer.

Le fléau de cet hiver était général dans l'Europe, mais les ennemis avaient plus de ressources. Les Hollandais surtout, qui ont été si longtemps les facteurs des nations, avaient assez de magasins pour mettre les armées florissantes des alliés dans l'abondance, tandis que les troupes de France, diminuées et découragées, semblaient devoir périr de misère (le siècle de Louis XIV 249).

Ainsi, Voltaire décrit-il, au chapitre XXI de son célèbre ouvrage sur le Roi-Soleil et son règne, ce désastre naturel majeur qui désole des mois durant la France et l'Europe, s'additionnant aux malheurs qu'apporte la guerre de Succession d'Espagne, qui sévit depuis déjà neuf ans. Le Dictionnaire philosophique fait mention, à l'article « blé », de la disette qui accompagna – et suivit – le « grand hiver » :

« La nation ne mourut pas de la disette horrible de 1709, elle fut très malade, mais elle réchappa. Nous ne parlons ici que du blé, qui manqua absolument, il fallait que les Français en achetassent de leurs ennemis mêmes ; les Hollandais en fournirent seuls autant que les Turcs ».

Ce n'était pas le premier désastre qui accablait la France sous le règne de Louis XIV. Un autre, non moins notable, étant la grande famine de 1693-1694.

Disons quelques mots sur celle-ci. L'automne pluvieux de 1692, est suivi d'un hiver trop doux, pluvieux aussi, puis d'un printemps où les précipitations sont tout aussi excessives.

Ce manque de sécheresse et de chaleur avait compromis les semailles d'automne comme celles de printemps. Le résultat est que la moisson de 1693 est fortement déficitaire, affectant spécialement les régions du Centre.

Seule la Bretagne, où les récoltes ont été à peu près normales, échappe à la famine et peut même aider un peu le reste du pays, comme le mentionne l'historien Marcel Lachiver qui consacre 12 pages (485-496) de son ouvrage (q.v) à des documents sur cette famine.

Revenons à l'hiver 1709.

L'auteur de Candide en a sans doute connu lui-même les rigueurs, étant âgé de 16 ans lorsque le grand froid est arrivé. Il faut cependant nuancer son jugement sur les Alliés et la Hollande en le mettant en regard avec des sources contemporaines, comme on le fera plus loin. Lachiver rapporte en détail les péripéties météorologiques, qui précèdent la première grande vague de froid.

En dépit d'un automne maussade (Cornette 498), le mois de décembre avait été relativement supportable et, bien que les paysans s'attendissent à quelques difficultés durant les mois d'hiver, nul ne pouvait prévoir le désastre qui devait frapper la France et l'Europe (Lachiver 270ss).

Le commencement de cette phénoménale vague de froid date du 5 ou 6 janvier, c'est-à-dire la veille ou le jour de l'Épiphanie, encore que les prodromes du désastre se soient fait sentir, dès le mois d'octobre. Certaines sources font mention d'une saison de vendanges bien plus froide, qu'à l'ordinaire, ce que confirme Lachiver.

Voici ce que raconte Saint-Simon sur les débuts de ce Grand Hiver :

« Madame de Maintenon fut heureuse d'avoir eu à s'avantager de l'excès du froid. Il prit subitement la veille des Rois, et fut près de deux mois au-delà de tout souvenir.

En quatre jours, la Seine et toutes les autres rivières furent prises, et, ce qu'on n'avait jamais vu, la mer gela à porter le long des côtes.

Les curieux observateurs prétendirent qu'il alla au degré où, il se fait sentir au-delà de la Suède, et du Danemark.

Les tribunaux en furent fermés assez longtemps. Ce qui perdit tout et qui dit une année de famine en tous genre de productions de la terre, c'est qu'il dégela parfaitement sept ou huit jours, et que la gelée reprit subitement et aussi rudement qu'elle avait été. Elle dura moins, mais jusqu'aux arbres fruitiers et plusieurs autres fort durs, tout demeura gelé (332-333) ».

Voulait-il dire, par là que l'épouse de Louis XIV profita du froid pour se calfeutrer dans son appartement ou exprime-t-il, simplement l'antipathie qu'il nourrissait de longues dates contre elle ? .

Ce qui est bien clair, mais il revient un peu plus loin avec des détails précis sur la rigueur du froid. Il faut admirer comment il va du général (qu'il n'a pu guère apprendre que par des sources extérieures) au particulier, c'est-à-dire ce qui touchait les habitants de Versailles, puis de nouveau au général, peut-être pour mettre en contraste un inconfort, après tout relatif, avec la dévastation quasi-universelle qui sévit par tout le pays :

« L'hiver comme je l'ai déjà remarqué, avait été terrible, et tel, que de mémoire d'homme, on ne se souvenait d'aucuns qui en eussent approché.

Une gelée, qui dura près de deux mois de la même force, avait dès ses premiers jours rendu les rivières solides jusqu'à leur embouchure, et les bords de la mer capable de porter des charrettes qui y voituraient les plus grands fardeaux.

Un faux dégel fondit les neiges qui avaient couvert la terre pendant ce temps-là ; il fut suivi d'un subi renouvellement de gelée aussi forte que la précédente, trois autres semaines durant.

La violence de toutes les deux fut telle que l'eau de la reine de Hongrie (parfum à base d'alcool, élaboré à partir de romarin, de bergamote, d'ambre et de jasmin, dont la reine Élisabeth de Hongrie était réputée d'user avec régularité), les élixirs les plus forts, et les liqueurs les plus spiritueuses cassèrent leurs bouteilles dans les armoires de chambres à feu, et environné(e)s, de tuyaux de cheminée, dans plusieurs appartements du château de Versailles, où j'en vis plusieurs, et soupant chez le duc de Villeroy (François de Neufville, 2e duc de Villeroy 1685, maréchal de France), dans sa petite chambre à coucher, les bouteilles sur le manteau de la cheminée, sortent de sa très petite cuisine où il y avait grand feu et qui était de plein-pied à sa chambre, une très petite antichambre entre-deux, les glaçons tombaient dans nos verres (…).

Cette seconde gelée perdit tout. Les arbres fruitiers périrent, il ne resta plus ni noyers, ni oliviers, ni pommiers, ni vignes, à si peu près que ce n'est pas la peine d'en parler.

Les autres arbres moururent en grand nombre, les jardins périrent et tous les grains dans la terre. On ne peut comprendre la désolation de cette ruine générale (398-399).»

Le désastre est amplifié par une combinaison de cupidité et d'incompétence bureaucratique. Ayons encore une fois recours à Saint-Simon pour voir comment l'incurie et l'égoïsme s'allient pour aider les éléments à intensifier la misère :

« Chacun resserra son vieux grain. Le pain enchérit à proportion du désespoir de la récolte.

Les plus avisés ressemèrent des orges dans les terres où il y avait eu du blé, et furent imités de la plupart. Ils furent les plus heureux, et ce fut le salut, mais la police s'avisa de le défendre, et s'en repenti trop tard. Il se publia divers édits, sur les blés ; on fit des recherches des amas (accumulation illicite ou frauduleuse d'une denrée) ; on envoya des commissaires par les provinces trois mois après les avoir annoncés, et toute cette conduite acheva de porter au comble l'indigence et la cherté, dans le temps qu'il était évident par les supputations qu'il y avait pour deux années entières de blés en France, pour la nourrir tout entière, indépendamment d'aucunes moissons. (399) ».

Saint-Simon exagère-t-il quant aux accumulations de blé ? Ce n'est pas clair.

Il reste qu'il se montre très sévère, non seulement envers les spéculateurs sur les blés, mais aussi envers le roi, dont il critique l'absolutisme aveugle, qui provoque une crise avec le Parlement de Paris lequel, tentant de mettre bon ordre à cette gabegie, n'évite une dure réprimande de la part du souverain, que sur l'intervention de Pontchartrain, qui supplie le roi de considérer les bonnes intentions du Parlement et la légitimité de sa juridiction.

Si la réprimande est évitée, défense est faite tout de même au Parlement de se mêler de réglementer les blés, ce dont se charge d'Argenson (Marc-René de Voyer de Paulmy, marquis d'Argenson (1652- 1731).

En 1709, il est à la fois lieutenant de police de Paris et membre du Conseil d'État), lieutenant de police de Paris, faisant appliquer des règlements draconiens avec une implacable sévérité, démontrant ici, comme en d'autres circonstances, son caractère rigide (Frédéric d'Agay, in Bluche 103).

Le roi réagit avec la même jalousie de ses pouvoirs à une semblable initiative prise par le Parlement de Bourgogne (401), dont le président n'évite pas la réprimande, cette fois-ci …

Les conséquences économiques vont au-delà du tragique. Non seulement les frères Pâris (les frères Pâris sont quatre financiers français des XVIIes et XVIIIes siècles), réalisent de gros bénéfices sur la « cherté », ce qui indigne Saint-Simon au plus haut point, mais le froid atroce provoque une dislocation générale de la machine économique française (403). L'immense élan de charité qu'à engendré la situation est loin de pouvoir endiguer le raz-de-marée de misère qui déferle sur Paris aussi bien que sur les provinces, prises dans les serres implacables du « Grand Hiver ».

Saint-Simon enrage contre la politique fiscale du roi, qui impose sans discrimination des taxes pour aider en principe les pauvres ; cette taxation est menée avec un tel mélange de brutalité et d'incompétence que non seulement les pauvres n'en bénéficient guère, mais aussi, ceux qui sont obligés de supporter ces impositions s'en trouvent très souvent appauvris eux-mêmes, tandis que dans le trésor royal s'entassent millions sur millions de livres (Saint-Simon rapporte que ces taxes continuent, encore que diminuées, au moment où il écrit (403).

Saint-Simon insiste que le tableau qu'il dépeint est « exact, fidèle et point changé ».

On sait combien le duc désapprouvait par principe la politique de Louis XIV, mais, compte tenu de l'ampleur européenne du désastre de 1709, il faut penser que ce qu'il rapporte, aussi bien les faits que les intentions et les attitudes n'étaientt pas trop exagéré.

Il faut mettre en regard Saint-Simon avec ce qu'écrit Dangeau dans son journal (q.v.). À la passion du duc, on peut opposer le ton neutre du marquis, qui ne rapporte, du 6 janvier au 4 février, que de brèves remarques sur le froid, qui empêche Louis XIV de sortir prendre l'air autant qu'il le voudrait. Il faut pourtant faire mention d'une entrée, datée du 3 février :

« Monsieur le premier président a été chez le cardinal de Noailles (Louis-Antoine de Noailles (1651-1729), cardinal-archevêque de Paris), avec quelques conseillers pour lui représenter que la rigueur de la saison, le manque de poisson et de légumes doivent l'engager à donner permission de manger gras en Carême.» (journal 323-324).

Dangeau rapporte que, le 8, le cardinal, d'accord avec le premier président du Parlement, le procureur général, le prévôt des marchands et le lieutenant de police, ne permettent que la consommation des œufs, et seulement jusqu'à la mi-carême (328).

On verra plus loin que Rome manifeste un semblable souci du bien-être des bons catholiques...

Vers la mi-février, le temps semble s'être un peu adouci, vu que les ducs de Bourgogne et de Berry vont courrir le cerf dans la forêt de Saint-Germain (334). À partir de là, aucune mention du froid qui étreint la France et l'Europe jusqu'au mois suivant. En conclusion, la lecture du journal de Dangeau apporte fort peu de renseignements sur le « Grand Hiver ».

Tout semble normal à Versailles, où on donne fort souvent la comédie. Le roi fait planter (on se demande quoi et surtout comment, le sol devant être gelé), va se promener (sauf quelques jours où le froid est vraiment trop insupportable), et fait ses dévotions.

Outre Saint-Simon, il faut donc se tourner vers une autre source pour un complément d'information sur ce qui se passe, tant à Versailles que dans le reste du pays.

Cette source, bien proche de Louis XIV, est sa belle-sœur, Élisabeth-Charlotte d'Orléans, seconde épouse de Monsieur. C'est la Princesse Palatine, dont Dirk Van der Cruysse a fait paraître en 1988, une importante biographie (q.v).

Les pages qu'il consacre aux réactions de la princesse sur le grand hiver (457-462), reflètent à peu près les mêmes conditions climatiques à Versailles et à Paris, que celles que rapporte Saint-Simon. La princesse, cependant, est loin d'exprimer les critiques que profère le duc à l'endroit du roi. Van der Cruysse commence par tracer un tableau saisissant des effets du froid, qui viennent s'ajouter aux revers militaires subis en décembre de l'année précédente : capitulation de Lille, perte de Bruges et de Gand.

« Dans la nuit du 5 au 6 janvier, une brusque chute de la température jusqu'à -20°, paralysa le royaume jusqu'en mars, avec un dégel trompeur fin janvier qui fait fondre en eau l'épaisse couche de neige qui protégeait les blés d'hiver. La seconde gelée à partir du 31 janvier fut encore plus brutale ; elle couvrit le pays d'une gangue de glace qui immobilisait la vie publique.

Les boutiques et salles de spectacle étaient fermées, les tribunaux ne siégeaient plus. Les cours d'eau gelée et les routes impraticables, sous la glace rendaient quasi-impossibles les transports de vivres et de bois (457) ».

Moins incisives cependant que les mémoires de Saint-Simon, insistant peut-être un peu plus sur le détail anecdotique, les lettres de la Palatine n'en constituent pas moins un reflet authentique des vicissitudes qu'inflige l'hiver de 1709.

Elle écrit le 10 janvier à sa parente, la raugrave Amélie-Élisabeth (fille du prince-électeur Karl Ludwing de Palatinat, et de son épouse morganatique Maria Susanne Loysa von Degenfeld), s'extasie sur ces pièces de collection, dont elle possède à cette date quatre cent huit en or (lettres de Madame...).

Sa lettre du 17 est plus explicite : « Dimanche dernier, il faisait un froid atroce et l'on avait allumé un feu terrible dans la cheminée de la salle où nous mangeons » (267-268).

Le reste, cependant traite surtout de préséances et de rivalités, somme toute assez mesquines, entre elle et le Dauphin (le duc de Bourgogne).

Sa lettre à Sophie de Bohême, duchesse de Hanovre, Fille de Frédéric V du Palatinat et d' Élisabeth d'Angleterre, épouse en 1658, Ernest-Auguste de Hanovre, dont elle aura plusieurs enfants, notamment George Ier d'Angleterre.

En date du 19 janvier, elle offre plus de détails :

«... De mémoire d'homme, il n'a fait aussi froid ; on n'a pas souvenance d'un pareil hiver. Depuis quinze jours, on entend parler tous les matins de gens qu'on a trouvés morts de froid ; on trouve dans les champs les perdrix gelées.

Tous les spectacles ont cessé aussi bien que les procès : les présidents et les conseillers ne peuvent siéger dans leurs chambres à cause du froid... (Lettre de Madame... 268).

Quoique disent la princesse Palatine, et Dangeau, les théâtres demeurent actifs, en dépit des conditions climatiques. Quoi qu'il en soit, le 2 février, elle écrit de nouveau à Amélie-Élisabeth :

«... Le froid est si horrible en ce pays-ci, que depuis l'an 1606, à ce qu'on prétend, on n'en a pas vu un tel. Rien qu'à Paris, il est mort 24 000 personnes du 5 janvier à ce jour ...(269).

Sa lettre du 9 février à son autre demi-sœur, la raugrave Louise (1661-1733), mentionne une autre calamité, pour le peuple, conséquence du froid :

« Les loups aussi font rage ici : ils ont dévoré le courrier d'Alençon avec son cheval et en avant, du Mans, ils ont attaqué à deux un marchand...» (270). Les détails sont saisissants :

«... Deux loups ont attaqué un marchand : un lui sauta à la gorge et commença à déchirer son justaucorps ; il cria ; deux dragons qui se promenaient hors de la ville vinrent au secours du marchand ; l'un tire son épée et en perce le loup de part en part ; le loup laisse le marchand, saute sur le dragon et le saisit par le cou. Son camarade s'empresse de venir à son secours, et abat le loup, mais déjà la cruelle bête avait étranglé le dragon.

Le second loup vient par-derrière, terrasse l'autre dragon et le mord par-derrière. Lorsqu'on arrive de la ville pour prêter assistance, on trouve deux dragons et un loup étendus morts. L'autre loup s'était enfui. (correspondance complète 110).»

L'histoire représente toujours une source d'informations...

En France actuellement en 2015, il y a environ 300 loups...

Il est bien évident que la Princesse Palatine n'a pas assisté en personne à cette scène hautement dramatique, mais l'attaque a dû être reconstituée par les gens venus au secours des soldats (y compris les appels au secours du marchand, sans doute).

Sa lettre du 2 mars à la même personne, rapporte l'histoire d'une pauvre femme ayant volé un pain au marché. Arrêté, elle supplie qu'on lui laisse le pain, alléguant qu'elle a à la maison trois enfants en haillons, mourant de faim.

Le commissaire qui l'accompagne chez elle pour vérifier ses dires découvre le mari derrière la porte : il s'était pendu de désespoir. (Lettres de Madame...271) Correspondance complète 111-112).

C'est une époque très dure, pour le peuple.

La disette fut telle, que les gens mêmes de la Cour avaient peine à se nourrir. Pour remédier un peu à cette détresse, on fit vendre une partie des biens de l'Hôtel-dieu, jusqu'à concurrence de 800 000 livres.

Fondée par Théophraste Renaudot en 1631, la Gazette de France relate en détail des nouvelles sur la situation climatique de certaines régions d'Europe, entre janvier et avril 1709.

En examinant ces quatre mois, il devient évident que les nouvelles de la guerre de Succession d'Espagne et les « bulletins météorologiques », sont indissociables. On a cependant choisi d'omettre tout ce qui concerne les activités militaires, n'y faisant allusion que lorsque cela devient indispensable pour comprendre l'étendue des dégâts dus au froid, dégels, regels.

Une constatation devient évidente à mesure qu'on lit la Gazette de France : la propagande de Louis-quatorzième est flagrante, mais, curieusement, c'est par omission. Du 15 janvier au 6 avril 1709, on relève 31 mentions du froid et de ses conséquences en Europe.

On relève également 6 fois où la France est mentionnée, mais uniquement concernant Paris ou Versailles : il n'y est nullement question du froid, encore moins de ses conséquences.

Voyons comment un lecteur de 1709, apprendrait ce qui se passe en France.

Le 16 janvier à Paris, arrive Antonio Mocenigo, ambassadeur de la République de Venise. L'article décrit en grand détail d'abord la réception du diplomate, avec l'ordre des carrosses et des personnages de la Cour, ensuite la cérémonie proprement dite.

Le 8 février, la Gazette de France rapporte de Versailles les rites religieux célébrés à l'occasion de la fête de la Purification de la Vierge (2 février), la réception de Cronstrom, envoyé extraordinaire du roi de Suède, ainsi que les promotions de brigadiers de cavalerie et de dragons.

Toujours de Versailles, en date du 15 mars : le 8, le roi, accompagné du Dauphin, du Duc de Bourgogne, du duc et de la duchesse de Berry, entend dans la chapelle du château la prédication de l'abbé Anselme. (Antoine Anselme, 1652-1737).

Il prêche à la cour la station quadragésimale en 1709. Auteur entre autres, d'un recueil funèbre, publié en 1701 (Paris Louis Josse).

Le 16, on peut lire que des commandants de marine française ont effectué trois prises : une Hollandaise et deux anglaises, toutes trois chargées de produits de luxe ou exotiques, tabac, sucre, cacao, vins, bois du Brésil.

On ne peut qu'imaginer la réaction des Parisiens, frigorifiés et affamés, devant cette nouvelle !...

Le 5 avril, le lecteur de la Gazette a droit à un rapport détaillé sur les dévotions royales durant les derniers jours du Carême :

le jeudi 28 mars, le roi accompagné du duc et de la duchesse de Bourgogne, ainsi que du duc et de la duchesse de Berry, avait entendu l'office de Ténèbres.

Le vendredi 29, un sermon de la Passion par l'abbé Amselme.

Le samedi 30, le roi s'était rendu à l'église paroissiale de Versailles et avait communié des mains du cardinal de Janson, Grand-Aumônier de France.

Ensuite, il avait touché un grand nombre de malades.

Le Dauphin avait communié des mains de l'abbé de Maulévrier, aumônier du roi.

Le soir, les ducs et duchesse de Bourgogne et ceux de Berry avaient entendu les vêpres et le Salut, dans la chapelle du château.

Le 31 mars, jour de Pâques, le roi avait assisté à une messe basse dans la chapelle du château, en dépit d'une colique qui le tourmentait.

Le Dauphin, la Dauphine ainsi que le duc et la duchesse de Berry avaient eu droit eux, à la grand-messe chantée. Heureusement, vers la fin de la journée, la colique royale s'était soulagée...

Le 6 avril est consacré à une longue chronique des personnages notables de Paris, morts du mois précédent.

Voilà tout ce que rapporte de France la Gazette durant cette période.

Le peuple avait de quoi être en colère... Devant cette multitude de nouvelles. Il saura y répondre quelques décennies plus tard autrement.

Si, c'était l'unique source, en mettant cela en contexte avec le reste des nouvelles, on aurait l'impression bizarre que la France constitue un îlot de temps clément et de normalité, voire de prospérité, au sein d'un océan de détresse, car, pour le reste de l'Europe, septentrionale ou méditerranéenne, avec la notable absence de l'Espagne et du Portugal, la nature s'est montrée infiniment plus cruelle.

Ceux sur lesquels la Gazette de France donne le plus de renseignements sont les pays ennemis de la France, on appuie là où ça fait du bien : Pays-Bas catholiques (Belgique), Allemagne et Autriche, mentionnés 22 fois en tout. Plus on va au nord, plus les conditions sont mauvaises.

Par exemple, la Gazette rapporte que le détroit du Sund, a été gelé en deux jours et qu'on passe à pied de l'île de Zélande, où se trouve Copenhague, à la province de Schønen, c'est-à-dire la Scanie, l'extrême sud de la Suède.

Curieusement, la Hollande n'est mentionnée qu'une fois. Le même numéro rapporte que le froid y est tellement vif que non seulement les chariots passent sur les canaux, mais aussi traversent le Zuiderzee. Les souffrances de la population sont extrêmes. Cela semble bien contredire ce qu'avance Saint-Simon dans ses mémoires.

On démontrait au peuple français, que les autres pays étaient logés à la même enseigne, et que les conditions étaient tout simplement pires qu'en France. Cela s'appelle de la manipulation...

La lettre de la Princesse Palatine à Sophie de Bohême, duchesse de Hanovre lettre du 23 mai 1709 de Versailles, la Princesse Palatine nous raconte, extrait :

«… Plût à Dieu que je pusse vous dire qu'il n'y a pas de famine ici, mais ce n'est malheureusement que trop vrai. La récolte des fruits ne signifie rien, pourvu qu'on ait seulement du pain et du vin en suffisance. Quel triste temps, grand Dieu !»

Dans une autre lettre du 26 octobre 1709, faite à Versailles, elle nous donne des précisions :

«.. Je suis bien aise que vous n'ayez perdu personne des vôtres dans cette affreuse bataille. Tous les jours, nous voyons arriver des officiers qui marchent avec des béquilles. Un jeune homme qui a été mon page, et qui n'est au service que depuis un petit nombre d'années est là, dans ma chambre, avec des béquilles aussi.

Cela vous fait pitié.

Un gentilhomme alsacien de la famille de Wangen est arrangé de la même façon... Sort-on, eh bien, on est suivi d'une foule de pauvres qui sont noirs de faim...».

Triste époque pour un peuple qui meurt de faim, parce que l'on a pas prévu, et cela durera le reste de l'année 1709.

La guerre qui aggrave aussi la situation.

Pour savoir en détail, ce qui se passait vraiment en France, il faut avoir recours aux chroniques. Joël Cornette (498-499), cite le curé du village d'Ezy, qui donne les renseignements suivants :

« La veille du 6 janvier de l'année 1709, jour des Rois, la pluie tomba le jour des Rois, la gelée fut prodigieuse. Elle continua de plus en plus jusques au 28 du mois, en sorte qu' il n'était point d'homme par terre qui en eut vu une semblable, ni entendu parler, ni lu dans l'histoire. Il gela jusques au coin du feu et le vin auprès du feu ne dégela qu'à peine. La rivière prit de plus d'un pied d'épais.

On coupa la glace avec des cognées et autres instruments pour faire aller un des deux moulins, et les glaçons qu'on en tira étaient comme des pierres de taille. Les neiges étaient aussi prodigieuses que la gelée. Il y en avait jusques aux genoux également.

Cette gelée fut si forte que les chênes de 50 ans fendaient par le milieu du tronc en deux ou trois, on les entendait dans le vieux parc et dans la forêt faire du bruit en s'ouvrant comme des pétards, et après la gelée tous se refermèrent (…).

Les volailles tombaient mortes dans leurs poulaillers, les bêtes dans leurs tanières et les hommes avaient bien de la peine à s'échauffer, surtout la nuit, plusieurs brulèrent ici leurs lits pour les échauffer (…).

Pour dire une messe basse, il fallait deux réchauds, un proche du calice, et l'autre des burettes, de l'eau bien chaude pour faire l'eau bénite (…). J'ai vu mes paroissiens à l'église ayant tous les cheveux et la barbe toute blanche et leurs haleines qui glaçaient en sortant de leurs bouches (…). La plupart des vignes furent gelées (…). Le vin fort rare pendant trois ans (…). Le cidre devint rare aussi. (…).

Le meilleur bled ne passait pas 30 livres à Pâques, mais sitôt que les bleds ne donnèrent plus d'espérance, il haussa à tous les marchers si fort qu'au mois d'août, il valait 82 livres le setier, jusqu'à 85 livres le plus beau (…). Le pain de son, fut fort commun, tous les pauvres en vivaient (…).

On faisait aussi du pain d'avoine, celui des pauvres gens s'étranglait, tant il était rude et amer. J'en goutai exprès, à chaque bouchée, il fallait un coup d' eau pour le faire passer (…). Les pauvres n'avaient plus que la peau et les os… »

Vous avez compris, les tournures de phrases sont en vieux français, mais la richesse des détails que fournit cette chronique et aussi à cause du fait, qu'il s'agit d'un non privilégié, un simple curé de village qui parle, apporte toute sa valeur au témoignage.

Dans la Touraine, nous avons plusieurs localités qui ont laissé des chroniques. Le Grand-Pressigny, Mouzay, Saint-Radegonde, Tours et Loches rapportent essentiellement la même chose, en termes poignants.

Faire le détail de tous les mémoires relatant les dégâts et les souffrances causées par l'hiver de 1709, dépasserait de très loin le cadre de ce livre.

Il va de soi que les chroniqueurs privilégiés n'ont pu connaître les désastres du grand Hiver, que de façon relativement mitigée ou encore par oui-dire, même compte tenu des souffrances qu'ils enduraient eux-mêmes à Versailles, à savoir, la Princesse Palatine et le Duc de Saint-Simon.

Ce n'est pas pour minimiser, les témoignages de ces textes qui nous apportent, il faut le reconnaître un témoignage contemporain lucide, et qui a marqué son temps, sur les dernières années de règne de Louis XIV.

D'autres hivers furent aussi terribles, celui de 1788-1789, fut, un des plus froid du siècle.

La vie de chaque jour sous le règne de Louis XIV

Nous allons essayer de regarder comment vivait le peuple à son époque, en notant tout d'abord que la vie à ce moment de notre histoire n'avait guère évolué depuis le Moyen-âge, plus particulièrement à la campagne. Ensuite, les différences entre classes sociales étaient beaucoup plus marquées que de nos jours.

Au siècle du Roi-Soleil, on pouvait voir des gens mourir de faim, alors que d'autres au contraire pouvaient perdre la vie chaque jour d'indigestion, sans que les hauts représentants du clergé, s'indignent de la situation, dans cette France pourtant tellement empreinte de chrétienté.

Ces inégalités se manifestaient dans tous les domaines de la vie, à commencer par le logement. À la campagne, les maisons étaient faites en bois et torchis, avec un toit de chaume.

Il y avait généralement une grande pièce, avec une fenêtre sans vitre et une cheminée, séparée de l'étable par une cloison. On éclairait avec un lampion à huile, ou dans les grandes occasions à la chandelle.

L'ameublement était très sommaire avec un lit, un grabat pour les enfants, une table avec des bancs, des écuelles en bois ou en terre, et des cuillères de fer ou d'étain.

Les habitants des villes, du moins, les classes populaires comme, nous dirions aujourd'hui, n'étaient pas mieux lotis, s'entassant dans des maisons construites en bois enduit de plâtre, aux façades étroites, avec boutiques et auvents au rez-de-chaussée, ce qui obligeait les gens à emprunter un escalier tortueux pour accéder à leur logement.

En revanche, les hôtels particuliers des nobles et des riches bourgeois étaient bâtis en pierre de taille, comme les bâtiments publics, avec de vastes pièces bien éclairées par de hautes fenêtres, de grandes portes cochères pour l'entrée des carrosses, une cour intérieure et des jardins de plaisance.

Ces hôtels particuliers étaient au nombre de sept cents environ à Paris, vers la fin du 17e siècle, à comparer aux 23 000 maisons que comptait la capitale. Cela dit, même si le confort dans ces demeures étaient plus développé que dans les habitations du bas peuple, le chauffage et l'éclairage, chandelle de suif, n'avaient guère évolué depuis la fin du règne de Saint-louis, c'est-à-dire quatre cents ans auparavant. Résultat, tout le monde avait froid, au point que la Maréchale de Luxembourg se calfeutrait dans une chaise à porteurs, la tête recouverte de plusieurs coiffes, ce qui lui faisait dire :

«... Je deviens sourde à Saint-Martin (le 11 novembre) et ne retrouve l'ouïe qu'à Pâques... ».

En fait, les seules personnes qui supportaient le froid étaient celles qui travaillaient dur, donc les plus endurcies. Ce qui n'empêchait pas le froid de faire de nombreuses victimes tous les hivers.

En ce qui concerne l'habillement, chaque costume était réglementé selon les classes sociales.

Le campagnard portait des vêtements de toile ou de drap grossier, et marchait pieds nus ou en sabot.

Le dimanche et jour de fête, les plus aisés mettaient des souliers.

Les femmes du peuple étaient habillées avec des tissus bons marchés et des petits draps, notamment la grisette.

Évidemment, les bourgeois achetaient des étoffes infiniment plus confortables, draps sombres pour les hommes, et camelots de Hollande et soie tramée de laine ou de coton pour les femmes. À noter qu'après 1663, à l'exemple du roi devenu chauve à moins de vingt ans, suite à sa maladie contractée à Calais (en 1658), sans doute le typhus, l'usage de la perruque s'est généralisé.

L'alimentation au 17e siècle, différait très sensiblement de la nôtre aujourd' hui. Certains légumes, communs à notre époque, étaient une rareté, par exemple les petits-pois considérés, comme un met de grand luxe, le légume préféré de Louis XIV, de même que la pomme de terre, très répandue en Allemagne et en Angleterre, mais presque inconnu en France, sauf dans quelques provinces par exemple le Vivarais (Ardèche). Les oranges aussi, mises au goût du jour par le roi, ne se trouvaient que sur les tables des riches. Le sucre coûtait très cher, tout comme à leur apparition dans la seconde moitié du siècle le thé, le chocolat et le café.

Mais le plus étonnant résidait surtout dans la manière de cuisiner, les potages à la volaille, notamment, avaient bouilli pendant dix ou douze heures, dans la cheminée, ce qui avait le mérite de compenser le manque d'hygiène pour tuer ces volailles. On mettait aussi beaucoup de parfums dans les viandes, les sauces ou les confitures.

Les menus des classes riches étaient pantagruéliques, avec plusieurs services de nombreux plats. La princesse Palatine écrivait à ce propos :

«... J'ai souvent vu le roi manger quatre pleines assiettes de soupes diverses, un faisan entier, une perdrix, une grande assiette de salade, deux grandes tranches de jambon, du mouton au jus et à l'ail, une assiette de pâtisseries et puis encore des fruits et des œufs durs ...».

Un repas que les sumotoris n'auraient pas renié ! Après quoi, saignées, et apparition de la goutte, et parfois du diabète...

En revanche, la masse de ce pauvre peuple vivait surtout de pain grossier et compact, de soupe plus ou moins à l'eau et de légumes, la viande étant naturellement rare, voire un luxe pour cette catégorie de citoyens.

Les disettes étaient fréquentes, ce qui faisait que les trois-quarts de la population étaient gravement sous-alimentés.

L'hygiène la plus élémentaire était complètement ignorée.

En ville, les maisons, y compris le Palais de Versailles, n'avaient pas de vrais lieux d'aisance.

On jetait les immondices par la fenêtre en criant :

« ... Gare à l'eau » !...

Et, celui qui la prenait sur la tête, prenait aussi une douche ...

Les tas d'ordures s'entassaient devant les portes, le long des ruelles empuanties, attirant bien entendu les rats et autres bestioles pas très sympathiques.

À la campagne, on buvait l'eau des puits, et à Paris l'eau de la Seine, ce qui entraînait de très nombreuses maladies, car s'y déversaient beaucoup de choses.

Personne n'avait le souci de l'hygiène corporelle, y compris les riches bourgeois et les nobles pour qui prendre un bain constituait une véritable épreuve. Enfin dans les hôpitaux, les malades, contagieux ou non couchaient à deux, à trois ou même à quatre dans le même lit, ce qui permettait aux épidémies de prospérer.

La peste apparut plusieurs fois dans le siècle, la typhoïde, la variole, toutes ces maladies faisaient de terribles ravages.

La mortalité infantile était considérable, au point que la durée moyenne de vie des Français n'atteignait pas trente ans, dans de telles conditions.

Bien entendu, cette situation était due également au fait que la médecine ne progressait pas, et à l'incompétence des médecins de l'époque. Il suffit de voir comment on a soigné Louis XIV quand il fut atteint de sa maladie à Calais, essentiellement à coup de saignées, de purges et de lavements. Statistiques oblige, Louis XIV en aurait reçu entre 1500 et 2 000 au cours de son existence !...

La faculté de Paris, en proie à des querelles qui n'auraient pas dû être, se montrait constamment hostile aux nouveautés. Ainsi, elle rejeta longtemps la théorie de l'Anglais Harvey sur la circulation du sang, qui affirmait que le cœur, et non le foie, est bien le centre de la circulation sanguine.

Les caricatures de Molière ne faisaient d'ailleurs que traduire la réalité concernant ces charlatans qu'étaient en vérité les médecins, lesquels n'hésitaient pas à prescrire pour soigner leurs malades des bouillons de vipère, de la fiente d'oie ou de la cendre d'abeille.

Enfin, on notera que les chirurgiens ne faisaient aucune étude médicale, avant d'exercer leur métier de barbiers-chirurgiens, les barbiers transformaient leur rasoir en bistouri. Seul suffisait le coup de main, si je puis dire !.

La situation n'était guère meilleure dans l'éducation que dans la médecine, la masse du peuple demeurant aussi ignorant qu'au Moyen-âge.

En 1684, à l'apogée du règne de Louis XIV, près de 80 % des nouveaux époux sont incapables de signer leur acte de mariage, avec une différence pour les femmes, 86 %, et pour les hommes 70 %. S'il en était ainsi, c'était tout simplement parce que les petites écoles, où pouvaient aller les enfants des villageois et des compagnons des villes, étaient payantes, 3 à 5 sous par mois. Elles étaient complètement désertées à la campagne entre Pâques et la Toussaint, c'est-à-dire au plus fort des travaux des champs.

Pour ceux qui néanmoins allaient à l'école, ils apprenaient à lire en latin, puis en français. Ensuite, on enseignait l'écriture, quelques éléments de calcul, et bien évidemment le catéchisme, le maître étant en réalité un auxiliaire du curé, remplissant aussi les fonctions de chantre, sacristain, fossoyeur et parfois de chirurgien et d'horloger.

En revanche, les fils des nobles et des riches bourgeois étaient instruits à domicile dans un premier temps par un précepteur, puis au Collège de la ville voisine tenu par des religieux, le plus souvent des Jésuites.

De 14 à 18 ou 20 ans, le garçon apprenait le latin, un peu de grec ancien, quelques notions d'histoire et géographie, et les rudiments des sciences. Plus tard, à l'Université, il pouvait prendre ses grades de licences et de docteur.

Toutefois, la Princesse Palatine nous ouvre les yeux sur ceci : Saint-Cloud le 21 juin 1697 :

« Très chère Louise, il y a quinze jours environ, je reçus votre chère lettre du 11-21 mai, mais il m'a été impossible de vous répondre, car je n'étais pas encore assez adroite pour me servir de la main gauche et de dicter mes lettres à Melle de Tathamhausen serait chose bien pénible, vu qu'elle a une orthographe impossible. Vous pensez peut-être chère Louise, qu'il n'eut pas été plus difficile que de lire ce que j'écris de la main gauche et cela peut bien être, mais je crois que vilaine écriture, vous préférez prendre la peine de déchiffrer mes pattes de mouches plutôt que celles d'une autre ; c'est pourquoi je vais moi-même vous raconter et vous dire l'état où je suis.

Il y a tout juste quatre semaines aujourd'hui, j'allais chasser le loup avec Monsieur le Dauphin. Il avait plu et les chemins étaient glissants. Nous avions cherché un loup deux heures durant, et n'en avions pas trouvés, nous allions donc nous diriger vers une autre enceinte où l'on croyait que le loup viendrait.

Tout d'un coup, quelqu'un passe au galop à côté de moi, cela donne envie à mon cheval de galoper aussi, il se cabre un peu et de ses pieds de derrière, il touche l'herbe, les deux pieds lui manquent et il tombe tout doucement sur le côté droit, mon coude droit donne juste contre une pierre ce qui disloqua le gros os du bras. On alla immédiatement chercher le chirurgien du roi, mais on ne put le trouver. Son cheval avait perdu un fer, il était allé dans un autre village pour lui en faire remettre un.

Un paysan qui se trouvait par là, dit qu'il y avait à deux lieues de là, un très habile barbier qui journellement remettait bras et jambes. Quand j'entendis qu'il avait tant d'expérience, je montai en calèche et m'y fis mener. J'endurai de grandes douleurs en route, mais dès qu'il m'eut remis le bras, je ne ressentis plus rien. Je remontai en calèche et revins ici au grand trot.

Le lendemain Monsieur, et ses chirurgiens eurent la curiosité de voir si mon bras était bien remis ; je crois qu'il s'y mêlait un peu de jalousie de ce que le paysan eut si bien fait la chose, et ils s'en vont faire croire au pauvre homme que s'il n'examine pas aussitôt mon bras, le sphacèle pourrait s'y mettre.

Le pauvre paysan se laisse persuader par les méchants chirurgiens, me met le bras à nu, tandis qu'il aurait dû rester dans l'appareil pendant neuf jours ; ils font mouvoir le bras et me remettent l'appareil si mal que le lendemain il fallut tout rouvrir.

Cela amena une si affreuse enflure de la main et du bras que présentement encore, je ne peux faire usage de la main, ni porter à la bouche : tandis que je pouvais tout faire, avant que ces maudits chirurgiens n'eussent ôté le premier appareil... Je serais tout à fait guérie s'ils avaient laissé faire mon paysan...

Ce qui souligne, l'incompétence des chirurgiens de l'époque, mais, le peuple lui était plus débrouillard sur certains points.

Une société fondée sur l'inégalité

La société du XVIIe siècle est fondée sur l'inégalité, nous affirment les historiens. Si nous nous situons en France, la première puissance européenne de l'époque, nous pouvons voir qu'au-dessus des paysans et des compagnons-artisans, se trouvent les bourgeois et les privilégiés. Ils ne forment pas de classes au sens contemporain du terme, mais, ce qu'on appelle des « états » fondés sur la fortune ou la naissance.

Voici comment le juriste Loyseau dans son Traité des ordres et simples dignités, paru en 1613, justifie l'inégalité sociale.

« Nous ne pourrions vivre ensemblement en égalité de condition, ainsi, il faut par nécessité que les uns commandent et les autres obéissent.

Ceux qui commandent ont plusieurs ordres, rangs ou degrés : les souverains seigneurs commandent à tous ceux de leur État, adressant leur commandement aux grands, les grands aux médiocres, les médiocres aux petits, et les petits au peuple. Et le peuple qui obéit à tous ceux-là, est séparé en plusieurs ordres et rangs.

Les uns sont dédiés particulièrement au service de Dieu ; les autres à conserver l'État par les armes, les autres à le nourrir et maintenir par les exercices de la paix. Ce sont les trois Ordres ou États généraux... Mais, chacun de ces ordres est encore divisé en ordres subalternes à l'exemple de la hiérarchie céleste. »

(Loyseau , Traité des Ordres et simples dignités, 1613).

Ce qui relève d'un pédantisme très éclairé...

     La noblesse occupe le premier rang dans la société. Toutes les charges de la Cour, de l'armée et du clergé lui sont pratiquement réservées. Cependant, la noblesse comprend elle-même une hiérarchie : d'une part, la noblesse d'épée, de l'autre la noblesse de robe. Louis XIV exploitera les tensions qu'engendrent ces deux genres de noblesse, mais celles-ci finiront par faire éclater les structures de l'Ancien Régime, au moment de la Révolution.

     Nous avons pour l'heure, au sommet, les grands entourés d'une clientèle de gentilhommes prêts à les soutenir en toutes circonstances. Ces grands aspirent, comme leurs semblables en Angleterre, à des responsabilités politiques, mais, ils seront écartés du pouvoir après la Fronde qui a été autre chose qu'une insurrection sans lendemain. Elle apparaît comme une épreuve décisive avant l'établissement de la monarchie absolue.

     À la base de la noblesse, on a les hobereaux de province, plus ou moins ruinés par la hausse des prix et qui ne peuvent plus vivre noblement, que par la guerre ou le brigandage, d'où leur participation active aux guerres de religion et à la Fronde. Le travail et le commerce leur sont interdits sous peine de déroger.

     Face à cette noblesse d'épée, riche ou pauvre, monte une classe nouvelle que la noblesse traditionnelle méprise. C'est la noblesse de robe qui se recrute parmi les bourgeois enrichis.

Les bourgeois du XVIIe siècle, peu tentés par les affaires, ni même par le commerce, achètent des terres et des « offices », c'est-à-dire des fonctions héréditaires. Ils occupent ainsi les principales charges dans les Parlements, autrement dit les tribunaux. Le roi choisit parmi eux ses ministres et ses grands serviteurs, les intendants.

D'autres, enrichis dans la finance, obtiennent du roi des lettres de noblesse.

Vous trouverez chez les grands auteurs du siècle, chez Molière, dont les études de caractères que sont ses pièces demeurant aujourd'hui encore d'une stricte actualité, chez La Fontaine, je pense, en particulier à la fable du loup et de l'agneau qui emporte au fond des forêts l'agneau pour le manger, malgré tous les raisonnements de l'agneau qui tente en discutant de s'opposer à la loi du plus fort, vous retrouverez dans ces œuvres immortelles, peintes avec perspicacité les mœurs de l'époque.

Adressons-nous ici à des textes moins connus, peut-être, mais qui décrivent bien les comportements caractéristiques des nobles et des bourgeois dans cette guerre sourde qu'ils se livrent pour la prééminence.

Voici deux passages des Caractères parus en 1688, qui consignent les observations sur la noblesse, les bourgeois, le rôle moteur de l'argent, entre autres. Ces textes sont de La Bruyère (1645-1696), avocat au Parlement et chargé d'enseigner l'histoire au petit-fils du Grand Condé. C'est dire de combien près, il peut acérer sa critique.

« Si certains morts revenaient au monde, et s'ils voyaient leurs grands noms portés, et leurs terres les mieux titrées, avec leurs châteaux et leurs maisons antiques, possédés par des gens dont les pères étaient peut-être leurs métayers, quelles opinions pourraient – ils avoir de notre siècle ?

Sylvain, de ses deniers, a acquis de la naissance, un autre nom ; il est seigneur de la paroisse où ses aïeuls payaient la taille, il n'aurait pu entrer chez Cléobule, et il est son gendre.

Il s'est trouvé des filles qui avaient de la vertu, de la santé, de la ferveur et une bonne vocation ; mais qui n'étaient pas assez riches pour faire dans une riche abbaye vœux de pauvreté.

Il y a des âmes sales, pétries de boue et d'ordure, éprises de gain et de l'intérêt, comme les belles âmes, le sont de la gloire et de la vertu capables d'une seule volupté, qui est celle d'acquérir ou de ne point perdre.

De tels gens ne sont ni parents, ni amis, ni citoyens, ni chrétiens, ni peut-être des hommes : ils ont de l'argent. » (la Bruyère, Caractères, 1688).

Ce garçon si frais, si fleuri, et d'une si belle santé est seigneur d'une abbaye et de dix autres bénéfices : tous ensemble lui apportent vingt-six mille livres de revenu dont il n'est payé qu'en médailles d'or. Il y a ailleurs vingt-six familles indigentes qui ne se chauffent point pendant l'hiver, qui n'ont point d'habits pour se couvrir, et qui souvent manquent de pain ; leur pauvreté est extrême et honteuse. Quel partage !. Et cela ne prouve-t-il pas clairement un avenir ?

Si le financier manque son coup, les courtisans disent de lui : c'est un bourgeois, un homme de rien, un malotru ; s'il réussit, ils lui demandent sa fille..

Pendant que les grands négligent de rien connaître, je ne dis pas seulement aux intérêts des princes et aux affaires publiques, mais à leurs propres affaires, qu'ils ignorent l'économie et la science d'un père de famille, et qu'ils se louent eux-mêmes de cette ignorance ; qu'ils se laissent appauvrir et maîtriser par des intendants... Des citoyens s'instruisent du dedans et du dehors d'un royaume, étudient le gouvernement, deviennent fins et politiques, savent le fort et le faible de tout un état, songent à se mieux placer, se placent, s'élèvent, deviennent puissants, soulagent le prince d'une partie des soins publics. Les grands qui les dédaignaient les vénèrent : heureux s'ils deviennent leurs gendres. » (la Bruyère, Caractère 1688).

Mais, le monde des campagnes, comment vit-il ? Les paysans constituent la grande masse du peuple, mais ils ne forment pas une classe homogène. La plupart des bonnes terres appartiennent aux privilégiés qui les donnent en location à des fermiers-laboureurs, c'est-à-dire à des paysans assez riches pour posséder une charrue et un attelage.

Il n'y a pas de réserves et en cas de mauvaise récolte, ces pauvres gens, mal nourris et vieillis avant l'âge, meurent par centaines de milliers comme, pendant la grande disette de 1693-1694.

Les vignerons, groupés dans des bourgs plus importants sont en général plus à l'aise et plus libres.

Les tableaux des frères, le Nain constituent les meilleurs témoignages sur la vie des campagnes, françaises au milieu du 17e siècle.

Chaque village vit sous la direction de son curé qui participe de très près à la vie des paysans. Il tient l'état-civil, organise un enseignement élémentaire, distribue des secours en cas de disette, se dévoue au besoin en temps d'épidémie, et perçoit le plus souvent une dîme sur les récoltes.

Les fastes de la cour ne doivent pas faire oublier qu'en ce même temps le peuple des villes et des campagnes, écrasé par les charges fiscales, souffre de disette. Révoltes antifiscales, révoltes de la misère, elles cessent après 1675, dès que Louis XIV a les moyens d'imposer une centralisation absolue.

Ah, ce roi-soleil !. Il nous a juste préparé la révolution...

Transportons-nous à la Cour...

D'abord, si vous voulez bien, un mot sur le gouvernement-type que Louis XIV met au point et qui porte en germe les résistances qu'on va lui opposer et qui culmineront avec la révolution de 1789. Son règne voit triompher l'idée de monarchie absolue de droit divin.

La théorie du pouvoir absolu n'est pas nouvelle ni particulière à Louis XIV, mais jamais elle n'a été mise en pratique avec autant d'éclat. Le sacre du roi à Reims lui confère un véritable caractère religieux, sa personne est sacrée, lui désobéir est pécher ; le roi ne doit de compte qu'à Dieu, non aux hommes.

Mais, cela ne signifie pas qu'il peut gouverner tyranniquement, représentant de Dieu sur terre, il doit distribuer une justice parfaite, défendre la religion, et ne pas enfreindre les « lois fondamentales du royaume », autrement dit, les privilèges dont certaines provinces, certaines villes, certaines assemblées jouissent depuis des temps immémoriaux.

Puisqu'elle émane de Dieu, l'autorité du roi ne se partage point. Il n'a plus de Premier ministre. Le roi, cependant se garde de changer le haut personnel du gouvernement, ministres et intendants, que lui avait laissé le défunt cardinal Mazarin.

Au contraire, il utilise en le subordonnant étroitement, et peu à peu, emploie les compétences de certains grands bourgeois dont il fit la fortune, fortune qui est tout entière entre ses mains. De cette façon, il tient délibérément la classe bourgeoise dans une plus grande sujétion, comme il l'explique dans ses mémoires.

Quant à la noblesse, il l'écarte du pouvoir et l'oblige à n'avoir plus comme activité que d'être l'illustration vivante de la grandeur du royaume et son plus sûr rempart militaire.

Louis XIV participe dès le début et jusqu'à la fin de son règne à tous les conseils, écoutant les avis de chacun et décidant souverainement de la ligne politique, que chaque ministre doit suivre. Pendant cinquante-quatre ans de 1661 à 1715, il a gouverné personnellement la France avec une application et un courage qui ont étonné ses contemporains, s'imposant, écrit-il de « travailler régulièrement deux fois par jour, et deux ou trois heures chaque fois, avec diverses personnes ».

Aidé par Colbert, il procède petit à petit au redressement des finances, favorise la production en poussant aux défrichements, aux cultures industrielles et en aménageant le cheptel. Enfin, il encourage le commerce et l'industrie.

Louis XIV n'a jamais prononcé le mot célèbre, « l'état, c'est moi » mais ce passage de ses mémoires pour l'instruction du Dauphin que Louis XIV prit soin de dicter lui-même et où, il expose sa conception de la monarchie absolue va peut-être plus loin :

« Toute puissance, toute autorité résident dans les mains du roi et il ne peut y en avoir d'autre dans le royaume que celle qu'il y établit. Tout ce qui se trouve dans l'étendue de nos États, de quelque nature que ce soit, nous appartient... Les rois sont seigneurs absolus et ont naturellement la disposition pleine et entière de tous les biens qui sont possédés aussi bien par les gens d'église que par les séculiers...

Celui qui a donné des rois aux hommes a voulu qu'on les respectât comme ses lieutenants, se réservant à lui seul le droit d'examiner leur conduite.

Sa volonté est que quiconque est né sujet obéisse sans discernement ; et cette loi si expresse et si universelle n'est pas faite en faveur des princes seuls, mais est salutaire aux peuples mêmes auxquels elle est imposée...». (Louis XIV, Mémoires pour l'instruction du Dauphin)

Pour louis XIV, la Cour n'est pas seulement une réunion brillante, mais le rassemblement de toute une noblesse domestiquée. À la Cour, les nobles sont connus, c'est en y paraissant qu'ils peuvent prétendre toucher des pensions. Un noble est perdu si le roi peut dire de lui : « C'est quelqu'un que je ne vois jamais ».

La Cour qui ne vit que par le roi s'installe définitivement à Versailles en 1682.

Avec ses lignes horizontales, son décor symétrique, sa profusion de statues, le Palais donne une impression de colossal et de majestueux.

Toute la disposition intérieure est conçue en fonction de la personne du Roi, le Roi-Soleil, et sa chambre constituent le centre géométrique d'un grandiose cérémonial. Versailles œuvre de Mansart, qui marque le triomphe de l'art classique et la glorification du grand roi, devient le cadre du culte rendu au monarque dont la vie et les rapports avec les courtisans sont réglés par l'étiquette. Elle est hiérarchisée, chacun essayant d'obtenir un service dans la Maison, civile ou militaire du roi. Voici vu par Louis XIV lui-même, le rôle du roi à la Cour :

« Tous les yeux sont attachés sur lui seul ; c'est à lui seul que s'adressent toutes les vues ; lui seul reçoit tous les respects, lui seul est l'objet de toutes les espérances ; on ne poursuit, on n'attend, on ne fait rien que par lui seul. On regarde ses bonnes grâces comme la seule source de tous les biens, on ne croit s'élever qu'à mesure qu'on s'approche de sa personne ou de son estime, tout le reste est stérile.»

Chaque matin, peu après le réveil sonné par les trompettes de la garde, Louis XIV devant les dignitaires de sa « Maison », récite la prière, puis assiste à la messe chantée. Un cérémonial compliqué indique combien de personnages peuvent entrer dans la chambre, puis ils assistent à la messe à laquelle ils accompagnent le roi, en regardant non l'autel, mais le roi.

Le roi a réuni ensuite son Conseil d'en Haut, nous dirions aujourd'hui le Conseil des ministres, entouré de Colbert, de Louvois, du maréchal Vauban, il prouve sa grande passion du bien public.

Dans l'après-midi, des fêtes somptueuses se déroulent dans le cadre des jardins tracés par le Nôtre ; on y joue des pièces de Molière, on y danse des ballets sur la musique de Lulli.

La dépense est énorme et chacun rivalise pour se faire remarquer du prince.

Mais, Louis XIV en favorisant l'existence d'une pléiade d'artistes, en protégeant les lettres et les arts, accordant aides et pensions aux écrivains et aux artistes qui se conforment à l'idéal de bon goût, en suscitant une intense activité intellectuelle a su créer par là un des aspects les plus brillants de l'histoire de son temps, et son règne tire une partie de son importance des écrivains, peintres, sculpteurs qu'il a encouragés et qui symbolisent l'élégance, la grâce, la solennité du grand siècle.

Madame de Sévigné nous décrit une soirée, pendant le mois de juillet 1676, à cette Cour, riche en contrastes et en couleurs, à cette Cour emblématique de la vie et de la pensée du siècle de Louis XIV.

Madame de Sévigné, à Paris, mercredi 29 juillet 1676 :

« Je fus samedi à Versailles avec les Villars, voici comment cela va :

À trois heures, le Roi, la Reine, Monsieur, Madame, Mademoiselle, tout ce qu'il y a de princes et de princesses, Madame de Montespan, toute sa suite, tous les courtisans, toutes les dames, enfin ce qu'on appelle la cour de France, se trouve dans ce bel appartement du Roi que vous connaissez. Tout est meublé divinement, tout est magnifique. On ne sait ce que c'est d'y avoir chaud ; on passe d'un lieu à l'autre sans faire la presse en nul lieu.

Cette agréable confusion, sans confusion de tout ce qu'il y a de plus choisi dure jusqu'à six heures depuis trois. S'il vient des courriers, le Roi se retire un moment pour lire ses lettres, et puis revient. Il y a toujours que la musique qu'il écoute, et qui fait très bon effet.

Il cause avec les dames qui ont accoutumé d'avoir cet honneur. Enfin, on quitte le jeu à l'heure que je vous ai dit... ».

Paris sous Louis XIV

Si, pendant ce règne, Paris perdit son importance municipale, il commença à recevoir une organisation administrative régulière. La police, qui avait été jusque-là confondue avec l'administration, forma un service séparé, en 1667, et fut mise sous la direction d'un lieutenant de Police.

Le service de la voirie fut créé, et des mesures sévères assurèrent le bon entretien des rues, jusqu'alors d'une malpropreté horrible.

Enfin, six mille cinq cent lanternes, brûlant jusqu'à minuit, éclairèrent, bien imparfaitement encore, il est vrai, la voie publique, autrefois plongée dans une profonde obscurité.

Les anciennes fortifications furent détruites et remplacées par une ceinture de boulevards, qui sont nos grands boulevards actuels, des quais et des ports nouveaux donnèrent un grand essor à la navigation de la Seine.

Un grand nombre de monuments s'élevaient aussi de tous côtés, faisant de Paris la plus belle des capitales de l'Europe, déjà à cette époque.

Louis XIV y contribua pour une grande part.

C'est sur son ordre que furent continués les travaux du Louvre, auquel Perrault ajouta en 1670, sa majestueuse colonnade.

Cette colonnade du Louvre avait été d'abord commencée par un célèbre architecte italien, le « cavalier Bernin ». Sa suffisance et son caractère hautain firent qu'on fut forcé de le renvoyer en Italie.

L'habile, le Nôtre dessinait alors les jardins des Tuileries et des Champs-Élysées, et l'architecte Mansart, assisté de Libéral Bruant, construisaient l'église de l'Hôtel des Invalides, élevé pour recevoir les soldats blessés ou mutilés au service du roi.

En même temps furent construites les portes monumentales que nous admirons aujourd'hui sur nos grands boulevards et qui étaient destinées à perpétuer le souvenir des victoires remportées par le Roi-Soleil. Outre les portes Saint-Denis et Saint-martin, il y en avait deux autres qui disparurent plus tard : la porte Saint-Antoine, près de la Bastille, et la porte Saint-Bernard, située sur le quai du même nom.

Sous son règne, Paris vit s'élever de nombreux établissements religieux.

Le séminaire des Missions étrangères, rue du Bac, fut fondé en 1663, pour former des missionnaires chargés d'aller enseigner la foi catholique dans les pays de l'Extrême-Orient.

L'église située au coin de la rue de Babylone, est une chapelle succursale de Saint-Thomas-d'Aquin.

Le séminaire Saint-Sulpice, sur la place du même nom, existe encore. C'était une communauté d'hommes qui se préparaient à entrer dans les ordres. Il a conservé de nos jours sa destination première.

L'abbaye de Sainte-Perrine, établie d'abord à la Villette, fut transférée à Chaillot en 1746. Depuis la Révolution, cet établissement a été transformé en une maison de retraite pour les vieillards. Il y a quelques années, il a été installé à Auteuil.

L'Abbaye-aux-Bois, rue de Sèvres, avait été fondée au Moyen-âge dans les bois de la Picardie. Elle se transporta à Paris en 1667. Au commencement de notre siècle, cette maison religieuse fut célèbre par quelques femmes de lettres qui y habitèrent, notamment Madame Récamier.

Les hôpitaux parisiens furent réorganisés sous Louis XIV.

Plusieurs d'entre eux, peu importants et n'ayant pas les ressources suffisantes pour subvenir à leurs dépenses, furent réunis, au point de vue administratif, sous le nom d'Hôpital général. Le siège principal de cette administration fut à la Salpêtrière à partir de 1667. De la Salpêtrière, dépendaient, entre autres, la Pitié, la maison Scipion, devenue la boulangerie des Hospices, et Bicêtre, ancien château dont le nom défiguré est celui d'un de ses possesseurs au Moyen-âge, l'évêque de Winchester.

Il faut encore rappeler la fondation de deux établissements importants, la manufacture des Gobelins et l'Observatoire.

Les Gobelins étaient une famille de teinturiers qui utilisaient les eaux de la Bièvre pour leur industrie. Louis XIV installa dans leur établissement, en 1667, la fameuse fabrique des tapisseries royales qui existe encore aujourd'hui. Colbert y annexa en outre une école des arts du dessin qui imprima un grand essor à l'art industriel en France.

L'Observatoire, construit en 1672, par Claude Perrault, fut destiné à être le centre des études d'astronomie et de météorologie.

De nombreux hôtels furent élevés à grands frais par les seigneurs qui se pressaient à la cour du souverain. On peut citer, entre autres, l'hôtel d'Antin, duquel dépendait le Pavillon de Hanovre qui nous est resté, et l'hôtel Mazarin entre les rues Vivienne et de Richelieu, où est maintenant installée, la Bibliothèque nationale.

Jamais Paris, ne vit dans ses murs une réunion aussi nombreuse de grands écrivains et de grands artistes. Pour les lettres proprement dites, Racine, Boileau, Molière, la Fontaine. Pour l'éloquence chrétienne, Bossuet, Bourdaloue, Fénelon, Massillon. Pour la peinture, Hyacinthe Rigaud, Lesueur, Claude Lorrain, le Poussin, Mignard. Pour l'architecture, Perrault et Mansart. Pour la musique Lully et Quinault.

C'est tout à la gloire de Louis XIV d'avoir su distinguer et retenir auprès de lui tant d'hommes illustres, dont les œuvres immortelles ont fait donner à son règne le nom de Siècle de Louis XIV.

Pendant ce siècle brillant, la cour, il est vrai, était à Versailles. Mais la distance qui sépare cette ville de Paris n'est pas grande et les seigneurs venaient souvent prendre leur part des mille plaisirs que leur offrait la capitale. C'étaient, les théâtres, où l'on se rendait dans l'après-midi, de quatre-heures à huit, et non le soir, comme maintenant. Les cafés, d'institution toute récente, où déjà l'on se réunissait pour discuter les questions littéraires. Les maisons de jeu, enfin, très fréquentées à cette époque. Un des grands plaisirs du temps était d'aller à la foire Saint-Germain. On y trouvait des théâtres, des marchands forains, des spectacles populaires. C'était aussi un lieu de rendez-vous. Le marché Saint-Germain a remplacé la célèbre foire et son aspect rappelle un peu celui qu'elle devait avoir jadis.

Il y a encore à Paris, et surtout dans le quartier du Marais, beaucoup de maisons de ce temps. Ce coin de ville, si paisible aujourd'hui, et dont l'industrie n'a envahi qu'une partie, était alors le quartier élégant par excellence. Il n'est pas rare d'y apercevoir, au fond d'une vaste cour, un hôtel d'aspect sévère, aux hautes fenêtres. L'ensemble, quoique froid et triste, a un cachet de vraie grandeur. À côté de ces hôtels, les habitations du peuple étaient fort modestes. On peut en voir beaucoup dans les rues étroites du centre, du côté des rues Coq-Héron et du Bouloi, ou bien dans les quartiers voisins de Saint-Méry.

Depuis un siècle, la mode s'était répandue, chez toutes les personnes de condition aisée et chez les bourgeois, d'avoir aux portes de la capitale une maison de campagne, afin de se soustraire au tumulte, déjà très grand, de la ville. Dans une de ses spirituelles satires, Boileau ne s'écrie-t-il pas, en se lamentant sur le vacarme de Paris :

« Qui frappe l'air, bon Dieu, de ces lugubres cris ?

Est-ce donc pour veiller qu'on se couche à Paris ? ».

Aussi habitait-il volontiers, lui et ses amis, le joli village d'Auteuil, qui a toujours beaucoup attiré les Parisiens.

Le droit des pauvres, on entend par cette expression l'impôt prélevé par l'Assistance publique au profit des Hospices et hôpitaux sur les recettes des théâtres. Ce droit, date du 17e siècle. Louis XIV avait supprimé, en 1677, la confrérie de la Passion. Il avait réuni ses biens à ceux de l'hôpital général, qu'il venait de créer et qui était, non pas un seul établissement, mais une véritable administration hospitalière, origine réelle de notre Assistance publique.

Par suite, l'hôpital général reçut les loyers de l'hôtel de Bourgogne, où se donnaient les représentations théâtrales. Plus tard, ce bénéfice vint à lui manquer quand l'hôtel disparu. Aussi, le roi le remplaça-t-il, en 1699, par l'impôt d'un sixième sur la recette de chaque soirée. Cet impôt existe encore aujourd'hui, il est compris dans le prix que paye chaque spectateur. Mais, il n'y a pas soixante ans, on le payait encore séparément, à un guichet spécial placé dans l'intérieur des théâtres.

Autrefois, les ressources dont on disposait pour combattre les incendies étaient bien insuffisantes, aussi n'était-il pas rare que le feu dévorât tout un village, et même une ville.

Grégoire de Tours raconte qu'en 586, un incendie consuma toutes les maisons de Paris, de Saint-Séverin jusqu'à l'oratoire de Saint-Martin, qui était situé sur l'emplacement actuel de la tour Saint-Jacques.

Plus tard, les secours furent un peu mieux organisés.

Une congrégation religieuse, celle des Capucins, se donna la mission de courir au feu. Mais les instruments dont elle se servait étaient encore bien primitifs. Il faut arriver à la fin du 17e siècle pour trouver l'origine des systèmes actuels de sauvetage.

Un comédien de la troupe de Molière, appelé Dumouriez du Périer, ayant remarqué dans ses voyages à l'étranger qu'on se servait de pompes manœuvrées par des hommes pour projeter l'eau sur les foyers d'incendie. Il sollicita le privilège de faire fonctionner à Paris, des appareils analogues. Il l'obtint en 1669.

Il eut d'abord trois pompes, qui firent merveille. Plus tard, le nombre en fut porté à trente. La maison où elles étaient remisées était située rue Mazarine.

Elle existe encore, non loin de la porte de l'Institut.

Jusqu'à la Révolution, le nombre des écoles fut fort limité et leur organisation très défectueuse. L'instruction donnée au peuple était presque nulle et entièrement aux mains du clergé. Une sorte de rôle de contributions dressé sous Philippe-le-Bel, vers 1290, indique qu'il y avait alors à Paris onze maîtres ou maîtresses d'école qui payaient l'impôt.

Il ne faut pas confondre ces écoles avec les collèges qui s'étaient déjà multipliés au quatorzième siècle dans le quartier dit de l'Université, c'est-à-dire aux alentours de la Sorbonne. Ces collèges correspondaient à peu près à ce que nous appelons aujourd'hui, les établissements d'enseignement secondaire.

Quant aux écoles primaires ou petites écoles, lorsqu'elles commencent à apparaître dans l'histoire, on voit qu'elles dépendaient toutes de la cathédrale et étaient soumises à l'autorité du chantre, qui était, après le doyen du chapitre, le second dignitaire des chanoines de la cathédrale. Le chantre garda ce privilège depuis 1380 jusqu'à la Révolution.

L'homme au masque de fer.
Les faits Historiques - autopsie d'une énigme

Le 4 septembre 1687 en plein règne de Louis XIV, une gazette manuscrite Janséniste, qui se lisait sous le manteau, informait ses lecteurs, que, Monsieur de Saint-Mars, avait conduit « par ordre du roi » un prisonnier d'État au fort de l'île Sainte-Marguerite, en Provence « Personne ne sait qui il est ; il y a défense de dire son nom et ordre de le tuer s'il l'avait prononcé ; celui-ci était enfermé dans une chaise à porteurs ayant un masque d'acier sur le visage, et tout ce qu'on a pu savoir de Saint-Mars, était que ce prisonnier était depuis de longues années à Pignerol, et que les gens, que le public croient mort ne l'est pas ».

Par la suite, le 29 septembre 1698, une autre gazette annonçait que « Monsieur de Saint-Mars, qui était gouverneur des îles de Saint-Honorat et de Sainte-Marguerite, est arrivé ici depuis quelques jours pour prendre possession du gouvernement de la Bastille, dont il a été pourvu par sa Majesté. »

Le 3 octobre, la même gazette rajoutait que « Monsieur de Saint-Mars a pris possession du gouvernement de la Bastille, où il a fait mettre un prisonnier qu'il avait avec lui, et il en a laissé un autre à Pierre-en-Cise, en passant par Lyon.»

La seconde mention qui a été faite du prisonnier au masque de fer se trouve dans un petit livre anonyme : mémoires secrètes pour servir à l'histoire de Perse (Amsterdam, 1745, in-12), qui n'est qu'une satire des intrigues politiques et galantes de la cour de Louis XIV, sous des noms persans.

On y raconte une visite du régent à un prisonnier d'État masqué. Ce prisonnier, transféré de la citadelle d'Ormus (îles Sainte-Marguerite), dans celle d'Ispahan (la Bastille), n'est autre que le comte de Vermandois, fils de Louis XIV et Louis de la Vallière, incarcéré pour avoir donné un soufflet au dauphin, et qu'on avait fait passer pour mort de la peste.

« Le commandant de la citadelle d'Ormus, traitait son prisonnier avec le plus profond respect ; il le servait lui-même et prenait les plats à la porte de l'appartement des mains des cuisiniers, dont aucun n'avait jamais vu le visage de Giafer (le comte de Vermandois). Le prince s'avisa un jour de graver son nom sur le dos d'une assiette avec la pointe d'un couteau. Un esclave, entre les mains de qui tomba cette assiette, crut faire sa cour en la portant au commandant, et se flatta d'en être récompensé ; mais ce malheureux fut trompé dans son espérance, et l'on s'en défit sur-le-champ, afin d'ensevelir avec lui un secret d'une si grande importance. Giafer resta plusieurs années dans la citadelle d'Ormus. Il la quitta que pour être transféré dans celle d'Is-pahan, que lorsque Cha-Abbas (Louis XIV), en reconnaissance de la fidélité du commandant, lui donna le gouvernement de celle d'Is-pahan qui vint à vaquer.

On prenait la précaution, autant à Ormus qu'à Ispahan, de faire mettre un masque au prince lorsque, pour cause de maladie ou pour tout autre sujet, on était obligé de l'exposer à la vue.

Plusieurs personnes dignes de foi ont affirmé avoir vu plus d'une fois ce prisonnier masqué, et ont rapporté qu'il tutoyait le gouverneur qui au contraire, lui rendait des respects infinis.» (extrait de l'article le masque de fer dans le Grand dictionnaire universel du XVIIIe siècle, tome 10, page 1304).

C'est Voltaire qui va lancer la légende en consacrant à « l' homme au masque de fer », une partie du chapitre XXV du Siècle de Louis XIV publié en 1751,(après la mort de Louis XIV). Affirmant que le personnage a été arrêté en 1661, année de la mort de Mazarin, il est le premier à mentionner le détail, propre à exciter l'imagination, du « masque dont la mentonnière avait des ressorts d'acier qui lui laissaient la liberté de manger avec le masque sur le visage », en ajoutant :

« On avait ordre de le tuer s'il se découvrait. » Il affirme également que le prisonnier était traité avec des égards extraordinaires, qu'on faisait de la musique dans sa cellule et que :

« Son plus grand goût était pour le linge d'une finesse extraordinaire et pour les dentelles. »

En 1752, la réédition du Siècle de Louis XIV ajoute l'anecdote de l'assiette d'argent sur laquelle le prisonnier inscrit son nom et qu'il lance par la fenêtre de la prison ; retrouvée par un pêcheur illettré, ce dernier l'aurait rapportée au gouverneur qui lui aurait dit, après s'être assuré qu'il n'avait pu déchiffrer l'inscription : « Allez, vous êtes bien heureux de ne pas savoir lire ».

Pour s'en tenir aux faits avérés, le 19 novembre 1703 est mort à la Bastille un prisonnier ainsi mentionné sur le registre d'écrou de la prison, tenu par le lieutenant Étienne de Junca :

« Sainte-Marguerite, qu'il gardait depuis longtemps, lequel s'étant trouvé un peu mal en sortant de la messe, il est mort le jour d'hui sur les dix heures du soir (...) et ce prisonnier inconnu gardé depuis si longtemps a été enterré le mardi à quatre-heures de l'après-midi, 20 novembre dans le cimetière Saint-Paul, notre paroisse ; sur le registre mortuaire, on a donné un nom aussi inconnu que Monsieur de Rosarges, major, et Monsieur Reil, chirurgien, qui ont signé sur le registre. » Avec cette adjonction en marge :

« J'ai appris depuis qu'on l'avait nommé sur le registre Monsieur de Marchiel, qu'on a payé 40 l, d'enterrement.»

Le registre paroissial de Saint-Paul mentionne pour sa part :

« Le 20, Marchioly (ou Marchialy) âgé de quarante-cinq ans environ, est décédé dans la Bastille, duquel le corps a été inhumé dans le cimetière de Saint-Paul sa paroisse, le 20 du présent, en présence de Monsieur Rosage, majeur de la Bastille et de Monsieur Reil, chirurgien majeur de la Bastille qui ont signé.»

En 1769, dans son Traité des différentes sortes de preuves qui servent à établir la vérité dans l'histoire, le père Griffet (1698-1771) donnait les précisions suivantes :

« Le souvenir du prisonnier masqué s'était conservé parmi les officiers, soldats et domestiques de cette prison, et nombre de témoins oculaires l'avaient vu passer dans la cour pour se rendre à la messe.

Dès qu'il fut mort, on avait brûlé généralement tout ce qui était son usage comme linge, habits, couvertures, on avait regratté et blanchi les murailles de sa chambre. On avait changé les carreaux, et fait disparaître les traces de son séjour, de peur qu'il n'eût caché quelques billets ou quelque marque qui eût fait connaître son nom ».

Plus d'une cinquantaine d'hypothèses ont été formulées, prétendant livrer l'identité du mystérieux détenu.

Certains ont suggéré qu'il s'agissait du duc de Beaufort, cousin germain de Louis XIV, un prince bouillonnant qui participa à plusieurs conspirations contre Richelieu et Mazarin, et qui fut l'un des chefs de la Fronde, avant de se réconcilier avec la monarchie. Pendant longtemps toutefois, trois autres théories ont tenu le haut du pavé.

La première voit dans l'homme au masque de fer Nicolas Fouquet, le surintendant des finances, tombé en disgrâce pour avoir osé défier le Roi-Soleil par sa richesse et ses prévarications.

Une deuxième hypothèse séduisante concerne le comte Ercole Mattioli, un juriste ambitieux devenu secrétaire d'État du duc de Mantoue.

L'hypothèse, la plus célèbre reste celle d'un supposé frère clandestin du roi, avancée par Voltaire au XVIIIe siècle. Bien qu'aucune preuve historique ne vienne l'étayer, elle s'appuie sur des faits réels.

Le prisonnier était arrivé avec son geôlier, Bénigne Dauvergne de Saint-Mars, fidèle de Louvois et ancien mousquetaire, quand celui-ci devint gouverneur de la Bastille en 1698.

Cela est confirmé par une autre entrée du registre d'écrou le 18 septembre 1698 :

« Du jeudi 18 de septembre à trois heures après-midi, Monsieur de Saint-Mars, gouverneur du château de la Bastille, est arrivé pour sa première entrée venant de son Gouvernement des îles Sainte-Marguerite et Honorat, ayant avec lui dans la litière un ancien prisonnier qu'il avait à Pignerol, lequel il fait tenir toujours masqué, dont le nom ne se dit pas (...), lequel prisonnier sera servi par Monsieur de Rosargues, que le Gouverneur nourrira. »

Il en ressort que le prisonnier masqué avait suivi Saint-Mars, lors de ses mutations successives : à l'île Sainte-Marguerite de Lérins (au large de Cannes), où il était arrivé le 30 avril 1687, et, auparavant, à Exilles, où il fut muté en 1681 et à la forteresse de Pignerol en Piémont, qu'il commanda de 1665 à 1681.

Lors de sa mutation à Exilles, Saint-Mars avait été accompagné de deux prisonniers :

« Sa Majesté (...) a trouvé bon de vous accorder le gouvernement d'Exilles (...), où elle fera transporter ceux des prisonniers qui sont à votre garde, qu'elle croira assez de conséquences pour ne pas les mettre en d'autres mains que les vôtres ». (lettre de Louvois à Saint-Mars du 12 mai 1681).

« J'aurai en garde deux merles que j'ai ici, lesquels n'ont point d'autre nom que Messieurs de la tour d'en bas ». (Saint-Mars à d'Estrades, 25 juin 1681). Ces prisonniers étaient jugés suffisamment importants pour qu'on leur construise, à Exilles, une prison spéciale, aménagements qui retardèrent d'ailleurs de plusieurs mois le transfert.

L'un des deux prisonniers en question décède fin 1686 ou début 1687, juste avant que Saint-Mars soit transféré à Sainte-Marguerite.

Le survivant arrive à Sainte-Marguerite le 30 avril 1687 dans une chaise à porteur hermétiquement close par une toile cirée. On lui fait aménager une prison spéciale, donnant sur la mer et à laquelle on n'accède qu'en franchissant trois portes successives.

Le prisonnier était arrivé à Pignerol le 24 août 1669.

Dès le 19 juillet, Louvois avait écrit à Saint-Mars à propos du prisonnier qu'il lui envoyait :

« Il est de la dernière importance qu'il soit gardé avec une grande sûreté et qu'il ne puisse donner de ses nouvelles en nulle manière et par lettre à qui que ce soit (...) de faire en sorte que les jours qu'aura le lieu où il sera ne donne point sur des lieux qui puissent être abordés de personne et qu'il y ait assez de portes, fermées les unes sur les autres, pour que vos sentinelles ne puissent rien entendre. Il faudra que vous portiez vous-même à ce misérable, une fois par jour, de quoi vivre toute la journée et que vous n'écoutiez jamais, sous quelque prétexte que ce puisse être, ce qu'il voudra vous dire, le menaçant toujours de le faire mourir s'il vous ouvre jamais la bouche pour vous parler d'autre chose que de ses nécessités.»

En 1691, lorsque Louvois meurt, son fils, Barbezieux, qui lui succède, écrivit à Saint-Mars pour confirmer ces instructions :

« Lorsque vous aurez quelque chose à me mander du prisonnier qui est sous votre garde depuis vingt ans, je vous prie d'user des mêmes précautions que vous faisiez quand vous suiviez à Monsieur de Louvois ».

Ce prisonnier a enflammé les imaginations.

En réalité, rien ne permet de penser que le prisonnier était constamment masqué. Il semble plus probable qu'il n'a été astreint à porter un masque que pendant les transferts, pour éviter qu'un passant puisse le reconnaître.

Des scientifiques ont par ailleurs expliqué qu'il n'a pas pu porter ce masque constamment pour la bonne et simple raison qu'il aurait entraîné des maladies. De plus, il s'agissait d'un homme, donc la repousse des poils aurait eu lieu dans de mauvaises conditions.

Encore, le port d'un masque n'est-il véritablement avéré qu'en 1698, lors du transfert à la Bastille ; il est mentionné dans le registre d'écrou, ainsi que dans un récit (publié dans l'Année littéraire le 30 juin 1778)) de l'étape de Saint-Mars dans son château de Palteau, faite par son petit-neveu :

« En 1698, écrit Monsieur de Palteau, Monsieur de Saint-Mars passa du gouvernement des îles Sainte-Marguerite à celui de la Bastille. En venant, en prendre possession, il séjourna avec son prisonnier à sa terre de Palteau. L'homme au masque arriva dans une litière qui précédait celle de Monsieur de Saint-mars ; ils étaient accompagnés de plusieurs gens à cheval.

Les paysans allèrent au-devant de leur seigneur ; Monsieur de Saint-Mars mangea avec son prisonnier, qui avait le dos opposé aux croisées de la salle à manger qui donnent sur la cour ; les paysans que j'ai interrogés ne purent voir s'il mangeait avec son masque ; mais ils observèrent très bien que Monsieur de Saint-Mars, qui était à table vis-à-vis de lui, avait deux pistolets à côté de son assiette.

Ils n'avaient pour les servir qu'un seul valet de chambre, qui allait chercher les plats qu'on lui apportait dans l'anti-chambre, fermant soigneusement sur lui la porte de la salle à manger. Lorsque le prisonnier traversait la cour, il avait toujours son masque noir sur le visage ; les paysans remarquèrent qu'on lui voyait les dents et les lèvres, qu'il était grand et avait les cheveux blancs. Monsieur de Saint-Mars coucha dans un lit qu'on lui avait dressé auprès de lui, de l'homme au masque ».

Selon Émile Laloy, auteur du livre le Masque de Fer : Jacques Stuart de la Cloche, l'Abbé Prignani ; Roux de Marsilly (1913), Louis XV est le dernier roi connaissant ce secret.

« Louis XV est le dernier roi auquel la légende attribue la connaissance de ce grand secret : Louis XVI l'ignorait complètement ; son Premier ministre, Malesherbes, fit faire des recherches dans les archives de la Bastille pour l'élucider : chevalier, major de cette prison, en envoya le 19 novembre 1775 le résultat au ministre : il n'avait rien trouvé au-delà de ce qu'on savait déjà.

Par une tradition communiquée par Mme d'Abrantès à Paul Lacroix, Napoléon aurait désiré vivement connaître le secret de l'énigme. Il ordonna des recherches qui restèrent sans résultat ; ce fut en vain que pendant plusieurs années le secrétaire de Monsieur de Talleyrand fureta dans les archives des Affaires étrangères et que Monsieur le duc de Bassano appliqua toutes les lumières de son esprit judicieux à éclaircir les abords de ce ténébreux mystère historique. »

Michel Chamillart, ministre de la guerre en 1703, connaissait aussi ce secret. Son gendre, duc de la Feuillade, essaya de découvrir ce secret comme l'explique Voltaire.

« Monsieur de Chamillart fut le dernier ministre qui eut cet étrange secret. Le second maréchal de la Feuillade, son gendre, m'a dit qu'à la mort de son beau-père, il le conjura à genoux de lui apprendre ce que c'est que cet homme, qu'on ne connut que sous le nom de l'homme au masque de fer. Chamillart lui répondit que c'était le secret de l'État, et qu'il avait fait serment de ne le révéler jamais.»

Selon l'historien Emmanuel Pénicaut, auteur d'une biographie de Michel Chamillart, « une tradition familiale veut que le secret ait été transmis de père en fils dans la famille Chamillart jusqu'à la mort du dernier porteur du nom, Lionel Chamillart, en 1926.»

Des dizaines d'identifications ont été proposées depuis le XVIIe siècle, Francis Lacassin en a compté 48...

Le Masque de fer était - il le frère jumeau de Louis XIV, ce qui aurait expliqué qu'on cache son visage autant que son nom ?

Le fils de Louis XIV et de Louise de la Vallière ?

Un fils indésirable d'Anne d'Autriche ?

Le duc de Beaufort, si l'on en croit le poète dramatique Lagrange-Chancel, qui avait lui-même été incarcéré aux îles de Lérins, dans une lettre qu'il écrivit à Fréron ?

James de la Cloche, fils illégitime de Charles II d'Angleterre ?

Voire Molière, comme le soutint l'érudit bordelais Anatole Loquin ?

Le bel Henri II de Guise, prince de Joinville et frère de Marie de Lorraine dite « Melle de Guise » ?

Le mystère excita l'imagination des hommes, dont le romancier Alexandre Dumas.

La thèse de Voltaire, progressivement compléter et dévoilée, des éditions successives du Siècle de Louis XIV et de son Supplément (1751,1752,1753) à la suite de l'Essai sur l'Histoire générale en 1763, et aux Questions sur l'Encyclopédie (1770 et 1771) est que l'homme au masque de fer aurait été un frère jumeau de Louis XIV et, pour ajouter encore au piment de l'histoire, un frère aîné, que, pour une raison mal élucidée, Anne d'Autriche et Mazarin auraient écarté du trône et élevé dans un lieu secret jusqu'à ce qu'à la mort de Mazarin, Louis XIV découvre le pot-aux-roses et décide de prendre des précautions supplémentaires pour que l'affaire ne puisse être découverte.

Marcel Pagnol, s'appuyant notamment sur les circonstances de la naissance de Louis XIV, affirme que le Masque de fer serait bien un jumeau mais né en second, soit le cadet, et qui aurait été dissimulé pour éviter toute contestation sur le titulaire du trône.

Les Historiens qui rejettent cette thèse, dont Jean-Christian Petitfils, mettent en avant les conditions de l'accouchement de la reine.

Celui-ci avait lieu en public, devant les principaux personnages de la cour. Or, selon Marcel Pagnol, juste après la naissance du futur Louis XIV, Louis XIII entraîne toute la cour à la chapelle du château de Saint-Germain pour célébrer en grande pompe un Te Deum, évènement relaté par Dumont, témoin de la scène, dans le Supplément au Corps Universel Diplomatique, tome IV, page 176, ce qui est contraire aux usages qui veulent que cette cérémonie se déroule plusieurs jours après les couches. Cela aurait permis à la reine de rester seule avec sa sage-femme qui aurait mis au monde le second enfant. Ce qui me paraît biscornu, comme raisonnement.

Pour éclaircir le contexte, il faut rappeler qu'il y avait à l'époque controverse sur le fait de savoir quel était l' « ainé » de deux jumeaux : celui ayant vu le jour en premier ou celui qui, voyant le jour en second, avait pensait-on, « été conçu » en premier. Si un tel cas s'était présenté, le jumeau régnant aurait eu un grave problème de légitimité.

À l'appui également de la thèse d'un jumeau de Louis XIV, l'examen attentif de la généalogie des rois de France, fait apparaître de multiples naissances gémellaires, tant chez les Capétiens, que les Valois, les Bourbons et enfin les Orléans.

Cette thèse inspire Alexandre Dumas, dans le Vicomte de Braguelonne et dans les Jumeaux - (drame inachevé,).

Selon d'autres hypothèses, le Masque de fer aurait été un fils bâtard d'Anne d'Autriche, né du duc de Buckingham (Luchet,) pour d'autres d'un moine du nom de Fiacre (avec naissance en 1636), pour d'autres encore du cardinal Mazarin (avec une naissance en 1644, soit longtemps après Louis XIV qui n'avait dès lors aucune raison d'emprisonner l'intéressé).

À noter que Louis XIV a bien eu un frère cadet, Monsieur, né deux ans après lui. (Nous en parlons dans ce livre d'ailleurs).

Selon Pierre-Jacques Arrèse, reprenant une thèse de Paul Lacroix (1836), le Masque de fer ne serait autre que le surintendant Nicolas Fouquet, incarcéré à Pignerol en 1665.

Celui-ci est officiellement mort d'une attaque d'apoplexie à Pignerol à 65 ans le 23 mars 1680, vingt-trois ans avant le Masque de Fer, selon les tenants de cette thèse, cette date serait fausse et le corps d'un codétenu, Dauger, qui servait de valet à Fouquet, aurait été donné pour celui du surintendant.

Cette mise en scène aurait été organisée par Colbert et Louvois afin d'empêcher la libération de Fouquet, qui était sur le point d'obtenir sa grâce et dont ils redoutaient l'habileté et l'influence. Cela étant, si Fouquet avait survécu jusqu'en 1703, il aurait vécu 88 ans, ce qui est beaucoup pour l'époque, même pour un prisonnier bénéficiant d'un traitement de faveur. Par ailleurs jamais un membre de sa famille n'a mis sa mort en doute par la suite.

Néanmoins, la lettre Janséniste qui nous renseigne sur les basses manœuvres de l'époque et où il est écrit que tous les hommes que l'on croit morts ne le sont pas, est écrite par Louis Fouquet, frère de Nicolas Fouquet.

Sa famille n'a pas mis sa mort en doute par la suite, mais elle était placée sous surveillance et avait certainement intérêt à se taire. Aucun certificat de décès le concernant n'a été retrouvé, et aucun registre des morts n'était tenu dans ces prisons. Mais pourquoi aurait-on masqué Fouquet du jour au lendemain ?

Certains prétendent que c'est pour éviter que ses fidèles ne le fassent évader, comme cela a failli être le cas en 1669. Ce fut donc l'unique cas qui s'est produit onze ans avant la disparition officielle de Fouquet et l'apparition du Masque de fer.

En 1890, un commandant, qui étudiait les campagnes de Catinat, confia au commandant Étienne Bazeries, expert en cryptanalyse pour l'armée française un ensemble de papiers chiffrés. Après trois années d'effort, le chiffre se révèlent particulièrement rebelle face aux techniques modernes de déchiffrement, Bazeries affirme avoir « cassé » le code et trouvé, dans une lettre de Louvois à Catinat datée du 8 juillet 1691, la clé de l'énigme du Masque de fer. Le chiffre en question est parfois appelé « Grand chiffre de Louis XIV » ou, plus simplement, Grand chiffre.

Selon lui, la missive se traduisait ainsi :

« Il n'est pas nécessaire que je vous explique avec quel déplaisir Sa Majesté a appris le désordre avec lequel, contre votre ordre et sans nécessité Monsieur de Bulonde a pris le parti de lever le siège de Coni, puisque sa Majesté en connaissant mieux que personne les conséquences connaît aussi combien est grand le préjudice que l'on recevra de n'avoir pas pris cette place, dont il faudra tâcher de se rendre maître pendant l'hiver.

Elle désire que vous fassiez arrêter Monsieur Bulonde et le fassiez conduire à la citadelle de Pignerol où sa Majesté veut qu'il soit gardé enfermé pendant la nuit dans une chambre de ladite citadelle et le jour ayant la liberté de se promener sur les remparts avec un 330 309 ».

Bazeries conjectura que la séquence 330 309, qui ne se trouvait nulle part ailleurs dans les papiers de Catinat, signifiait « masque » et publia en 1893 un livre détaillant son hypothèse.

Selon lui, le fameux prisonnier aurait donc été Vivien de Bulonde, lieutenant-général de l'armée française. Les faits rapportés sur Bulonde sont, son insubordination à Coni (en italien Cuneo) sont véridiques. Reste à savoir pourquoi chiffrer un tel ordre, alors que Bulonde était coupable de désobéissance ? Pourquoi le garder au secret, alors que le motif de son arrestation était parfaitement légitime ? Des historiens démontrèrent au demeurant que Bulonde était encore vivant en 1708, cinq ans après la mort du Masque de fer.

Des experts militaires du chiffre, sans entrer dans la polémique au sujet du prisonnier, saluèrent le travail de cryptologue de Bazeries (v. Émile-Arthur Soudart et André Lange, Traité de crytographie, 2e édition 1935). Enfin, si c'est bien en 1691, que Bulonde a été emprisonné à Pignerol, cela fait longtemps que Saint-Mars et le masque de fer n'y étaient plus.

Camille Bartoli en 1977, identifie, le maque de fer à Henri II de Guise, Don Juan, aventurier, qui n'hésitait pas devant un duel ou une expédition militaire et rivalisait avec le Roi-Soleil par sa démesure et sa splendeur.

Dans son livre Molière à Bordeaux vers 1647 et en 1656 avec des considérations nouvelles sur ses fins dernières à Paris en 1673... Ou peut-être en 1703, l'écrivain Anatole Loquin émet l'hypothèse invraisemblable que l'homme au masque de fer était en réalité Molière qui ne serait pas mort suite à la représentation du Madade imaginaire, mais aurait été arrêté à la demande des Jésuites qui ne lui avaient pas pardonné Tartuffe.

Le principal argument pour Anatole Loquin est que la première biographie concernant Molière date de 1705, soit deux ans après la mort du masque de fer. Il s'agit de La Vie de Monsieur de Molière (1705), par Gimarest. Ainsi, Louis XIV aurait attendu que Molière soit réellement mort en 1703 (et non en 1673) pour autoriser la publication d'une biographie de celui-ci. Mais cette thèse est peu probable, les circonstances de la mort de Molière en 1673 n'ayant jamais été remises en cause, et expliquées dans ce livre.

Le cas Molière est aussi la thèse par Marcel Diamant-Berger dans, « c'était l'homme au masque de fer, » publié en 1971.

Pour l'historien Anglais Roger MacDonadld (The Man in the Iro Mask 2005), le masque de fer serait le mousquetaire d'Artagnan. Blessé à Maastricht en 1673, il aurait été envoyé à Pignerol, le masque de fer lui permettant de ne pas être reconnu par les mousquetaires qui gardaient les prisons. La preuve serait la qualité du livre Mémoires de Monsieur d'Artagnan, écrit par Gatien de Courtils de Sandras (1644-1712). Celui-ci a passé neuf ans à la bastille entre 1702 et 1711. Selon Roger MacDonald, d'Artagnan aurait lui-même inspiré ce livre ce qui prouverait qu'il était avec Courtils de Sandras à la Bastille.

P.M. Dijol a émis en 1978, la thèse suivante : Marie-Thérèse d'Autriche (1638-1683) aurait eu une fille adultérine avec un esclave noir, le nain Nabo. Cette fille serait la Mauresse de Moret (nous en parlons dans le livre), une Bénédictine qui eut sur le tard la conviction d'être de sang royal, tant elle reçut pendant des années la visite des membres de la famille royale Saint-Simon parle dans ses mémoires de la Mauresse de Moret, ne donne pas d'explication de ces royales visites, mais elles étaient fréquentes à cette époque dans les couvents proches du Louvre. Le nain Nabo a ensuite disparu de la cour royale. P-M. Dijol en fait le masque de fer.

Le nain Nabo était de petite taille, or, les témoins de l'époque, parlent du masque de fer, comme étant un homme grand... Donc à écarter.

C'est la princesse Palatine, belle-soeur de Louis XIV, qui dans une lettre écrite le 22 octobre 1711, à sa tante Sophie de Hanovre, mais publiée seulement en 1896 affirme :
« Je viens d'apprendre quel était l'homme masqué qui est mort à la Bastille. S'il a porté un masque, ce n'était point par barbarie : c'était un milord anglais qui avait été mêlé à l'affaire du duc de Berwick contre le roi Guillaume. Il est mort ainsi, afin que ce roi ne pût jamais apprendre ce qu'il était devenu.»

La Princesse Palatine, veut sans doute se référer à la conspiration de Fenwick pour assassiner Guillaume III en 1696, car on ne connaît aucun complot impliquant le duc de Berwick contre ce monarque. L'hypothèse est peu vraisemblable, mais il n'en fallut pas davantage pour laisser entrevoir à certains chercheurs une piste anglaise.

Barnes en 1908, affirma que le Masque de fer était James de la Cloche, fils illégitime, mais reconnu de Charles II d'Angleterre, qui aurait servi d'intermédiaire secret entre son père et la cour de France et que Louis XIV aurait fait emprisonner. D'autres ont évoqué un fils naturel de Cronwell ou encore le duc de Monmouth.

À Madame de Pompadour, qui l'interrogeait sur les révélations de Voltaire, Louis XIV répondit que le Masque de fer était « un ministre du prince d'Italie ». Louis XVI, pour satisfaire la curiosité de Marie-Antoinette, avait, ne trouvant rien dans les papiers secrets, interrogé le plus âgé de ses ministres, Maurepas, qui lui dit que c'était « un prisonnier très dangereux par son esprit d'intrigue et sujet du duc de Mantoue ».

Cette indication a été à l'origine de la thèse identifiant le Masque de fer au comte Ercole Mattioli (ou Antoine-Hercule Matthioli), ancien secrétaire d' État du duc de Mantoue Charles II.

Le nom du prisonnier porté sur le registre de la Bastille et sur le registre paroissial de Saint-Paul aurait donc été exact, quoique légèrement déformé. Cette thèse, devenue classique, a été défendue par Marius Topin et par l'historien Frantz Funck-Brentano.

Matthioli a effectivement été détenu à Pignerol sous la garde de Saint-Mars. Son incarcération résultait, au surplus, d'un ordre personnel de Louis XIV. En effet, circonvenu par l'abbé d'Estrades, ambassadeur de France à Venise, Matthioli avait persuadé le duc de Mantoue de vendre secrètement à la France la place-forte de Casal, à quinze lieues de Turin.

L'affaire échoua au dernier moment devant l'hostilité des cours de Turin, Venise, Madrid et Vienne, qui avaient été prévenues par le même Matthioli.

Le double jeu de celui-ci avait ridiculisé Louis XIV qui lui avait écrit en personne, le 12 janvier 1678, pour le remercier de son entremise.

L'abbé d'Estrades, qui avait été nommé ambassadeur à Turin, parvint à attirer Matthioli dans une maisonnette des environs où un commando dirigé par le capitaine Catinat l'enleva le 2 mai 1679, pour le conduire dans la forteresse voisine de Pignerol.

Le secrétaire d'État des affaires étrangères, Pomponne, en donnant l'agrément de Louis XIV à l'opération, avait pris soin de préciser : « Il faudra que personne ne sache ce que cet homme sera devenu.»

Pour autant plusieurs éléments paraissent démentir cette identification :

La correspondance entre Louvois et Saint-Mars, conservée aux archives du ministère de la Guerre, - où Matthioli est d'abord désigné sous le nom de Lestang - montre qu'il ne fut pas traité avec les égards attribués au Masque de fer :

« L'intention du roi n'est pas que le sieur de Lestang soit bien traité » (25 mai 1679).

Si Matthioli était servi à Pignerol par son valet, c'est parce que ce dernier, qui avait été chargé de récupérer ses papiers, avait dû être emprisonné avec lui pour qu'il ne puisse pas révéler le secret de son incarcération.

Après la cession de Casal à la France en 1682, le duc de Mantoue fut informé de l'arrestation de Matthioli. Le secret n'avait donc pas plus de raison d'être maintenu, et le prisonnier fut d'ailleurs désigné sous son vrai nom dans la correspondance de Louvois et Saint-Mars.

Matthioli n'a pas suivi Saint-Mars à Exilles en 1681, mais il est resté à Pignerol jusqu'en avril 1694, date à laquelle il fut transféré à Sainte-Marguerite à la suite de la cession de Pignerol à la Savoie.

Ceci est attesté par une lettre de Saint-Mars à l'abbé d'Estrades du 25 juin 1681 « Matthioli restera ici avec deux autres prisonniers », et par plusieurs lettres de Louvois aux successeurs de Saint-Mars à Pignerol.

Matthioli est mort peu après son transfert à Sainte-Marguerite, sans doute, le 29 avril 1694.

On sait en effet qu'à cette date est décédé un prisonnier qui était servi par son valet. Or Matthioli était le seul détenu qui, à Sainte-Marguerite, pouvait alors jouir de ce privilège.

Il semble donc que, le prisonnier mort à la Bastille en 1703 n'était pas Matthioli et que ce n'est que dans l'intention de brouiller les pistes que le nom de ce dernier (ou un nom proche) a été porté sur les registres.

Eustache Dauger (ou Danger) est arrêté près de Dunkerque en juillet 1669 et enfermé à Pignerol, au secret absolu. Saint-Mars avait songé à le donner comme valet à Lauzun, interné dans la forteresse de 1671 à 1681), mais s'était heurté au refus catégorique de Louvois.

Ce dernier accepta néanmoins qu'il soit employé comme domestique de Nicolas Fouquet, après la mort d'un de ses deux valets, Champagne, mais en donnant cette consigne :

« Vous devez vous abstenir de le mettre avec Monsieur de Lauzun, ni avec qui que ce soit autre que Monsieur Fouquet.» Par la suite, Louvois multiplia les précautions dans le même sens, allant jusqu'à écrire directement à Fouquet, le 23 novembre 1679, en lui permettant un assouplissement de son régime de détention si Fouquet lui indiquait :

« Si le nommé Eustache que l'on vous a donné pour vous servir n'a point parlé devant l'autre valet qui vous sert de ce à quoi il a été employé avant d'être à Pignerol.»

À la mort de Fouquet, en 1680, Saint-Mars découvre qu'une galerie, creusée par Lauzun a permis aux deux prisonniers de se rencontrer sans que les gardes de la prison en sachent rien et qu'ainsi, il n'est pas possible d'assurer que Lauzun et Dauger n'ont pas été en contact. Louvois ordonne alors à Saint-Mars de faire croire à Lauzun que Dauger et l'autre valet de Fouquet, la Rivière, ont été libérés, mais de les refermer, tous deux dans une chambre où vous pouvez répondre à sa Majesté qu'ils n'auront communication avec qui que ce soit, de vive voix ou par écrit, que Monsieur de Lauzun ne pourra point s'apercevoir qu'ils sont refermés ».

Lauzun est libéré le 22 avril 1681, mais Dauger et la Rivière, alors même que ce dernier n'était pas à Pignerol comme prisonnier, mais comme domestique, y étant entré volontairement en 1667, demeureront enfermés au secret absolu.

Dans la correspondance entre Louvois et Saint-Mars, ils ne seront désignés que par la périphrase :« Messieurs de la tour d'en bas ».

La Rivière ne pouvait se voir reprocher qu'une chose : avoir appris les antécédents de Dauger, que Fouquet connaissait également. Lauzun les avait également appris, mais Louvois n'avait pas le moyen d'empêcher sa libération, que la Grande Mademoiselle avait obtenue de Louis XIV.

Dauger avait été arrêté près de Dunkerque en juillet 1669 sur la base d'une lettre de cachet dont Jean-Christian Petitfils a montré qu'elle était entachée de nombreuses irrégularités.

Tout montre que son arrestation a été minutieusement organisée par Louvois, alors secrétaire d'État de son père, Michel Le Tellier.

On ne sait rien de ce Dauger. Dans la lettre qu'il envoie à Saint-Mars pour faire préparer son cachot à Pignerol, Louvois indique : « Ce n'est qu'un valet ». L'intéressé savait pourtant lire puisqu'il fut autorisé à recevoir des livres de piété. Dès lors, si l'identification entre le Masque de fer et Dauger est désormais la plus généralement admise, les spéculations se sont portées sur l'identité véritable de Dauger et sur le secret qu'il détenait.

Selon Maurice Duvivier, Dauger serait Eustache de Cavoye, incarcéré pour avoir été le chirurgien Auger, l'un des acteurs de l'affaire des poisons.

Selon Rupert Furneaux (The man behind the mask, 1954) Louis XIII, serait le père de Louis et Eustache Oger de Cavoye. Rupert Furneaux a retrouvé un tableau représentant Louis Oger de Cavoye. La ressemblance entre Louis XIV et Louis Oger de Cavoye serait la preuve d'un lien de sang entre Louis XIV et les frères de Cavoye.

Selon Marie-Madeleine Mast (le Masque de fer, une solution révolutionnaire, 1974) François de Cavoye, mari d'une dame d'honneur de la reine (Marie de Lort de Sérignan), et capitaine des mousquetaires de Richelieu, était l'amant occasionnel d'Anne d'Autriche et serait le vrai père de Louis XIV. Ainsi, Eustache Dauger de Cavoye, né le 30 août 1637, serait le frère de Louis XIV (les deux ayant le même père, qui n'était pas le roi, Louis XIII, mais non pas la même mère), et lui rassemblait beaucoup, ce qui expliquerait sa mise au secret.

Selon Jean d'Aillon (le dernier Secret de Richelieu, éditions du Masque, 1998), Anne d'Autriche aurait été enceinte deux fois des œuvres de François Dauger de Cavoye avec la complicité de Richelieu, face à un risque de répudiation, mettant enfin au monde Louis XIV et Philippe d'Orléans, des fils « Cavoye », et non des Bourbon. Or, François de Cavoye avait déjà une progéniture dont deux fils, Louis et Eustache, qui ressemblaient étrangement au roi. Une confidence de leur père aurait tout déclenché.

La question, selon Jean d'Aillon, est donc de savoir si Eustache Dauger de Cavoye, le frère de « l'Ami du Roy », Louis de Cavoye, qui avait disparu justement en juillet 1669. Pour Jean d'Aillon, Eustache fut probablement emprisonné pour avoir essayé de menacer le roi Louis XIV en révélant qu'il était son frère, et non le fils de Louis XIII.

Le masque de fer était alors nécessaire pour que personne ne découvre la ressemblance, car Eustache ressemblait encore plus au roi que son frère. Louis XIV ne l'aurait pas fait tuer car ils étaient frères. Pour la même raison, il couvrit de faveurs son second demi-frère, Louis de Cavoye.

Dans son livre Petites histoires de l'art dentaire d'hier et d'aujourd'hui, publié en 2006, Henri Lamendin reprend la Thèse de Marie-Madeleine Mast. Parlant de la grossesse d'Anne d'Autriche, il écrit que :

« Dans les temps de la venue de cette grossesse vivaient, entre autres, dans l'entourage de la reine, une de ses dames d'honneur et son mari François Dauger de Cavoye, lesquels avaient déjà huit enfants ».

Et certains auteurs ont avancé que ce dernier aurait pu être le géniteur opportun de l'enfant que l'on n'attendait plus.

Pour étayer cette thèse, parmi beaucoup d'autres éléments sérieux, ils avancent la très grande ressemblance avec Louis XIV (qui en avait pris conscience) de deux des enfants Dauger de Cavoye (Eustache, né en 1637 et Louis, né en 1639), compagnon de jeu du jeune roi dans son enfance. Des portraits de Louis XIV et de Louis Dauger de Cavoye attestent de la frappante ressemblance de l'ensemble de leurs visages, dont « le même dessin de leur bouche et un petit creux identique sous la lèvre inférieure ».

À contrario, « on ne peut imaginer visages plus dissemblables que ceux de Louis XIII et de Louis XIV (...). Par ailleurs, il n'a jamais été retrouvé trace d' Eustache de Cavoye, ayant complètement disparu et dont personne ne sait ce qu'il en advint ».

La théorie de Maurice Duvivier, Rupert Furneaux; Jean d'Aillon et Marie-Madeleine Mast, ont en commun le fait de considérer qu'Eustache Dauger (ou d'Oger ou Oger) de Cavoye et Eustache Dauger de Pignerol sont la même personne. C'est l'historien Maurice Duvivier qui a découvert l'acte de baptême d'Eustache Dauger de Cavoye.

« Registre de Saint-Eustache. Le 18 février 1639, fut baptisé Eustache, né le 30 août 1637, fils de François Dauger, écuyer, sieur de Cavouet, capitaine des mousquetons de Monseigneur le Cardinal de Richelieu, et de dame Marie de Sérignan, demeurant rue des Bons-Enfants.»

En 1659, il participe à l'Orgie de Roissy. En 1665, il tue un page et il est alors renié et déshérité par sa famille, soit 6 ans avant l' arrivée d'Eustache Dauger à Pignerol. Officiellement, Eustache Dauger de Cavoye est mort à la prison de Saint-Lazare en 1680 et Jean-Christian Petitfils affirme que des preuves de sa présence dans cette prison bien après l'apparition du Masque de Fer attestent de l'impossibilité de cette thèse.

Marcel Pagnol (le Masque de fer, 1965, sous le titre remanié, le Secret du Masque de fer en 1971) a soutenu que Dauger était un frère jumeau de Louis XIV. Il serait donc né en 1638, ce qui explique difficilement qu'on ne l'a arrêté qu'en 1669. Pour Pagnol, Dauger se trouvait en Angleterre pendant la première partie de sa vie et se faisait appeler James de la Cloche. Ce ne serait qu'une fois débarqué en France, à Calais qu'il aurait été arrêté.

Selon Pierre-Jacques Arrèse, Nicolas Fouquet avait été substitué au véritable Dauger après sa mort officielle en 1680.

Selon Hubert Monteilhet (au royaume des ombres, 2003) le prétendu Dauger aurait été en fait François de Vendôme, duc de Beaufort, capturé (et non tué) au siège de Candie en 1669, puis secrètement livré par les Turcs à la demande de Louis XIV. Le duc, de sang royal par Henri IV, aurait en 1637 pallié l'incapacité de Louis XIII à donner un héritier au trône de France, et aurait été le véritable père de Louis XIV. Mis au courant après la mort de sa mère Anne d'Autriche, le Roi-Soleil aurait ainsi fait mettre son probable géniteur au secret afin d'étouffer le scandale et d'éviter toute contestation quant à sa légitimité, tout en n'osant se résoudre à un éventuel parricide. Beaufort, très connu et fort populaire, aurait été tenu au port du masque, afin d'éviter qu'on le reconnaisse et que la fable de sa mort devant Candie s'effondre. L'usage du nom de « Dauger », serait un habile écran de fumée mis en place par Louvois afin de brouiller les pistes.

Selon Andraw Lang (The valet'sTragedy and Other Stories, 1903), Dauger était en réalité un certain Martin-valet du huguenot Roux de Marsilly qui fut arrêté et condamné à la roue en 1669, qu'on aurait mis au secret parce qu'il en savait trop sur la conspiration de son maître.

Selon John Noone (The Man Behind the iron Mask 1994), le masque de fer serait une manipulation de Saint-Mars. Ayant perdu dès 1681, ses deux plus importants prisonniers Lauzun (libéré en 1681), Saint-Mars va faire croire que Dauger est devenu très dangereux car, au contact de Fouquet et Lauzun, il aurait appris beaucoup de choses en plus de ses propres secrets.

Selon l'historien Jean-Christian Petitfils, le Masque de fer ne serait qu'un simple valet que Saint-Mars aurait masqué afin de faire croire à ses troupes qu'il s'occupait d'un prisonnier d'importance. Cette thèse est aujourd'hui la plus communément admise. Le valet aurait certainement été détenteur d'un secret d'État, empêchant les autorités de le juger en public.

D'après la théorie de Jean-Christian Petitfils dans son livre le Masque de fer, entre histoire et légende, il aurait été empoisonné parce qu'il était au courant des transactions entre Louis XIV et Charles II d'Angleterre sur le fait que le roi d'Angleterre voulait redevenir catholique. Des négociations auraient été entreprises dans ce but.

Eustache Dauger aurait été chargé de la transmission de la correspondance entre les deux Rois et aurait pris connaissance de celle-ci. Louis XIV, informé, aurait ordonné son arrestation et sa mise au secret.

L'idée du Masque de Fer serait du gouverneur de la prison, Monsieur de Saint-Mars, ayant perdu ses deux prisonniers les plus connus, Monsieur de Lauzun (libéré) et Monsieur Fouquet (décédé), il chercha à se valoriser en donnant de l'importance à l'un de ceux qui lui restait. La légende commencerait donc grâce à l'orgueil de Saint-Mars, et à ce qu'il appelle lui-même ses « contes jaunes ».

Selon Jean-Christian Petitfils, cette thèse est corroborée par les faibles dépenses engagées pour l'entretien du prisonnier, bien plus faibles que celles dépensées pour les prisonniers d'importance comme Fouquet, ce qui semble bien impliquer que le prisonnier n'était pas un noble, mais bien un simple valet, ce que Louvois et Saint-Mars, ne manquent pas de rappeler dans leur correspondance.

En revanche, certains auteurs, tel Marcel Pagnol, notamment en ce qui concerne les dépenses, contestent cette théorie et s'étonnent du fait qu'on aurait préservé la vie d'un simple valet, détenteur de secrets d' État, pendant 34 ans, alors qu'il aurait été plus facile de le faire purement et simplement disparaître.

Petitfils répond à cela que, contrairement à ce que les néophytes pensent, les meurtres sous l'Ancien Régime n'étaient employés qu'en cas d'extrême nécessité (par exemple, l'assassinat du duc de Guise en 1588).

Aucun roi n'aurait fait assassiner un valet. Il est même probable que Louis XIV n'ait jamais appris l'existence de Dauger...

Louis XIV connaissait, sans aucun doute, le secret de sa naissance. Louis XIII, n'était sans doute pas son géniteur, peut-être stérile. Ce qui correspondrait à un secret d'état, d'où aussi toutes les précautions pour faire disparaître les preuves.

La vérité est parmi ces thèses, à vous d'y réfléchir, et de vous faire une idée.

Les mentalités en France au XVIIe siècle

S'évader hors du temps et hors de paysages trop connus est un goût de toujours et de partout. L'étude du Passé ou la fiction utopique permettent d'échapper à la réalité contemporaine. L'Orient byzantin et le Monde musulman, s'employèrent à dépayser l'Occident médiéval. Puis vint la révélation du Nouveau monde. Ronsard et Montaigne se prirent à envier les joies insoucieuses des bons et vertueux sauvages au fond des vastes forêts. De quel droit, leur enlevait-on leur ignorance ?

Au XVIe et XVIIe siècle, les "amateurs de pérégrinité" (1 Rabelais, quart livre, ch, XI, éd. de la Pléiade, p. 590), nourrissent leur désir d'aventure en lisant les Relations de voyageurs.

Un goût très vif se manifeste pour les "plus rares curiosités des Pays". Pour les "singularités du Monde " et " choses mémorables", c'est-à-dire pour les êtres et les choses sortant de l'ordinaire et néanmoins scientifiquement attestés. Le 20 mai 1515 arriva à Lisbonne un rhinocéros envoyé des Indes en cadeau au roi du Portugal. Ce dernier l'adressa au pape Léon X à Rome, mais l'animal mourut noyé accidentellement dans le golfe de Gênes. Valentin Ferdinand en avait fait, à Lisbonne, un dessin qu'il envoya à un ami de Nüremberg, dessin qui incita Albert Dürer à exécuter sa célèbre gravure sur bois, dont le succès fut considérable. La planche fut éditée huit fois. C'est d'après cette gravure que le rhinocéros fut connu et qu'on le représenta un peu partout en Europe jusqu'à la fin du XVIIIe siècle.

Les riches collectionneurs constituent des " cabinets de choses rares". Les foires montrent des phénomènes vivants tels que l'imagination n'aurait su les rêver. Par exemple, sur les monstres, animaux et humains montrés à la foire Saint-Germain ce qu'en dis le Strasbourgeois E.

Erackenhoffer, qui visita Paris entre septembre 1644 et février 1645.
(Voyage de Paris en Italie, 1644-1646, trad. H. Lehr, Paris 1927, pp 70-72)

L'Europe s'ouvre chaque jour davantage à la connaissance des mondes extérieurs. Les précieuses cargaisons en provenance d'Orient, d'Inde et d'Extrême-Orient, apportent porcelaines, soies et laques, des objets de collection, mais aussi les modèles qui renouvelleront l'inspiration des artistes et des productions des manufactures. D'Amérique, de Madagascar ou de l'archipel insulindien arrivent non seulement des objets, mais des hommes, qui, par leur seule présence, révèlent aux vieux civilisés d'Europe la variété de la nature humaine et l'existence d'autres comportements.

Les Français remettent en question leur propre mode de vie. Voltaire confie à son Huron l'enseignement de la sagesse.

Le nombre des indigènes brusquement transplantés à l'occasion des entreprises françaises dans les contrées lointaines n'est pas négligeable.
Sur l'initiative des lieutenants du Roi dans les terres d'Outre-mer beaucoup furent amenés en France et à Paris. Indiens d'Amérique d'abord, au XVIe siècle, puis Malgaches et Bugis de Célèbes (deux princes de Makasar amenés à Paris par les Pères Jésuites), au XVIIe siècle.
En octobre 1550, cinq ans avant l'expédition du chevalier de Villegagnon, partit du Havre en août 1555 pour aller fonder une colonie de protestants au Brésil. Il débarqua dans la baie de Rio, où il fonda un établissement plus tard ruiné par les Portugais, une cinquantaine de Tupinambas (indiens du Brésil), participèrent aux fêtes célébrées à l'occasion de l'entrée solennelle d'Henri II et de Catherine de Médicis à Rouen (sur cette fête où 50 Tupinambas mêlés à 250 matelots normands se montrèrent nus au roi et à la reine).

Dans l'église Saint-Jacques à Dieppe, on peut voir encore un bas-relief du XVIe siècle représentant une série d'Indiens coiffés de plumes.
Pourquoi faire figurer ces Brésiliens au « triomphe royal » ?.

L'auteur de la relation de l'entrée d'Henri II à Rouen nous en instruit. S'adressant au roi, il s'écrie :
« Voyez-vous point sous, votre nom et port Brésilien ancré en notre port ?....
Sire, il n'est pas jusques aux cannibales, îles, à tous forts à nous déloyales, où ne soyons en bonne sûreté, pour la faveur de votre autorité ». (cité par F. Denis, op.cit.)

Les Tupinambas sont là pour témoigner au roi la reconnaissance de Rouen, pour la protection qu'il accorde à ses marins et pour exalter sa puissance jusqu'aux limites de la terre. Protection illusoire d'ailleurs et flatterie excessive.

Soixante ans plus tard, François de Razilly (il fonda en 1612, Saint-Louis do Maranhao et pénétra dans l'estuaire de l'Amazone, entreprise qui avait été approuvée par Henri IV), lieutenant du Roi, ramena du Brésil trois autres Tupinambas qui furent baptisés solennellement, le 24 juin 1613, en présence de Louis XIII et de la régente et auxquels le jeune roi décida de donner son nom. Une gravure fut imprimée pour célébrer et commémorer l'évènement.

C'est encore une relation de voyage qui nous renseigne. Celle rédigée par H. de l'Hermine. Ce dernier, sitôt fini ses études avait été envoyé en Alsace comme commis des gabelles. Il séjourna à Altkiren et c'est à la foire de cette ville, le 25 juillet 1675, qu'il rencontra pour la première fois le jeune Machicor, au sujet duquel il écrit :

« À la foire qui arrive le jour de Saint-Jacques et de Saint-Christophe, en juillet, je fis connaissance avec un homme d'une autre nation et d'une autre couleur. C'est un prince africain qu'on appelle Machicor, qui a été enlevé par les vaisseaux du Roi de l'île de Madagascar, son pays natal, avec un de ses cousins, nommé Palola, à l'âge de quatre ou cinq ans et amenés en France, où ils ont été élevés par le duc Mazarin dans tous les exercices convenables à des gentilhommes. Palola, qui était plus âgé de quelques années que son cousin lorsqu'ils furent pris, a toujours été fort mélancolique, et enfin, il s'est laissé mourir de chagrin.

Pour Machicor, il était devenu cornette des gardes du duc Mazarin,(porte-étendard) fort content de sa condition. C'était un jeune homme d'environ vingt-cinq ans, très bien fait dans sa taille médiocre, qui dansait en perfection. Il avait, comme on peut juger, le teint d'un nègre, mais ce n'était pas d'un beau noir.

Il tirait plutôt sur la couleur du musc olivâtre. Ce qui me parait particulier, c'est que contre l'ordinaire des Maures, il a les cheveux droits et plats, ce que j'ai remarqué en diverses occasions où je l'ai vu sans perruque. Avec cela, il avait de l'esprit comme un démon, agréable en compagnie et fort bien venu partout. Car, outre son mérite personnel, sa naissance était inconnue, on l'appelait communément en Alsace, Königssohn (fils de roi). J'ai fait plusieurs questions à Monsieur Machicor touchant son enfance, mais il n'avait qu'une mémoire confuse de son pays. Il ne savait pas même deux mots de sa langue maternelle. Il se souvenait seulement assez bien de son enlèvement ».

Ces deux histoires, si différentes, de Malgaches à Paris à l'époque de Louis XIV montrant, parmi beaucoup d'autres, la curiosité que les Français manifestaient à l'égard des pays lointains et la débonnaireté, qui n'était pas seulement condescendante, mais sympathie vraie, qu'ils témoignaient à leurs habitants aux « fils de rois » du moins...

Si la curiosité est bien là, l' irresponsabilité l'est aussi, pour avoir sortie de leur contexte des gens, qui sont tombés dans un autre pays, une autre mentalité, une autre culture, victime souvent d' une curiosité malsaine Le mot racisme n'existait pas encore...

Le Corsaire malouin Duguay-Trouin

Voilà dix jours, que le corsaire Duguay-Trouin, 38 ans, fait le siège de Rio de Janeiro, avec son escadre composée d'une quinzaine de navires. Il n'en peut plus d'attendre. Il décide alors, de porter l'assaut final le 21 septembre à l'aube. La veille, il a offert aux Cariocas un festival de feu et de fer pour préparer le terrain. Durant plusieurs heures, ses deux vaisseaux, le Brillant et le Mars, bombardent sans trêve ni repos les forts et retranchements portugais. Les canons installés sur l'île des chèvres par le corsaire malouin entrent également en action.

À la tombée de la nuit, les soldats français, faisant partie de l'expédition embarquent dans des chaloupes pour préparer l'assaut final du lendemain à l'aube.

Un énorme orage éclate, dont les éclairs dévoilent la manœuvre des assaillants aux défenseurs portugais de la ville. Ceux-ci, ouvrent un feu nourri de mousquets. Duguay fait aussitôt répondre par un bombardement massif qui terrorise les habitants.

Les Cariocas sont persuadés que les Français, se préparent à monter à l'assaut en pleine nuit. Panique totale. Les habitants rassemblent leurs objets les plus précieux avant, de s'enfuir dans l'arrière-pays. Dans leur fuite, ils entraînent les soldats chargés de la défense.

À peine si on prend le temps de mettre le feu à quelques-uns des magasins les plus riches pour que les Français ne s'emparent pas des marchandises. Les deux forts des Bénédictins et des jésuites sont minés en vitesse.

Au petit matin, Duguay-Trouin et ses hommes investissent aisément la ville abandonnée. Les Brésiliens sont vaincus. Le corsaire ressent une immense vague de fierté, il vient de remporter une des plus belles victoires de la marine de Louis XIV, alors qu'elle n'était pas gagnée d'avance.

Ceci s'est passé le 21 septembre 1711.

Duguay-Trouin fait partie des plus vaillants corsaires français, il rivalise avec Surcouf, et autres Jean Bart. Ses exploits maritimes contre les Anglais et les Hollandais sont devenus légendaires.

Corsaire puis officier du Roi, il fait preuve d'une audace stupéfiante.

En vingt-deux ans de carrière, il emporte la victoire dans plus de quatre-vingts abordages et combats. C'est un phénomène.

Duguay-Trouin naît dans une famille de négociants le 10 juin 1673. Ses parents le destinent à la prêtrise, mais il est rapidement viré de son école, car il préfère courir les filles plutôt que d'apprendre la théologie. Il embarque à 16 ans comme matelot volontaire à bord d'un navire corsaire.

Cette première course en mer est un enfer. Chaque jour, il est malade, souffrant du mal de mer. Mais l'ivresse des abordages le soigne rapidement. Lors d'un de ses premiers combats, le maître d'équipage chute, sous ses yeux, entre les deux coques qui écrasèrent sous ses yeux, tous ses membres, et firent rejaillir une partie de son cerveau jusqu'à ses habits.

Malgré son jeune âge, il se fait remarquer pour sa hardiesse au combat et son talent de stratège. À 18 ans, sa famille lui confie le commandement d'une frégate de quatorze canons. Dès lors, le vaillant corsaire enchaîne les prises et les victoires

Duguay-Trouin finit par intégrer la Royale. À l'âge de 36 ans, il est anobli en récompense de son tableau de chasse exceptionnel :

"16 bâtiments de guerre et plus de 300 navires marchands sont capturés."

C'est alors qu'il forme le projet de s'emparer de Rio et de ses richesses. Tout l'or pillé dans le nouveau Monde par les Portugais transite par ce port pour être expédié dans la mère patrie.

En 1710, une première expédition composée de cinq vaisseaux commandée par le capitaine Duclerc avait déjà tenté de s'emparer de Rio, mais la tentative s'était soldée par un échec retentissant avec plus de 500 Français faits prisonniers et Duclerc en prison. Voilà qui donne envie à Duguay-Trouin de venger le capitaine français tout en s'emparant de l'or portugais.

« Toutes ces circonstances, jointes à l'espoir d'un butin immense et surtout à l'honneur qu'on pouvait acquérir dans une entreprise si difficile, firent naître dans mon cœur le désir d'aller porter la gloire des armes du roi jusque dans ces climats éloignés, et d'y punir l'inhumanité des Portugais par la destruction de cette florissante colonie ».

Les finances françaises se trouvant mal en point, sous le règne le Louis XIV, le malouin doit donc se trouner vers des investisseurs privés. Le vieux Louis XIV, lui donne sa bénédiction en échange de 20 % du butin.

Le 3 juin 1711, le corsaire prend la mer à la tête d'une escadre de 15 navires transportant 6 000 soldats et marins.

Le 12 septembre, à la pointe du jour, la flotte française découvre Rio. La ville passe pour être imprenable avec 7 forts et 12 000 hommes pour la protéger. Avertis du raid de Duguay-Trouin, les Portugais ont encore dépêché sept navires de guerre. Cela n'est pas fait pour faire douter le Français, qui engage immédiatement une attaque, pour profiter de l'effet de surprise.

Ses navires foncent à la queue leu leu à travers le goulet protégeant la baie, tirant des centaines de boulets sur les fortifications et les navires postés de part et d'autre par les Portugais. L'audace paie, la flotte française fait taire les défenses ennemies et déboule dans la baie, où elle s'empare dans la foulée de l'île des Chèvres qui fait face à la ville.

Durant une dizaine de jours, les Français consolident leur position face à la ville et même à terre où, les soldats occupent les hauteurs.

Après la fuite des habitants et des défenseurs, dans la nuit du 20 au 21 septembre, les soldats français découvrent une ville déserte, sinon la présence des 600 soldats français de l'expédition Duclerc qui ont réussi à s'évader de leur prison. Sans attendre, ceux-ci ont commencé à piller la ville, au grand dam de Duguay-Trouin qui ordonne à ses hommes d'y mettre fin. Mais la tentation est trop grande. Même les hommes du corsaire commencent à se servir malgré les menaces de châtiments et quelques exécutions.

Le lendemain matin, les trois-quarts des magasins et des maisons ont été pillés.

Duguay-Trouin sait qu'il ne peut pas trop s'attarder à Rio, car bientôt les vivres manqueront et une troupe portugaise est en marche pour porter secours au gouverneur de la ville qui s'est réfugié avec les habitants à l'intérieur des terres.

Il lui faut l'or caché dans la forêt par les commerçants.

Il met en demeure le gouverneur de verser une énorme rançon pour la ville, sinon celle-ci sera, « mise en cendres ».

À titre d'avertissement, il fait mettre le feu à toutes les maisons de campagne à une demi-lieue à la ronde. Il lui faut menacer le gouverneur qui acccepte de négocier... Seulement, il prétend n'avoir que 600 000 cruzeiros à sa disposition et fait traîner en longueur les négociations dans l'espoir de secours annoncé.

Ne pouvant s'attarder davantage, Duguay-Trouin accepte le deal, fait embarquer toutes les marchandises de valeur trouvées dans les entrepôts, s'empare de tous les vases sacrés, de l'argenterie et des ornements d'église et hisse les voiles le 13 novembre. Le 29 janvier 1712, la flotte atteint les Açores. C'est alors qu'une énorme tempête se lève.

Le vaisseau de Duguay-Trouin est sur le point de sombrer.

Enfin, le 6 février, l'escadre jette l'ancre dans la rade de Brest. Deux navires avec mille deux cents hommes d'équipage ont disparu corps et biens. L'un d'eux, le Magnanime, transportait une fortune : 600 000 livres en or et argent et beaucoup de marchandises. Malgré cette énorme perte, l'expédition du corsaire malouin rapporte encore 92 % de bénéfice. Les Portugais ont également perdu dans l'affaire quatre vaisseaux et deux frégates de guerre ainsi que plus de soixante vaisseaux marchands. Sans compter une quantité prodigieuse de marchandises brûlées et pillées.

L'expédition est un tel succès que le Corsaire est invité par Louis XIV à Versailles deux mois après son retour :

« Il eut la bonté de me témoigner beaucoup de satisfaction de ma conduite, et une grande disposition à m'en accorder une récompense ».

Il reçoit une pension de deux mille livres sur l'ordre de Louis XIV. En 1715, quelques semaines avant sa mort, le roi l'élèvera au grade de chef d'escadre.

Quand on dit que le crime ne paie pas !....

À la Duchesse de Hanovre, Marly le 15 avril 1704 :

« ...Cela doit cependant consoler le duc de Modène dans son malheur de voir que ses sujets lui témoignent tant d'amour et de dévouement. Puisque le pape l'aime tant, il devrait bien faire quelque chose en sa faveur, il est assez riche pour cela. La bonne madame Bellemont, ne sait pas ce qu'il en est des prises des corsaires, si elle s'imagine que je puisse lui faire recouvrer quelque chose. Le roi laisse au corsaires toutes leurs prises, l'amiral seul a son droit là-dessus. Autrement personne n'en reçoit rien...».

Voilà une autre vérité bien différente !...

Le Roi d'Angleterre

Jeudi le 5 août, 8h, du soir.

«... À l'instant, je reviens de la promenade et je fais deux choses à la fois. Je vous écris, et je fais ma partie de hocha. Vous me portez bonheur, car mon chiffre est déjà sorti trois fois depuis que je vous écris...
J'attendais votre lettre avec une vive impatience. J'étais bien inquiète, Chère Louise, au sujet de votre voyage sur mer, car c'est un maudit élément. Grâce est rendue à Dieu de ce que vous soyez bien arrivée à Francfort !... Cela ne me surprend nullement que le roi d'Angleterre ne vous ait rien donné, car d'après ce que j'entends dire de Sa Majesté, il est comme le pauvre duc de Créqui avait coutume de dire : « Il ressemble à l'arbalète de Coignac, il est dur à la desserre...».

Nous allons vous relater une conversation entre le Roi d'Angleterre, cousin de Madame Princesse Palatine et son épouse, qui tourne à la scène de ménage ... Et l'on voit bien ici, qu'il n'y pas tellement de différence, avec les petites gens du peuple.
Saint-Cloud, le 20 août 1690 :
« ... Ci-joint toutes les chansons que l'on chante en ce moment. Elles ne sont pas précisément élogieuses pour notre bon roi d'Angleterre et vous verrez en les lisant que tout en aimant le roi et en détestant, le prince d'Orange, les gens de ce pays-ci estiment celui-ci plus que l'autre, comme le prouvent les chansons. Jeudi dernier, nous avions ici le pauvre roi et la reine. Celle-ci bien sérieuse, tandis que lui était très gai... J'entendis dans la calèche un dialogue qui m'a bien divertie. Monsieur, (frère de louis XIV), selon son habitude, parlait de ses joyaux et de ses meublés et finit par dire au roi :

« Et, votre Majesté, qui a tant d'argent, n'avez-vous pas fait faire et accommoder quelques belles maisons...

De l'argent dit la Reine, il n'en avait point, je ne lui ai jamais vu un sous !...

Le roi répliqua :

« J'en ai, mais je n'ai point acheté de pierreries, ni meubles, ni n'ai point fait accommoder des maisons, je l'ai tout employé, à faire bâtir de beaux vaisseaux, fondre des canons et faire des mousquets.»

« Oui, dit la reine, cela vous a servi de beaucoup, et cela a tout été contre vous.»

Et, la conversation en reste là.

Si la prophétie du dernier roi d'Angleterre est vraie, le bon roi Jacques ne pourra pas même faire un bon saint. Mme de Portsmouth, que nous avions ici, il y a quelques jours, m'a en effet raconté que le feu roi avait coutume de dire :

« Vous voyez bien mon frère, quand il sera roi, il perdra son royaume par zèle, pour sa religion, et son âme pour de vilaines guenilles.

Car il n'a pas le goût assez bon pour en aimer de belles ».

Et la prophétie s'accomplit déjà : les royaumes sont à vau-l'eau et l'on prétend qu'à Dublin, il avait deux affreux laiderons avec lesquels il était toujours fourré... Plus on voit ce roi, plus on apprend des choses sur le compte du prince d'Orange et plus on excuse ce dernier et on le trouve digne d'estime. »

Le Maroc

Un roi amoureux, que rien ne retient, il passe même sur l'obstacle de la religion, une belle leçon de tolérance, qui date de 400 ans.

Le roi du Maroc a écrit une énorme lettre au roi, et lui propose une alliance offensive et défensive. Ses envoyés, ajouta-t-il, lui ont parlé d'une belle princesse, qu'il y a en France. À la vérité, il a oublié son nom, mais, c'est celle qui au bal que Monsieur a donné au Palais-Royal, était assis à la gauche du Duc de Chartres.

On lui assure qu'elle est veuve et fille de roi, c'est pourquoi il espère que le roi ne la lui refusera pas. Par rapport à la religion, le roi peut être sans crainte. Il lui laissera toute liberté et lui donnera autant de capucins qu'elle voudra, pour que chaque jour, elle puisse entendre la messe.

Dès qu'il aura le consentement du roi, il montera sur un navire et viendra chercher lui-même la princesse, car rien que sur la description de ses ambassadeurs, il en est tombé follement amoureux.

Vous voyez bien que c'est la Princesse de Conti qu'il s'agit.

Toute sa vie est fort romanesque, et pour que le roman fût complet, il faudrait que le roi du Maroc la fît enlever et que les chevaliers amoureux d'ici l'allassent délivrer... Paris le 27 décembre 1699.

Réponse de louis XIV.
Marly le 21 janvier 1700 : extrait
«... Ce n'est pas un conte, le moins du monde, que le roi du Maroc ait demandé la princesse de Conti en mariage ; mais le roi a répondu par un refus catégorique. »

UN AMBASSADEUR
plus que douteux de Perse

Février 1715. Il reste au Roi moins de six mois à vivre. En Angleterre, au printemps, les paris seront ouverts sur la date de sa mort. Louis XIV, que l'on voit chaque jour « décliner sensiblement », n'a cependant pas « changé la moindre chose en la manière accoutumée de sa vie, ni en l'arrangement divers de ses journées ».

Quand il apprendra que les gazettes de Hollande ont charitablement fixé sa mort au Ier septembre, le Roi « parut touché en homme qui ne le voulait pas paraître ». Pour montrer qu'il va bien, il se force à manger, sans parvenir à avaler : aussi, note Saint-Simon, « les morceaux lui croisaient à la bouche ».

Face à un ambassadeur de Perse, l'épreuve est celle des diamants.

« Un ambassadeur de Perse était arrivé à Charenton, défrayé depuis son débarquement. Le Roi s'en fit une grande fête, et Pontchartrain lui en fit fort sa cour. Il fut accusé d'avoir créé cette ambassade, en laquelle en effet, il ne parut rien de réel, et que toutes les manières, de l'ambassadeur démentirent, ainsi que sa misérable suite et la pauvreté des présents qu'il apporta.

Nulle instruction, ni pouvoir du Roi de Perse, ni d'aucuns de ses ministres. C'était une espèce d'intendant de la province de Erivan, que le gouverneur chargea de quelques affaires particulières de négoce, que Pontchartrain travestit en ambassadeur, et dont le Roi presque seul demeura la dupe.

Il fit son entrée le 7 février à Paris, à cheval, entre le maréchal de Matignon et le baron de Breteuil, introducteur des ambassadeurs, avec lequel il eut souvent des grossièretés de bas marchand, et tant de folles disputes sur le cérémonial avec le maréchal de Matignon, que, dès qu'il l'eut remis à l'hôtel des ambassadeurs extraordinaires, il le laissa là sans l'accompagner dans sa chambre, comme c'est la règle, et s'en alla faire ses plaintes au Roi, qui l'approuva en tout et trouva l'Ambassadeur très malappris. Sa suite fut pitoyable. Torcy le fut voir aussitôt. Il s'excusa à lui sur la lune d'alors, qu'il prétendait lui être contraire, de toutes les impertinences qu'il avait faites, et obtint par la même raison de différer sa première audience, contre la règle qui la fixe au surlendemain de l'entrée.

Dans ce même temps, Dipy mourut, qui était interprète du Roi pour les langues orientales. Il fallut faire venir un curé d'auprès d'Amboise, qui avait passé plusieurs années en Perse, pour remplacer cet interprète. Il s'en acquitta très bien, et en fut mal récompensé. Le hasard me le fit fort connaître et entretenir.

C'était un homme de bien, sage, sensé, qui connaissait fort les mœurs et le gouvernement de Perse, ainsi que la langue, et qui, par tout ce qu'il vit et connut de cet ambassadeur, auprès duquel il demeura toujours tant qu'il fut à Paris, jugea toujours que l'ambassade était supposée (factice), et l'Ambassadeur un marchand de fort peu de choses, fort embarrassé à soutenir son personnage, où tout lui manquait. Le Roi, à qui on la donna toujours pour véritable, et qui fut presque le seul de sa cour qui le crût, se trouva extrêmement flatté d'une ambassade de Perse sans se l'être attirée par aucun envoi. Il en parla souvent avec complaisance, et voulut que toute la cour dût de la dernière magnificence le jour de l'audience, qui fut le mardi 19 février. Lui-même en donna l'exemple, qui fut suivi avec la plus grande profusion.

On plaça un magnifique trône, élevé de plusieurs marches, dans le bout de la galerie adossé au salon qui joint l'appartement de la Reine, et des gradins à divers étages de bancs des deux côtés de la galerie, superbement ornée ainsi que tout le grand appartement.

Les gradins les plus proches du trône étaient pour les dames de la cour, les autres pour les hommes et pour les bayeuses (les curieuses qui restent bouche bée devant le spectacle). Mais, on n'y laissait entrer homme ni femme que fort parées.
Le Roi prêta une garniture de perles et de diamants au duc du Maine, et une de pierres de couleur au comte de Toulouse.

Monsieur le Duc d'Orléans avait un habit de velours bleu brodé en mosaïque, tout chamarré de perles et de diamants, qui remporta le prix de la parure et du bon goût.
La maison royale, les princes et princesses du sang et les bâtards s'assemblèrent dans le cabinet du Roi. Les cours, les toits, l'avenue, fourmillaient de monde, à quoi le Roi s'amusa fort par ses fenêtres, et y prit grand plaisir en attendant l'Ambassadeur, qui arriva sur les onze heures dans les carrosses du Roi, avec le maréchal de Matignon et le baron de Breteuil, introducteur des ambassadeurs.
Ils montèrent à cheval dans l'avenue, et précédés de la suite de l'Ambassadeur, ils vinrent mettre pied à terre dans la grand-cour à l'appartement du colonel des gardes, par le cabinet.
Cette suite parut fort misérable en tout, et le prétendu Ambassadeur fort embarrassé et fort mal vêtu, les présents au-dessous du rien.
Alors le Roi, accompagné de ce qui remplissait son cabinet, entra dans la galerie, se fit voir aux dames des gradins. Les derniers étaient pour les princesses de sang. Il avait un habit d'étoffe, or et noir, avec l'Ordre par-dessus, ainsi que le très peu de chevaliers qui le portaient ordinairement dessous. Son habit était garni des plus beaux diamants de la couronne, il y en avait pour douze millions cinq cent mille livres. Il ployait sous le poids, et parut fort cassé, maigri et très méchant visage. Il se plaça sur le trône, les princes du sang et bâtards debout à ses côtés, qui ne se couvrirent point. On avait ménagé un petit degré et un espace derrière le trône, pour Madame (Liselotte), et pour Mme la duchesse de Berry, qui était dans sa première

année de deuil, et pour leurs principales dames.

Elles étaient là incognitos et fort peu vues, mais voyant et entendant tout. Elles entrèrent et sortirent par l'appartement de la Reine, qui n'avait pas été ouvert depuis la mort de Madame la Dauphine.
La Duchesse de Ventadour était debout à la droite du Roi, tenant le Roi d'aujourd'hui par la lisière (attache pour soutenir un enfant quand il marche). (c'est sans doute Louis XV).

L'électeur de Bavière était sur le second gradin avec les dames qu'il avait amenées, et le comte de Lusace, c'est-à-dire, le prince électoral de Saxe, sur celui de la princesse de Conti, fille de Monsieur le Prince. Coypel, peintre (Il reste de cette fastueuse réception un tableau ; Louis XIV reçoit l'ambassadeur de Perse dans la Grande Galerie de Versailles), et Boze, secrétaire de l'Académie des inscriptions, étaient au bas du trône, l'un pour en faire le tableau, l'autre la relater. Pontchartrain n'avait rien oublié pour flatter le Roi, lui faire croire que cette ambassade ramenait l'apogée de son ancienne gloire, en un mot le jouer impudemment pour lui plaire.
Personne, déjà n'en était plus la dupe, que ce monarque.
L'Ambassadeur, arriva par le grand escalier des Ambassadeurs, traversa le grand appartement, et entra dans la galerie des Glaces par le salon opposé à celui contre lequel le trône était adossé. La splendeur du spectacle acheva de le déconcentrer.
Il se fâcha une fois ou deux pendant l'audience contre son interprète, et fit soupçonner qu'il entendait un peu le français. Au sortir de l'audience, il fut traité à dîner par les officiers du Roi, comme on a l'accoutumé.
Ensuite, il salua le Roi d'aujourd' hui, dans l'appartement de la Reine, qu'on avait superbement orné, de là voir Pontchartrain et Torcy, où il monta en carrosse pour retourner à Paris.

Les présents, aussi peu dignes du roi de Perse que du Roi, consistèrent en tout en cent quatre perles fort médiocre, deux cents turquoises fort vilaines, et deux boites d'or pleines de
baume de mumie (une sorte de bitume), qui est rare, sort d'un rocher renfermé dans un antre, et se congèle un peu par la suite du temps. On le dit merveilleux pour les blessures.

Ce baume fera fureur quelques siècles après, on l'appellera le pétrole.

Le Roi ordonna qu'on ne défît rien dans la galerie, ni dans le grand appartement. Il avait résolu de donner l'audience de congé dans le même lieu et avec la même magnificence qu'il avait donné cette première audience à ce prétendu ambassadeur. Il eut pour commissaires Torcy, Pontchartrain et Desmarets, dont Pontchartrain se trouva fort embarrassé.

Le Roi ici fait preuve d'orgueil, il sort les diamants, car Louis XIV n'est pas un Roi comme les autres, et il le rappelle à sa façon. Mais dupé par tout le monde.

D'ailleurs ses contemporains, le dépeignent ainsi :

Le Roi hait les sujets (le peuple), est petit, (dans le sens mesquin) dupé, gouverné en se piquant de tout et le contraire.

J'ajouterai dépensier, et très orgueilleux.

Le Ier septembre 1715.

Le roi-Soleil meurt, dans l'indifférence des Français.
Le dimanche 1er septembre 1715, le Roi-Soleil jette ses derniers feux.

À 8 h 15, après 72 ans de règne. Il meurt rongé par la gangrène. Le mal s'est déclaré le 10 août avec des douleurs dans la jambe.

Fagon, premier médecin du roi, diagnostique une banale sciatique deux jours plus tard. Les autres médecins n'osent pas le contredire, sinon le premier chirurgien du roi Georges Mareschal, qui suggère un mal plus grave.

Mais, de quoi se mêle ce barbier ? Fagon méprise son avis.

Il faut dire, que ce dernier reste à 77 ans, têtu, et croit tout savoir de ses compétences. Trente-deux ans plus tôt, il a déjà tué la Reine Marie-Thérèse, pour n'avoir pas su diagnostiquer une tumeur bénigne sous le bras.

Malgré la douleur, le roi poursuit ses occupations habituelles sans déroger au protocole.

Le 17 août, la souffrance devient telle, qu'elle oblige le roi à s'aliter définitivement.

Le 19 août, voyant une tache noirâtre apparaître sur la jambe gonflée, Mareschal diagnostique une gangrène. Mais Fagon continue à prescrire des pansements à l'eau-de-vie camphrée. Il fait également prendre au souverain des bains de lait d'ânesse. L'état du malade ne fait qu'empirer, pourtant, le samedi 24 août, il soupe encore en public dans sa chambre à coucher.

Le dimanche 25 août, le vieux souverain se sent si mal, que le cardinal de Rohan, accompagné de deux autres aumôniers, lui administre le saint sacrement des mourants.

Il reçoit l'extrême-onction.

Le lendemain, des incisions faites jusqu'à l'os confirment enfin le diagnostic de Mareschal.

La gangrène est bel et bien entrain de ronger les chairs du souverain. Pas de remède, sinon l'amputation pour éviter que la pourriture ne se répande. Cependant, Louis XIV la refuse, car les carabins sont incapables de lui garantir la guérison. « Si de toute façon, je dois mourir, je préfère garder tous mes membres ».

Le 26 août, il reçoit le dauphin de 5 ans, le futur Louis XV, pour lui recommander d'éviter autant que possible de faire la guerre : « C'est la ruine des peuples ».

Le 27 août, il confie à son épouse, Mme de Maintenon : « j'ai toujours ouï dire qu'il est difficile de mourir ; pour moi, qui suis sur le point de ce moment, si redoutable aux hommes, je ne trouve pas que cela soit si difficile ».

Le mercredi 28 août, vers 11 heures du matin, un homme se présente à Versailles. Il arrive de Marseille par la poste. Il prétend être capable de guérir le Roi, étant en possession d'un remède..., souverain contre la gangrène interne. Personne ne s'étonne.

La médecine est tellement lamentable à cette époque que les charlatans ont beau jeu de vendre à prix d'or des élixirs prétendument miraculeux. Au mieux leurs préparations n'ont aucune efficacité, au pire, elles achèvent le malade. Certains de ces escrocs amassent des fortunes considérables.

Du reste, Brun n'est pas le premier prétendu guérisseur, à se présenter à Versailles, mais il parvient à convaincre le duc d'Orléans, neveu et futur régent, de l'efficacité de son élixir dont, il veut rien dire sinon qu'il est fait avec le corps d'un animal.

Fagon et ses confrères doivent s'incliner devant la volonté du prince.

À midi, ils en font avaler dix gouttes diluées dans trois cuillerées de vin d'Alicante, après avoir tout de même pris la précaution d'en faire absorber à son inventeur.

Le remède pue atrocement, mais Louis l'avale sans rechigner. Sans se faire, pour autant d'illusions :
« Je ne le prends ni dans l'espérance ni avec désir, mais je sais qu'en l'état où je suis, je dois obéir aux médecins ».

Au bout d'une heure, le roi va mieux, mais au bout de quatre, il est pris de faiblesse. Les médecins et les courtisans se disputent pour savoir s'il faut continuer ou non le traitement du sieur Brun. On appelle le duc d'Orléans pour trancher. Celui-ci, voyant qu'il n'y plus d'espérance de sauver le roi, ordonne de continuer à lui donner l'élixir pour le soutenir quelques heures de plus.

Le 29 août, le roi avale ses gouttes toutes les huit heures ? Il entend la messe. Vers 18 heures, il avale deux petits biscuits trempés dans du vin d'Alicante. On le croit sauver.

Ces dames saluent déjà Brun comme une sorte « d'ange envoyé du ciel, pour guérir le roi », et veulent, « qu'on jeta tous les médecins de la cour et de la ville dans la rivière ».

D'autres plus méfiants, répondent « qu'il ne fallait regarder l'effet de l'élixir que comme un peu d'huile qu'on remet dans une lampe qui s'éteint ». Effectivement, lors du changement de pansement à 22 h 30, la jambe apparaît plus gangrénée que jamais. L'os est visible dans la chair crevassée. Le gros orteil s'est même détaché. Désormais, la pourriture a gagné le genou et la cuisse, ça pue atrocement.

Le pseudo-médecin Brun s'éclipse à jamais pour regagner Marseille... Les courtisans et les ambassadeurs parient sur le nombre de jours qu'il reste encore à vivre au roi.

Un autre charlatan venu de Calabre propose une poudre de racines et de bulbes censée remettre sur pied le roi en peu de temps.

Le roi passe toute la journée du vendredi 30, dans une somnolence comateuse. Son confesseur ne parvient pas à lui tirer un mot.

Le soir, la jambe paraît aussi pourrie, que s'il avait eu six mois qu'il fut mort. La gangrène a désormais gagné toute la cuisse.

Le lendemain, le souverain sort brièvement de son coma pour se plaindre de sa longue agonie.

Sa belle-fille, la duchesse du Maine, insiste auprès des médecins pour lui faire avaler un breuvage du médecin Agnan prétendument efficace contre la petite vérole. On ne sait jamais...

Vers 22 heures, les aumôniers disent les prières des agonisants. Le roi les accompagne mécaniquement. Une dernière lueur de lucidité lui fait murmurer :

« Ce sont là les dernières grâces de l'Église», puis prononce ses dernières paroles :

« Ô, mon Dieu, venez à mon aide, hâtez-vous de me secourir !»

Le Roi-Soleil retombe dans le coma avant de s'éteindre le lendemain matin, dimanche Ier septembre 1715.

Aussitôt le duc d'Orléans, suivi de tous les courtisans, gagne l'appartement du jeune Louis XV, l'arrière-petit-fils de feu le roi, pour le saluer. Il a cinq ans et fond en larmes.

Les funérailles de Louis XIV sont vite expédiées.

Sa dépouille reste exposée huit jours dans le salon d'Hercule avant d'être transportée, le 9 septembre à Saint-Denis.

Le Roi-Soleil n'a le droit qu'à un convoi funéraire de nuit, car on craint les railleries du peuple qui n'en pouvait plus de ce vieux roi bigot ayant dépouillé le France pour matérialiser ses rêves de grandeur.

Le Roi-Soleil, est mort d'une septicémie, consécutive à un diabète, et qui a entraîner une gangrène. Aucun charlatan de l'époque ne pouvait diagnostiquer ni la septicémie, ni le diabète. Rappellez-vous les repas qu'il faisait.

La fin de Louis XIV est atroce et dans la souffrance extrême.

Il y a une qualité qu'on ne peut pas lui enlever, son courage.

Ce roi fut peu regretté.

Le Roi peu regretté

« Louis XIV ne fut regretté que de ses valets, intérieurs, de peu d'autres gens et des chefs de l'affaire de la Constitution.

Son successeur n'en était pas en âge. Madame (Liselotte) n'avait pour lui que de la crainte et de la bienséance. Madame la Duchesse de Berry ne l'aimait pas, et comptait aller régner, Monsieur le Duc d'Orléans n'était pas payé pour le pleurer, et ceux qui l'étaient (les bâtards) n'en firent pas leur charge.

Madame de Maintenon était excédée du Roi, depuis la perte de la Dauphine, elle ne savait qu'en faire ni à quoi l'amuser. Sa contrainte en était triplée, parce qu'il était beaucoup plus chez elle, ou en partie avec elle.

Sa santé, ses affaires, les manèges qui avaient fait tout faire, ou pour parler plus exactement, qui avaient tout arraché pour le duc du Maine, avaient fait essuyer continuellement d'étranges humeurs, et souvent des sorties, à Madame de Maintenon. Elle était venue à bout de ce qu'elle avait voulu. Ainsi, quoi qu'elle perdît en perdant le Roi, elle se sentit délivrée, et ne fut capable que de ce sentiment. L'ennui et le vide dans la suite rappelèrent les regrets, mais comme elle n'influa plus rien de sa retraite, il n'est pas temps de parler d'elle, ni des occupations qu'elle s'y fit.

On a vu jusqu'à quelle joie, à quelle barbare indécence le prochain point de vue de la toute puissance jeta le duc du Maine.(En effet de retour de chez le Roi à l'agonie, il avait imité Fagon devant ses proches : « Les voilà tous aux grands éclats de rire, et lui aussi, qui durèrent fort longtemps », « indécence que les antichambres surent bien remarquer, et la galerie encore sur laquelle cette apparence donnait, proche et de plein-pied de la chapelle, où des passants de distinction entendirent ces éclats ») (V.601).

La tranquillité glacée de son frère ne s'en haussa, ni baissa.

Madame la Duchesse affranchie de tous ses liens, n'avait plus besoin de l'appui du Roi. Elle n'en sentait que la crainte et la contrainte.

Elle ne pouvait souffrir Madame de Maintenon, elle ne pouvait douter de la partialité du Roi pour le duc du Maine dans leur procès de la succession de Monsieur le Prince. On lui reprochait depuis toute sa vie qu'elle n'avait point de cœur, mais seulement un gésier.(vous avez pu lire son portrait de la Princesse Palatine). Elle se trouva donc fort à son aise et en liberté, et n'en fit pas grandes façons.
Madame la Duchesse d'Orléans me surprit. Je m'étais attendu à de la douleur. Je m'aperçus que quelques larmes, qui sur tous sujets lui coulaient très aisément des yeux, et qui furent bientôt taries. Son lit qu'elle aimait fort, suppléa à tout pendant quelques jours, avec la façon de l'obscurité qu'elle ne haïssait pas. Mais bientôt les rideaux des fenêtres se rouvrirent, et il n'y parut plus qu'en rappelant de fois à autre quelque bienséance.
Pour les princes du sang, c'étaient des enfants.
La Duchesse de Ventadour et le maréchal de Villeroi donnèrent un peu la comédie, pas un autre n'en prit même la peine. Mais quelques vieux et plats courtisans comme Dangeau, Cavoye, et un très petit nombre d'autres qui se voyaient hors de toute mesure, quoique tombés d'une fort commune situation, regrettèrent de n'avoir plus à s'outrecuider (c'est-à-dire faire les importants), parmi les sots, les ignorants, les étrangers, dans les raisonnements et l'amusement journalier d'une cour qui s'éteignait avec le Roi.
Tout ce qui la composait était de deux sortes : les uns, en espérance de figurer, de se mêler, de s'introduire, étaient ravis de voir finir un règne sous lequel il n'y avait rien pour eux à attendre. Les autres, fatigués d'un joug pesant, toujours accablant, et des ministres, bien plus que du Roi, étaient charmés de se trouver au large.

Tous en général d'être délivrés d'une gêne continuelle, et amoureux des nouveautés.

Paris, las d'une dépendance qui avait tout assujetti, respira dans l'espoir de quelque liberté, et dans la joie de voir finir l'autorité de tant de gens qui en abusaient.

Les provinces, au désespoir de leur ruine et de leur anéantissement, respirèrent et tressaillirent de joie, et les parlements et toute espèce de judicature, anéantie par les édits et par les évocations, se flatta, les premiers de figurer, les autres de se trouver affranchis.

Le peuple ruiné, accablé, désespéré, rendit grâce à Dieu avec un éclat scandaleux d'une délivrance dont ses plus ardents désirs ne doutaient plus.

Les étrangers, ravis d'être enfin, après un si long cours d'années, défaits d'un monarque qui leur avait si longuement imposé la loi, et qui leur avait échappé par une espèce de miracle au moment qu'ils comptaient le plus sûrement de l'avoir enfin subjugué, se continrent avec plus de bienséance que les Français.

Les merveilles des trois-quarts premiers de ce règne de plus de soixante-dix ans, et la personnelle magnanimité de ce roi jusqu'alors si heureux, et si abandonné après de la fortune, pendant le dernier quart de son règne, les avait justement éblouis.

Ils se firent un honneur de lui rendre après sa mort ce qu'ils lui avaient constamment refusé pendant sa vie. (mémoire de Saint-Simon, dans le Français de l'époque).

Liselotte
Princesse Palatine

La Princesse Palatine, n'a plus été réveillée à l'église par le roi, pendant les sermons, qu'elle qualifiait d'opium. Les parties de chasse sont terminées. À la mort de Louis XIV, Liselotte a fait un malaise. Sa situation matérielle s'est améliorée, grâce à son fils qui a été nommé régent.

Tous ces courtisans craignaient Louis XIV. On ne peut pas aimer quelqu'un que l'on craint.

Il y a 400 ans déjà que la Princesse Palatine avait constaté ceci :
Sur la liberté de conscience :
« La liberté de conscience, je le crains bien, ne sera jamais accordée en France et pourtant, ce serait bien nécessaire à présent ».

Les choses ont changé bien heureusement. Mais elle était en avance sur son temps, pour dire et écrire cela.

En grande observatrice de son époque, elle avait aussi remarqué quelque chose, que les Français aiment particulièrement :

« Les Français ne peuvent pas perdre l'habitude de rire. Il faut qu'ils rient de tout ce qu'ils entendent. En ce moment, ils voient que le roi Jacques (roi d'Angleterre) ne revient pas, et comme ils pensent qu'il ne peut plus le faire, ils ont affiché à Paris :
« Cent écus à gagner qui pourra trouver une manière honnête pour faire revenir le Roi d'Angleterre à Saint-Germain ».
Cette boutade m'a semblé si drôle que je n'ai pu m'empêcher d' en rire, bien que je plaigne fort le pauvre roi...» Versailles Ier avril 1696.

Conclusions

La mémoire peut faillir, mais les écrits restent.

La Princesse Palatine, et le Duc de Saint-Simon auront apporté leur griffe, sur ce qui fut leur monde, et qui devient, par héritage, et par eux, un peu le nôtre.

Ils sont tous deux à l'affût, de toutes les informations, qu'elles viennent d'en haut ou d'en bas.

Ainsi, le Roi est en représentation perpétuelle, mais conserve ses zones d'ombre. Le monarque est imprévisible, sait tout de ses sujets.

Il a cherché toute sa vie à être informé de ce qui se passait partout, et pour cela les espions et les rapporteurs étaient infinis.

Liselotte et le Duc de Saint-Simon ont écrit pour les générations à venir, pas toujours très conscients, de ce qu'ils décrivaient. Ils sont des témoins précieux de leur époque, pour montrer et dépeindre certains aspects affligeants ou simplement dérisoires qu'il comporta.

Ils nous ont rendu les personnages de cette époque éblouissante, tout simplement plus humains.

Ils ont à leur manière, dénoncé le bluff Royal, en fait montré tout simplement l'envers du décor.

Référencement et outils au livre

Un orage pousse Louis XIII.
Louis XIV remarié à Mme de Maintenon.
    Sources : Le Point. Web -
La fistule de Louis XIV -
    Sources : Histoire de la médecine B.Halioua, Abrégés Masson
Molière
    Sources : Michelle Caroly. le corps du Roi-Soleil les éditions de Paris 1999.
Molière le Madame Imaginaire, Petits classiques Larousse 2008.
Le siècle de Louis XIV : Par François Brun.
La Mauresse de Moret :
Bibliographie : Mémoires d'Anne-Marie-Louise d'Orléans (la Grande Mademoiselle. 1627-1693 Vol.2,VII
Mémoires de Madame de Montespan (1641-1707)ch,XL
Mémoires du Duc de Saint -Simon (1675-1755), Vol 2 ch.XII
Mémoires de Voltaire 1694-1778, Ch XXVIII
Mémoires (apocryphes) du Cardinal Dubois 16546-1723
Juliette Benzoni, Secret d'état.
Olivier Seigneur, - La religieuse de l'obscurité Ed. du Masque 2000, 458 P (ISBN 978-270-2479209) roman historique.
Serge Bilé, la légende du sexe surdimensionné des Noirs 2005, Ed à plumes.
Mémoires du Duc de Saint - Simon
Les lettres de la Princesse Palatine.
Saint-Simon- Château de Versailles -
Élisabeth-Charlotte de Bavière
    Sources : Marie-Nicolas et Alexis Chassand.
Kari Preisendanz .
Daniel des Brosses.

Dirk Van der Cruysse.isbn 2-213-02200-3
Simone Bertière isbn 2-253-14712-5
Claude Pasteur isbn 978-2-23502290-3
Françoise Hamel isbn 2-259-19929-1
Antonia Fraser
Philippe Courgand Isbn 978-2-913406-85-8
Monsieur, frère de Louis XIV - château de Versailles.
Philippe d'Orléans :
    Sources :
    Alexandre Dupilet
    Laurent Lemarchand
    Pierre-Edouard Lemontey.
    Arnaud de Maurepas.
    Jean Paul Montagnier
    Jean Meyer ASIN 2859564047
    Jean-Christian Petitfils Isbn 2-213-01738-7
    Michel Antoine Isbn 2-01-278860-2
    Philippe Erlanger
    Jules Michelet
    Daniel Reynaud et chantal Thomas
    Jean Pierre Thomas
Les médecins de Louis XIV : Ellen. Université d'Oslo 2008
Philippe d'Orléans le régent.
    Archives des Yvelines.
    Madame de Montespan
    Philippe d'Orléans
    Louise Françoise de Bourbon.
François-Louis de Bourbon-Conti
    wikipédia.org
Armand de Bourbon-Conti
Le comte de Horn :

le point. Web
Paule-Marguerite Françoise de Gondi.
Louis-Joseph de Vendôme :
    Jean-Claude Pasquier, le Château de Vendôme
    René Louis de Voyer de Paulmy d'Argenson
    Maurice Lachâtre.
    Saint-Simon
Le fard cache les nuits de Folies :
    Dominique Paquet.
La France d'en bas en guenilles:
    Alain FrereJean.
L'homme au masque de fer.
    Baron de Mouhy
    Jean-Joseph Regnault-Warin
    Alexandre Dumas.
    Maurice Leblanc
    Arthur Bernède
    Marcel Pagnol
    Jean d'Aillon
    Hubert Monteilhet
    Jean Paul Desprat
    Juliette Benzoni
Hyacinthe Rigaud :
    Wikipédia.org
Paul Pélisson
    Alain Niderst : Presses universitaires de Fance 1976.
    François Léopolde Marcou
    Noémie Hepp 1970
Madeleine de Scudéry.
L'Académie Française :
    www.academie-francaise.fr/institution/histoire.
François Michel Le Tellier de Louvois

Louis André
Martine Biard Ed. Edilivre 20
André Corvisier Paris 1983
Camille Rousset Librairies académique Didier 1872 4 tomes
Thierry Sarmant 2003
Histoire et économies et société 1996
Historiques et scientifiques CTHS 2009
Thierry Sarmant et Mathieu Stoll ; Perrin 2010
Luc-Normand Tellier Presses de l'Université du Québec.

Colbert : le point web
le système Law
Racine :
    wikipédia.org/jean Racine.
François Harlay de Champvallon :
    Louis le Gendre
    Michel Popoff Isbn N°2-86377-140-X
l'église Catholique :
    Jacques Rossiaud
    Brigitte Rochelandet.
    Severine Fargette.
    Erica-Marie Benabou
    Charles - Jérôme Lecour.
    Alexandre Parent du Châtelet.
    Jean-Marc Berlière.
Rapports des lieutenants de Police sous Louis XIV
    Culture et Histoire par Jean Yves.
Marie-Thérèse d'Autriche :
    Château de Versailles
l'Hiver de 1709.
    Francis Assaf
la vie de chaque jour sous Louis XIV :
    esca2009.wordpress.com/2013

Une société fondée sur l'inégalité :
  Josiane Boulad-Ayoub
Fronde - Histoire -
  wikipédia.org
  Revue de Champagne et de Brie.
  André Corvisier.
Molière meurt dans son lit : le point, web
les mentalités : Anne Lombard-Jourdan.
Ier septembre 1715. Le Roi-Soleil meurt. : Le point web
Bibliographie : la descendance de Louis XIV
Marquis de Bellaval, les bâtards de la Maison de France, Paris, Vivien 1901.
Jean Lemoine, la Des Oeillets , une grande comédie, une maîtresse de Louis XIV, Paris Perrin, 1938.

CHAPITRES

Introduction :
Louis XIII-Anne-D'Autriche.. page 2
Le siècle de Louis XIV de Monsieur de Voltaire......... page 5
Louis XIV le Roi-Soleil de 1638 à 1715..................... page 9
Hygiène de Louis XIV.. page 10
La face cachée duy Roi-Soleil................................... page 17
La Reine, Marie-Thérèse d'Autriche.......................... page 22
Le secret de Marie-Thérèse....................................... page 24
Monsieur, frère de Louis XIV..................................... page 28
Élisabeth-Charlotte de Bavière.................................. page 35
La mauvaise éducation des enfants de Louis XIV.... page 44
La Fille du Duc de Chartres....................................... page 46
Le Duc de Chartres, fils de Monsieur Frère du Roi
et d' Elisabeth-Charlotte de Bavière.......................... page 49
Melle de Blois, fille de Louis XIV, et épouse du
Duc de Chartres... page 54
Descendance de Louis XIV....................................... page 58
Mme de Maintenon, épouse de Louis XIV................ page 62
Dureté du Roi, par le Duc de Saint-Simon................ page 68
Question du Roi-Soleil à la Princesse Palatine......... page 72
Le prince de Conti... page 75
L'apparence du Roi-Soleil... page 83
Le grand Dauphin fils légitime de Louis XIV............. page 85
Paule-Marguerite- Françoise de Gondi..................... page 90
Mme de Sévigné destinataire des mémoires du
Cardinal de Retz.. page 91
La Fronde.. page 93
La Duchesse de Hohensollern.................................. page 117
Le comte de Horn.. page 118
Le Duc de Vendôme.. page 124
Mort du Duc de Vendôme... page 134
Les apparences... page 136

La princesse d'Harcourt..	page 141
Les observations de Liselotte..	page 148
Scudéry...	page 149
Pélisson..	page 152
L'Académie Française...	page 154
Les Grands Hommes...	page 158
Hyacinthe Rigaud...	page 158
Racine...	page 161
Molière..	page 169
Jean-Baptiste Colbert..	page 171
Louvois...	page 178
l'espionnage des lettres...	page 188
La pension du Gascon...	page 189
Les monarques étrangers..	page 191
François Harlay de Champvallon...................................	page 193
L'église à cette époque...	page 196
Les rapports de police sous Louis XIV..........................	page 213
Intrigues et jalousies à la cour.......................................	page 220
Le Terrible Hiver de 1709..	page 229
La vie de chaque jour sous Louis XIV...........................	page 249
Une société fondée sur l'inégalité..................................	page 258
Paris sous Louis XIV...	page 269
L'homme au masque de fer...	page 276
Les mentalités en France au XVIIe siècle.....................	page 300
Le corsaire malouin Duguay-Trouin...............................	page 305
Le Roi d'Angleterre..	page 310

Le Maroc..	page 312
Un ambassadeur douteux.................................	page 313
Le Ier septembre 1715......................................	page 318
Le Roi peu regretté...	page 323
Liselotte, Princesse Palatine............................	page 326
Conclusions..	page 327

© 2015, Chantal Grand

Edition : BoD - Books on Demand
12/14 rond-point des Champs Elysées, 75008 Paris
Imprimé par Books on Demand GmbH, Norderstedt, Allemagne
ISBN : 9782322013821
Dépôt légal : Mai 2015